Poverty & Inequality

G lobalization

夹缝中的全球化

贫困和不平等中的生存与发展

JIAFENGZHONG DE QUANQIUHUA
PINKUN HE BUPINGDENGZHONG DE SHENGCUN YU FAZHAN

【英】 拉法尔·卡普林斯基 著

顾秀林 译

知识产权出版社

责任编辑： 刘　忠　王　俊

装帧设计： 璇　子　　　　　　　　　**责任出版：** 杨宝林

图书在版编目(CIP) 数据

夹缝中的全球化：贫困和不平等中的生存与发展 / （英）卡普林斯基（Kaplinsky, R.）著；顾秀林译.—北京：知识产权出版社，2008.5

书名原文：Globalization, Poverty and Inequality: Between a Rock and a Hard Place

ISBN 978-7-80247-006-4

Ⅰ. 夹… Ⅱ.①卡…②顾… Ⅲ. 全球化 – 研究 Ⅳ. D81

中国版本图书馆 CIP 数据核字 (2008) 第 044901 号

夹缝中的全球化：贫困和不平等中的生存与发展

JIAFENG ZHONG DE QUANQIUHUA：PINKUN HE BUPINGDENG ZHONG DE SHENGCUN YU FAZHAN

拉法尔·卡普林斯基　著

顾秀林　译

出版发行： 知识产权出版社

社　　址： 北京市海淀区马甸南村 1 号		**邮　　编：** 100088
网　　址： www.ipph.cn		**邮　　箱：** bjb@cnipr.com
发行电话： 010-82000893　82000860 转 8101		**传　　真：** 010-82000893
责编电话： 010-82000860 转 8026			
印　　刷： 北京市兴怀印刷厂		**经　　销：** 新华书店及相关销售网点
开　　本： 720mm × 960mm　1/16		**印　　张：** 21.5
版　　次： 2008 年 5 月第 1 版		**印　　次：** 2008 年 5 月第 1 次印刷
字　　数： 268 千字		**定　　价：** 45.00 元

京权图字： 01-2007-4424

ISBN　978-7-80247-006-4/F.146

目录

中文版导言　1

译者序　俯瞰全球化　7

阅读指导　19

鸣谢　21

第一部分　立论　1

第一章　全球化驱动力　5

1.1　问题何在　5
1.2　多维度的全球化　11
1.3　全球经济在20世纪末的扩张　16
1.4　并非初次　22
1.5　全球化、贫困与不平等　27

第二章　全球化与贫困　29

2.1　如何界定″贫困″　30
2.2　绝对贫困的类型　34
2.3　相对贫困的模式　42
2.4　全球化，贫困和平等：因果相关还是残差现象　54

第二部分　从全球化中获益　59

第三章　阳关大道：生产和获取经济租　63

3.1　独木桥：全球舞台的呈现与下跌的回报率　66
3.2　经济租理论　71
3.3　内生于价值链的经济租　74
3.4　内生于价值链的经济租　83
3.5　内生经济租中的进入壁垒　91
3.6　经济租：累加性与变动性　94
3.7　面向有效的创新管理　97

第四章　管理创新与连接终端市场　99

4.1　在企业中管理创新　102
4.2　地域性企业集群的管理创新　111
4.3　在全球价值链中管理创新　116
4.4　管理创新与战略定位：在全球价值链中升级　124
4.5　把生产者和遥远的市场联结起来：全球购买商的功能　127
4.6　这里不是高科技领域　139

第五章 三个主要行业的全球性生产扩散 141

5.1 纺织品和服装业价值链的全球化 143

5.2 家具生产价值链的全球化 157

5.3 汽车价值链的全球化 168

5.4 纺织品服装、家具和汽车：对未来的警示 181

第三部分 全球化中的失败者 185

第六章 如何计算得失？进退维谷的全球化 191

6.1 硬约束之一：产能扩张 192

6.2 硬约束之二：采购日益集中化 199

6.3 两种硬约束 207

6.4 进退维谷——价格和收入受到挤压 210

6.5 中国推进参与全球经济是否是价格下跌和贸易条件恶化的原因 222

第七章 得失能够相抵吗 229

7.1 简单回顾贸易条件理论 230

7.2 双赢：得失可以相抵 234

7.3 有输有赢：得失无法相抵 243

7.4 思考从乐观到悲观之间的距离 265

第八章 何以为终 269

8.1 概述 270

8.2 政策意义 272

8.3 全球化何以持续 289

参考文献 301

中文版导言

有证据表明，在社会内部，真正要紧的东西不是由绝对的物质生活水平带来的直接的健康后果，而是社会的各种相对性的效果。健康受到社会地位的强有力的影响，受到人的社会经济差别等级的摆布。在收入这个问题上，相对收入的重要意义要超过绝对收入水平（Wilkinson，1996-3）。

我的这本《夹缝中的全球化：贫困和不平等中的生存与发展》被翻译成了中文，这使我感到极大的荣幸。我深深地感谢顾淑林，是她推动了整个翻译过程；我还要感谢顾秀林，是她承担起了这项困难的但是并不讨好的任务。

我为什么对自己写的书出版了中文版本感到如此欣慰？首先，这是因为中国拥有全球近五分之一的人口。对于我们这样从事公共政策工作的人来说，中国的那些文化程度越来越高的人民，作为一个大的读者群，自然会让人感兴趣。关于全球化、贫困和不平等问题的对话，不仅把有关中国和中国的人口作为其中的中心内容，而且高度关注中国对全球的影响，这样的工作基本上只在北美洲和欧洲的几个孤立的小圈子里开展是一个令人惊异的现象。

其次，正如我在本书中所表明的，在全球贫困和不平等状况的演化中，中国正在扮演一个越来越重要的角色。我在这

Globalization, Poverty and Inequality

本书中指出：对全球化和贫困、不平等状况之间的关系，存在两种非常不同的看法，一种是无害论，视全球贫困为"残差"问题，发生贫困的是那些还没有受到全球化的生产和消费荡涤的地方；另一种看法的着眼点更黑暗一些，完全不同于前一种看法，认为贫困和全球化之间是一种因果的关系，即全球化是世界上大多数贫困问题和日益恶化的不平等现象的根源。

我个人的观点很明确，读者会从本书中看得很清楚，是全球化导致贫困的"因果关连"派。我十分肯定地认为，这种负面的结果，出自于全球经济中劳动力和产能的过剩。这意味着，所有不能开发出特殊的专门技术并据以收取经济租的人、厂商、地区和经济体，都会置身于激烈的竞争中，身不由己地参与到一场"掉到底—竞次 (race-to-the-bottom)"的比赛中去。我认为，在目前这个历史的关节点上，全球竞争的主要来源就是中国及其周边的加工业体系，特别是在制造业方面。这个产能过剩的生产体系有一个关键性指标，就是全球劳动后备大军。

我了解到在中国对于隐形失业的真实数字有很多讨论，我的理解是，隐形失业的人数同正式制造业部门的就业人数不相上下，也就是说，各有一亿人左右（本书最初写作于2004年，现在回望当时，我高估了中国隐形失业的数字）。要知道，OECD14个最富裕的国家和地区中，在制造业部门就业的全部人数之和都没有超过8500万人。

中国作为制造业生产方面的竞争根源的作用，是全球化导致贫困与不平等的"因果关系"的关键点。这个观点适用于许多出口制造业产品的低工资贫穷国家（见asiandrivers.open.ac.uk）。以服装业为例。2004年撒哈拉以南的非洲地区（不包括南非）的服装出口曾经占到它们制造业出口的50%以上。然而，当2004年底中国向美国出口服装的配额被取消以后，这些非洲国家的服装出口值下降了四分之一以上。这对于莱索托那样极端贫穷的国家是灾难性的，它出口的惟一产品就是服装，全国26%的劳动者因此失业。曾经依赖服装出口的斯威士兰经济中，服装业从业人员的43%也因为来自中国和亚洲的竞争而失业。因此，尽管那些国家中的消费者也从世界服装价格的下降中获益，但是在所有的非洲国家中，许许多多的服装生产者、服装部门的就业者和供货商，因此而陷入严重的贫困状态。中国的竞争对于中美洲和拉丁美洲经济产生的影响也是如此。

由于中国经济在全球的竞争力产生的影响而导致的贫困和不平等不仅仅发生在低收入国家中。在许多高收入国家里，小型区域性贫困的发展、正在扩大的国内不平等，也是因为无力同中国的生产者和东亚的供货商竞争而造成的后果。例如，在美国中西部工业腹地发生的经济衰落同中国的竞争直接相关。更生动地说，美国及其他国家的缺乏技能的劳动者面临

Globalization, Poverty and Inequality

的竞争直接导致了不平等状况的急剧上升。从1966年到2001年，美国占人口1%的最高收入人群在新增收入中获得的份额，超过了占全国人口50%的中低收入人群的所得份额；这个1%的最高收入人群的收入总额，超过占人口20%的最高到中高收入人群的全部收入[迪欧-贝克和戈登(Dew—Becker and Gordon)，2005]。想一想将来，中国将不仅仅是低技术产品的出口者，中国在高技术部门的扩张指日可待，这将会给高收入国家的社会和政治带来挑战。

　　本书同中国读者可能有关的第三点，是它直接触及中国内部的贫困和不平等的模式。毫无疑问的是，中国在全球范围的快速增长，减少了本国的绝对贫困人口的数量。我在第二章提到一个估计性的数字，生活在绝对贫困线（人均日消费支出1美元）以下的人口数量从1990年的3.77亿下降到2001年的2.12亿。到2006年（本书在英国出版之后），一个更新过的估计数字是：从1990年到2004年，共有2.5亿人口脱贫，比上一个统计数字增加了1.28亿。不过，2007年12月世界银行的报告提出，以国际货币的购买力平价美元进行的彻底的审查（第二章中解释过，这是估计贫困程度的一个工具）认为，中国的货币价值严重高估，因此全部经济规模应该缩小40%（以国际比较为准），同时可能有2亿贫困人口被漏估。这样一来，中国2007年的绝对贫困人口数字同1990年就没有多少区别了。如果这个估计是正确的，那么对中国通过全球化实现了发展、减少了绝对贫困这个观点，就必须提出质疑了。

无论汇率和中国绝对贫困人口数字的讨论如何深奥难解，对下面这个观点是很少有争议的，即全球化扩大了中国的收入差距。对全球化经济增长导致的这个最大的副作用大家有目共睹，很少有争议。这一点对于中国当然不仅具有重大的政治含义，而且就像本文开头的引言所说，对健康和福利标准最有影响的是相对收入差距，而不是绝对收入水平的提升，这是不可逾越的根本底线。增长和发展不是一回事。只要全球化的增长继续扩大收入分配中的差别，中国社会就不得不进行选择：在整体经济上的发展和进一步的增长之间进行选择。我想这是本书向中国读者传递的最重要的信息。

最后，我不希望上面的评述和本书后面的内容被当成反对增长的观点，或者是要求中国从全球化中撤出，回到改革开放以前近乎闭关自守的那种状态。那是愚蠢的、反生产的观点。与此相反，我的建议是吸取四点经验教训。第一，盲目依赖自由市场和全球一体化是一条会导致社会崩溃的道路，是通向日益扩大的不平等的道路，并可能还会提升绝对贫困的水平。

第二，有必要对中国加入全球市场的方式进行引导，开发积极的机制，补偿因市场无节制扩张而受到伤害的国内外受害者。

第三，中国对于福利承担的责任不仅限于自己的国内人

Globalization, Poverty and Inequality

5

口。它的经济规模如此之大，加入世界市场的程度如此之深，以至于中国的扩张路径会对全球人口都发生影响，其中特别是有竞争力的、雇用相对缺乏技能的劳动力的部门的扩张，对于全世界贫穷国家中的人口都会产生影响。

第四，再次强调我在本书最后一章中的观点：全球经济中充满了社会、经济和环境方面的失衡。这些因素将全球化置于一个非常脆弱的框架之中，所以它也许会像20世纪之初那样的不稳固。所有的政府，不论是中央政府还是地方政府，所有的厂商和社区，大家都应该知晓前面有急流险滩；特别要针对处于不利状态的弱势群体采取适当的步骤，把这个艰难的行程调整得让大家能够忍受。

拉法尔·卡普林斯基

2008 年 2 月

参考文献

Dew-Becker, I. and R. J. Gordon (2005), "Where did the Productivity Growth Go? Inflation Dynamics and the Distribution of Income", *Working Paper*, 11842, Cambridge, Mass: National Bureau of Economic Research http://www.nber.org/papers/w11842.

Wilkinson, R. G. (1996), *Unhealthy Societies*: *The Afflictions of Inequality*, London and New York: Routledge.

译者序　俯瞰全球化

　　这是一本介绍全球化、批评全球化的书。它的作者，拉法尔·卡普林斯基（Raphael Kaplinsky）是一位经济学家，他是出生在南非的东欧二战难民的后代。由于持激进的民主政治态度，1969 年当作者还是开普敦大学的一名本科生时，就遭到南非当局的政治迫害，流亡到肯尼亚，后来到了英国。他长期在欧洲著名的发展经济学研究机构——英国 Sussex 大学发展经济研究所工作，现在则是英国 Open 大学的教授。他满怀理想主义的激情参与到国际上推动社会进步、帮助落后国家经济发展的工作项目中去。然而他在亲身实践中观察到的真实状况，同"理论"或者他自己一向坚信的理念发生了重大冲突。他扩大了自己思考全球问题的视角，把最弱小、最贫穷、最落后的那些潜在的全球化参与者都包括进来。当他这样来思考全球化问题的时候，他看到了一幅和国际主流观念截然不同的图景。

　　因此，他对今天正在高歌猛进的全球化进行了深刻的评判。他正面挑战了权威国际机构多年以来依据的经济学理论和一贯的做法，这些权威机构包括世界银行、国际货币基金组织、世界贸易组织等；他正面挑战"华盛顿共识"，主张各国依据自身的具体情况来设计加入全球化的政策，不要盲目听信新

Globalization, Poverty and Inequality

自由主义的开放理论,不要放弃有针对性的工业政策和贸易保护政策,要采用有保护、有选择的经济发展战略,还要找到最合理的方式,尽可能地保护自己国家和厂商的利益,即使这样做是逆"华盛顿共识"的潮流,也在所不惜。

这本书面向的读者,既可以是经济学同行,或者经济学专业的学生,也可以是任何一个普通人。这本书里没有出现一个经济学—数学公式,写作手法也比较通俗易懂,虽然作者也说,本书可以跳着阅读,可以只浏览文框中的提要以绕过一些细节,可是要读懂全书的逻辑,即使是经济学出身的专业读者,也需要一行一行读下去。作者为了得出一个很重要的结论,采用了很多我们不太熟悉的经验材料,例如用全球贸易的长期数据,来描述全球化大局的中长期发展趋向,这些现实状况对我们思考全球贸易和长期发展战略是非常重要的。

我们并不是没有听见过对全球化的批评,也不是完全不了解全球化中发生的问题,可是用俯瞰全球的视野来观察和把握全球化的进程,在目前国内的出版物中很难见到,甚至在网络文章中也是非常罕见的。因此本书会给我们提供一种有裨益的思路和视角,让我们来挑战一下自己的思考和结论。参与全球化是真刀真枪的行动。我们很需要弄明白这个大背景,我们必须拥有一个可以用来定位自身状态的、有方向、有数量标准的衡量体系。

当代全球化经济中的市场特征可以概括为以下几点：价值链－供应链全面覆盖；产能过剩，劳动力过剩，贸易保护壁垒拆除，热钱流动，技术创新和出口带动发展，以"经济租"定义的高收益；低端生产者之间的相互杀价竞争演变成为"一起掉下去"的"竞次"（race-to-the bottom）行为；以及全球范围的收入差距扩大，高度依赖不可再生能源等。这样的全球化从长期来看，很可能是无法持续的。

我用"全球定位坐标系"来比喻"价值链－供应链"，因为它已经大体上覆盖了整个世界。我们天天都在说的"全球市场"，就是在全球价值链覆盖之下的市场，而不是经济学教科书上定义的市场。但是这个最宏观的背景，却被我们的经济学同仁们忽略；中国虽然全方位加入了这个体系，而且是全球化比较晚近的参与者中表现最突出、成就最显著的国家，可是我们自己却一直没有去认真关注这个"链条结构"。我们讨论转变发展模式的问题，基本上没有人涉及悬在我们自己头上的全球价值链这个决定一切的前提。这个状态，从最权威的经济学刊物发表的研究成果中，从连续7届全国经济学年会提交的论文题目中，甚至从对全球化持批评态度的论文中，都可以观察到。直到现在，讨论价值链问题的文章，还是只能在级别比较低的学术刊物上看到。

当代全球市场，无论从生产角度看还是从销售方面来看，

Globalization, Poverty and Inequality

都在价值链的支配之下,剩下的还没有被覆盖的空间已经所剩无几了,而且还在变得越来越少。价值链的快速成长和巨大延伸是全球化的一个重要标志,在两个世纪之交的发展更令人印象深刻,例如沃尔玛快速成长为全球第一大企业就是典型事例。这个发展的结果,是越来越小的"自由"市场空间。这对于所有的后来者可能都是一个威胁,如果不肯向别人的游戏规则低头、不想加入价值链、不参与全球化,就几乎再也没有别的路可走了。所以大家不得不全都加入进来。

价值链内部的"治理"结果,是决定在链条上各个环节中的国家和商家谁升谁降,决定谁拿到最大的、谁拿到最小的财富份额。这个由价值的、供应的、物流的"链条"结成的网络,说它执掌全球化参与者的"身份"确认大权,甚至生杀大权,都不会太过分。中国近10年来疯狂的出口增长,在非常大的程度上,是国际采购巨头把订单转移到中国的结果。其中有一些订单是从别的国家撤出以后转来的,例如服装、鞋类等(从巴西等国转到中国);也有许多订单是技术进步导致的新产品,如手机、电子产品和计算机(配件或者组装)。在这个"全球价值链"情景中,是需求决定性地决定了生产,是采购指向决定了生产和财富流向、决定了经济发展地带出现在何方。

"价值链"对经济生活的改造是非常深刻的。从全球化的生产和营销中获利的赢家获得的收入,已经不再是或者主要不是古典经济学所说的要素回报,或者相对于风险承担而得到的所谓"企业家回报"。获利和经济收入的来源,已经变成基于进入壁垒或者垄断条件而产生的"经济租"了。作者将经济租区分为内生的和外生的两大类,开列了一个经济租的清单:内生经济租中包括"技术经济租"、"人力资源租"、"组织—机构经济租"(如日本的新生产组织形式,减少存货,做到优质和低成本,新产品迅速上市,在创新和设计方面更加灵活机动)、"营销—品牌经济租"、"关系经济租"(以中小企业的聚集和企业之间正向的溢出为优势而获得的收入),还有以商业秘密和知识产权的形态存在的进入壁垒;外生经济租的清单上包括"资源经济租"、"政策经济租"(有差别的进入机会,源于政府的政策)、"基础设施经济租"(如交通设施的便利)、"金融租"(融资机会),等等。

由于价值链的"治理"(governance)格局,由于经济租的原因,在今天的世界上,技术创新和创新管理的前沿,已经不再是单个企业,而是企业的集群("在一片无效率的汪洋大海中,单个企业有效率是没有意义的");竞争的前沿实际上处于厂商之间关系的组织形式是否更加有效这一点之上 ["'经济租'将在慢行和浅尝辄止的企业与快速而深刻变革的企业之间的差距中产生出来"(见本书第四章)]。经济租还具有累加性,而且永远处于变动中:已经得到的经济租会由于进入壁垒被突

Globalization, Poverty and Inequality

破而流失，由于技术扩散而消失；另一方面，新的经济租还会不断产生出来。

价值链和经济租这两个概念，为我们定义了在加入了全球化以后，在全球市场上取胜的关键所在：在价值链中不断实现战略升级，创造、实现并保持经济租——高收益。这里面包括识别需求、发现市场、快速反应、组织生产和营销，组织机构内部还必须具备不断去除由于成功而形成的"组织刚性"的能力，等等。完成其中的任何一个步骤的要求都不是高不可攀的，但是把其中的每一件事情都一一做好，却是非常难的。

全球市场的另一个基本状态，是制造业中普遍的产能过剩和劳动力过剩（2003年全球汽车行业的生产能力要比世界总需求高出25%以上）；然而在制造业生产向全球扩散的时候，对新产能的投资还在高涨之中。关于全球市场上的劳动力后备大军的分析，我们需要换一个角度才能看清，因为我国近几年以出口为目的生产导致了比较快速的就业增长。只有作出这两个判断，下面对价格的分析才有了一个依据。本书作者把全球采购巨头对市场的垄断和产能过剩，称为挤压制造业产品价格的两个"硬"约束条件，这种挤压对来自低收入国家的产品的价格，尤其是低技术产品的价格尤其严重，其结果是长期持续的贸易条件恶化，这一点有全球的历史数据为证。这是把握全球化总体情景的又一个关键。这是我们不能回避、也不能改变的前提。

本来依据李嘉图的比较优势理论，分工和专业化生产条件下的国际贸易，应该可以做到双方互利，可是国际贸易的历史让我们看到的事实是贸易条件不断恶化，收入分配日益不公平，发达国家同发展中国家之间的贸易，好像永远也不能达到使双方受益的理想境界。

本书作者指出，李嘉图的比较优势理论被误读了。如果把这个理论用于国际贸易，要实现比较优势和达到双赢的结果，这个理论所要求的三个重大条件必须同时成立：实现充分就业；资本不流动；需要进行收入的转移（巴拉萨提出，在帮助穷国的生产厂商退出和进入不同生产项目的时候需要对它们进行帮助并动用资源）。在今天的世界上，有无数的事实为证，这三个假设条件一个都不能"实现"，所以要实现全球化贸易中李嘉图式的双赢，肯定是办不到的事情。

还有，全球化的推动者，不是某种匿名的力量，而是和利益有各种联系的各种机构和组织，有代表先进工业化国家利益的跨国公司，也有代表一定利益相关者来制定和执行游戏规则的国际机构：今天世界上所有的权威性国际机构都包括在内。设想国际机构会持中立、公平和理性的立场，是相当天真的事情，可能比假定经济活动的参与者都具有完全理性、假定政府都持利益中立的立场还要天真。

Globalization, Poverty and Inequality

13

在全球化进程不断高涨的近几十年的时间里，"热钱"在拉丁美洲和东南亚地区涌进涌出，"在它的身后留下可怕的经济灾难"。前面提到的所有的权威国际机构，对"热钱"所持的态度都是默许。这个问题现在也摆在我们面前了。

还有一个重要的问题：究竟应该如何看待东亚成功的经验？如何看待中国最近成功的经验？东亚"四小龙"的成功，一方面是由于它们的经济规模小，出口增加没有导致全球市场的结构发生大的变化——它们没有把市场"撑破"；另一方面，它们在前WTO时代采取了种种工业政策和贸易政策，敦促企业努力在价值链中向上爬升。如果把东亚"四小龙"的出口导向的经验直接提升成为适合所有发展中国家的模式，最少也是犯了"以偏赅全"的错误：大家都这样做，不可能全都成功，市场容量就是最后的约束条件，就像国际咖啡市场半个世纪以来的故事告诉我们的那样。要把"东亚经济奇迹"解释得合情合理，必须说明个别的成功经验不能不加分析就直接提升为"普适"的模型，这只要用全球视角来看一下，就很简单明了。

产能过剩，目标市场饱和，还有国际制造业生产分布的变局，将使东亚"四小龙"的经验部分失效。以服装业为例，有一些发达国家已经全面放弃了服装业，现在这些国家进口再多的服装，也不会伤害本国的服装业工人了，也就不需要实行进口限额了，全球服装进口限额／配额也因此被全面取消；从现在开始,全球服装业市场的竞争,差不多完全是发展中国家之间的市场份额争夺战。它们之间相互杀价的行为,也就是导致大家"一起掉到底"的"竞次"游戏。如果不能找到好的解决方案,其结果将是供应链的治理者和富国的消费者受益,而在生产国群体中,注定有一部分(甚至也许是全部)受损。这肯定不是大家参与全球化所期望的结果。

中国在全球化中扮演越来越重要的角色,但我们还不习惯从全球的角度来看待问题;外界的评论,我们也没有给予充分的注意。比如,在最近10年里,中国的服装业全面进步,在质量、款式、价格等方面能够满足全球市场各个档次的需求。中国的服装业看起来是有能力覆盖全球的。但问题是,有一些更贫穷的找不到发展路径的小国,也在尝试走服装加工出口的发展道路。发展中国家和发展中国家之间发生了利益冲突这种问题,过去从没有出现在我们的视野中。现在出现了这样的问题,怎样解决或者调和这种生存利益层次上的冲突呢?这是又一个很新的问题。中国在伤害一些更穷的国家吗?这可能是本书在中国读者中会引起最大争议的话题。那么中国的产业升级,是否会为我们之后的后来者,留下一些发展空间?这样是否就算双赢了?我们想做世界大国,也许不能忽略这一系列新问题吧。如果全球化的成功者要以全球化的失败者为代价,这个全球化还有意义吗?

Globalization, Poverty and Inequality

15

关于中国最近20年的成功，本书作者认为，从全球角度来看，在相当大的程度上，是由于和周边的亚洲国家（地区）实现了一种区域性价值链构造。尤其是在技术层次比较高的家电、手机、计算机、通信器材行业中，通过区域分工合作，达到了共同受益的结果，这是十分令人鼓舞的区域合作成功、区域价值链成长的实例，也是不服从"华盛顿共识"而取得的成果。在内部的发展行动方面，中国执行了有重点、有选择、有保护、政府强力推动的政策，这也是使"华盛顿共识"的鼓吹者们深恶痛绝的做法，但是中国和周边的亚洲国家（地区）以及其他一些国家（地区），正是凭借这种做法而取得部分成功的。所以，政府参与经济和政府推动发展这个到处受到严厉批评的事情，也许还具有另外一层含义。

我们的父辈梦寐以求的中国强盛，和这一次全球化的推进裹挟在了一起。我们可以怀着"摸着石头过河"的乐观信念向前探索，20多年来我们就是这样一步一步走过来的；可是我们并不能肯定，我们脚下涉入的真的是一条不会没顶、顶多失足湿衣的河流，而不是潜藏着惊涛骇浪的大海。所以，仅仅是为了我们自己的长远利益，我们对全球化的思考也应该不断加强和深化，这是一项刻不容缓的工作。

本书的作者在理论思考中，以关怀弱势群体为出发点，达到了俯瞰全球化进程的目的。现在在他视野中的图景，是从南往北、从东往西看的全球化。这和从北往南、从西往东看的全球化，其差别之大，我不知道应该怎样表达。毫无疑问，这个出发点和视野也限制了作者，他思考的逻辑，最后落脚在后来者如何能够设计出加入全球化的最佳方式（国家政策），而不是更进一步挑战全球化中通行的伤害弱者和后来者的游戏规则。

高歌猛进的全球化，发生在太阳系中惟一的一颗负载着生命系统的孤独的小行星上。我曾经疑惑，为什么要说宇宙是黑暗的？如果地球上的白天充满了阳光，那么宇宙中就应该是永远光明的。地球上的天文学家和宇宙学家观测星空从来都只能在夜间，在地球自己的阴影中扫描太空。后来当我同时看到杨利伟面前的阳光和背后的星空时，我忽然明白了，宇宙中本来是没有日夜之分的，是地球表面的大气层对太阳光线的反射，造成了地球上的蓝天白云和日夜分割；我们一时一刻也不能离开的空气，阻挡了我们直接观察宇宙的视线。我们须臾不可或缺的生存条件，会阻挡我们观察的目光，也会扭转我们思考的逻辑。但是如果我们有更宽广的胸怀，会使用更敏锐的工具，我们还是有可能克服这些局限性，实现俯瞰全球化的目的。

宏观经济学不仅要探讨资源配置效率、动态经济平衡，还要研究收益分配、福利状态的演变，甚至也许可以这样说，宏观经济学最应该关注的一个目标，是一定范围内的全社会福利

Globalization, Poverty and Inequality

改进（最大化）；在全球化如此迅猛推进的今天，我们应该提出的一个新问题，是全球范围的福利改进（最大化）。提出这个问题的出发点，毫无疑问是来自"后来者"和"弱势者"如何有效参与全球化这个难题，是正在恶化中的全球贫困现象和不平等问题，而这正是本书作者关注的焦点。

译者

2008 年 2 月 3 日

于云南财经大学

社会与经济行为研究中心

阅读指导

从专业的眼光来看，这本书汇聚了不同的学科。分析中用到了发展经济学、经济地理、国际政治经济学、社会学、管理研究、生产规划——工程，还有创新管理文献的内容。因此读者有时候会发现他们面前出现了不熟悉的文献、术语，同时，本书行文考虑到了不同的读者，从同行研究者、政策制定者到发展研究专家和学生。为了这个原因，我在此对阅读此书的读者提一点建议。每一章每一节差不多都安排了提要文框，这是为了帮助非专业的读者，也是为了喜欢快速翻阅的人。我希望这样会有助于各种不同水平的读者阅读。

本书最终的目标是解释全球化、贫困和不平等之间的关系，思考低收入国家的经济政策问题。所以对于希望抓住本书主要线索的读者来说，至少要看第一章、第二章和最后一章，这样既会看到中心问题，又读到了综合的经验材料，也不会遗漏掉结论。

对希望更多了解细节和理解我的结论的读者来说，第六章和第七章是必读的。这两章从宏观层面分析全球化的总体运行状况；讨论既有直接经验证据的支持，也有数量分析，第五章对3个部门的分析也是如此。我本人特别关注的是，阅

Globalization, Poverty and Inequality

读这些章节的读者已经对微观层面有所思考，如微观经济学、生产管理、协调（工程）和创新管理等。这是因为根据我自己的经验，有了范围很窄的专业技术之后，人们常常会忽视他们自己的经验对一个更加宽广的情景所能产生的意义。

相反，在第三章和第四章所作的讨论，可以说是对于管理理论、生产工程、创新管理理论的一种引导，对于经过宏观理论训练的读者，对于常常把厂商、价值链或者企业集群想象成黑匣并且把它们对变革的回应过程想象得很平滑的人，会有一些帮助作用。

我最关心的是读者中的学生。我尽量少用专业术语，只要可能我都尝试展示关键的理论领域涉及的总体情景，给出文献概览。例如第一章和第八章对全球化作了一种全景式的历史陈述，第二章不仅总结了全球贫困和不平等的经验材料，还讨论了数据的歧义性、贫困可以包含的多种意义；第六章和第七章解释了贸易条件决定的原理和比较优势理论。在每一处，我不仅尝试了用平易近人的方式阐述理论，还把理论之间的关联指出来，在适当的地方把讨论推向新的空间。

鸣谢

为了本书的出版，Polity 出版社真正做到了全力相助。它的工作态度是高度的热情和敬业。作者和出版社之间在本书出版过程中遇到的惟一的问题，是有关署名的。我很想用"卡普林斯基（和其他人）"这样的署名，但是这样做不符合出版界的惯例。然而，本书中几乎所有的分析结果，都来源于同行之间不拘一格的讨论。本书的一部分内容是密切合作研究的成果，另外有许多则是多年来广泛讨论问题的结论。毫无疑问，我还得益于许多高质量的研究报告和同行研究者的网络，我自己就供职于其中的一些研究机构。许多这样的报告是未曾发表过的。

无论我怎样努力，也无法在此对所有帮助过本书写作的人一一致谢。对于可能的遗漏，我需要事先致歉。以下提到的人是我不能忘记的。

首先感谢我的妻子凯西（Cathy）。她对于我的这个研究项目从头至尾提供了支持，她容忍我在各种主张之间摇摆，容忍我曾经的退缩，她还推动我把个人的探索心得纳入专业领域；感谢麦克·莫理斯（Mike Morris），他迫使我坚持下来，不许我偏离目标；他曾为某些章节提出详细的评论意见；感谢

Globalization, Poverty and Inequality

杰夫·汉德森（Jeff Henderson）和Polity出版社的匿名评审人，他们对草稿的全文提出了批评；对于霍伊·鲁斯（Howie Rush），我感谢他对于我的信心，在写作全过程中他对我的支持始终如一；感谢大卫·伊文思（David Evans）多次提供的技术性帮助，并阅读部分草稿。感谢我的儿子——本（Ben），他是一个出色的外行评论家，在本书成文的各个阶段，他提出的各种旁门左道的盘问，不断地迫使我认真考虑如何让那些并非本行专家的读者理解本书的观点。尽管如此，我恐怕还是不能把这本书写得像法律文件那样严谨而且无懈可击。

本书的许多分析直接来源于合作。关于汽车行业的部分，我要感谢贾斯汀·巴恩斯（Justin Barnes）和麦克·莫里斯；关于家具的部分，我要感谢杰夫·里德曼（Jeff Readman）；关于全球价格部分，我感谢阿米丽亚·桑托斯—帕利诺（Amelia Santos—Paulino）；关于创新管理，我要感谢贾斯汀·巴恩斯、约翰·博桑特（John Bessant）和麦克·莫里斯；关于工业区划问题，我要感谢安德鲁·格拉曼（Andrew Grantham）。在每一个这样的地方，我都引注了我们共同署名发表的作品，可是尽管这样做了，仍然无法充分表明本书受益于这些共同研究的程度，也无法表达出作者的谢意。

下面是一个很长的鸣谢名单。

安德鲁·格拉曼和杰夫·里德曼不仅对部分章节的细节提

出批评，还持续地、无私地提供了支持本书其他观点的细节内容。商·甘农（Shaun Gannon）、罗·菲特（Rob Fitter）、杰尼·齐米斯（Jenny Kimmis）毫无怨言地分别为第一章、第八章、第三章和第六章提供了素材。波兰柯·米兰诺维奇（Branco Milanovic）协助我撰写收入分配部分，另外一位是马丁·拉瓦利昂（Martin Ravallion）。威廉姆·马丁（William Martin）与吉姆·勒农（Jim Lennon）为第六章提供了部分数据。汤姆·罗斯基（Tom Rawski）提供了没有发表过的十分有用的中国数据。林（Wing Lim）协助我更新中国的教育和训练的数据。桑贾亚·拉尔（Sanjaya Lall）在全球生产和贸易统计口径变换后，为我做了全部数据的换算。加里·汉密尔顿（Gary Hamilton）启发了我对于全球性商品买家作用的见解；帕文·阿里扎德（Parvin Alizadeh）推动我理解李嘉图理论的局限，卡洛塔·佩雷兹（Carlotta Perez）引导我注意到金融和生产资本之间的关系这样一个不可忽视的问题。戴夫·卡普兰（Dave Kaplan）对第一、第二、第六章提出了极有见地的评论；休伯特·施密兹（Hubert Schmitz）评论过第八章，乔治·卡兹（Jorge Katz）评论过第六章。麦克·巴纳德（Mike Barnard）帮助我在思路不清的时候免于陷入欧洲早期历史的误区，麦克·博尔特（Mike Boulter）促使我区分开个人的感受和专业性问题。最后，在一些细节上，西奥·马斯（Theo Mars）帮助我对于辩证法

Globalization, Poverty and Inequality

作了极好的简述；感谢亨利·伯恩斯坦（Henry Bernstein）对残差性质的贫困和与全球化相关的贫困之间深刻差别的见解；感谢戴夫·弗朗西斯（Dave Francis），他帮助我将此书写得适合于更广大的读者阅读；感谢苏塞克斯大学发展研究所的那些聪明的研究生，曼彻斯特大学和伦敦经济学院的那些学生，他们在不经意间对本书提供的帮助是不可忽略的。

详细的鸣谢名单暂停于此，有助于本书完成的还有许多人，我在苏塞克斯大学发展研究所的同事，在创新管理研究中心的同事，曾经不间断地激励和支持我，我常常发现自己是在他们关注的目光下写作。我参与全球价值链研讨小组的活动，特别是与加里·格雷非（Gary Gereffi）和提姆·斯特尔吉昂（Tim Sturgeon）的交往中也有很多收获。

感谢不知疲倦的帕拉·路易斯（Paula Lewis）在本书写作全过程中从实用方式上提供的协助；感谢Polity出版社的艾伦·迈金利（Ellen McKinlay）和大卫·海尔德（David Held）的全力帮助，还要感谢卡罗琳·里奇芒（Caroline Richmond）非常有建设性的编辑意见。

我深深地感谢所有的人。当然如果大家还能同意对书中的错误一起来承担责任的话，那就更好啦。不过这恐怕就是我不敢奢望的了。

GLOBALIZATION, POVERTY & INEQUALITY

第一部分

立论

第一部分

立论

本书第一部分为立论。本书的立论完全不同于所谓参与全球化会自动解决贫困和不公平问题这样的简单化观点。

第二部分勾画一幅比较积极的图景。我在其中提出,全球化为减少贫困和收入分配的不平等提供了可能性,但同时又强调为了抓住这个机会所必须具备的明确战略目标和对于创新的有效管理。相比之下,第三部分比较悲观。尽管有些国家在全球化中会获益,但是全球化的生产和贸易体系的本性将导致贫困,将加深另外一些国家中收入分配的不平等。最后一章分析第三部分提出的问题,分析针对贫困的对策,分析全球化自身如何才能做到可持续。

本书开篇第一章着重分析全球化的驱动力,描述现阶段全球化的基本特征并与19世纪全球化的模式进行对照。第二章总览有关全球化的文献。在其中可以区分出两种观点:一种是有关致贫的原因,另一种是有关收入分配的机制。从文献中看,关注第一类(贫困)问题的人们,做的是一种"残差分析"。这是世界银行和全球化拥护者们所偏爱的观点。他们认为:全球贫困的主要原因,是有一些生产者没有加入到全球化中来。因此,如果那些贫困人口参与全球经济,贫困水平就会下降。相反,关注收入分配机制的人们认为,全球性经济的运行将会加深贫困,因为参与到一个产能日益过剩的世界中去并且进行有效的竞争,是那些生产者所力不能及的。

第一章

全球化驱动力

1.1　问题何在

1969年7月，我作为政治难民离开了我出生的国家南非。那是一个冬日的风天，当船驶出开普敦港，进入"风暴角"的时候，我眼望着云雾缭绕的桌山（Table Mountain），泪流满面。我在心中发誓：这里是祖国，但是我永远不会回来。把大多数人置于贫困和政治迫害的种族歧视和阶级压迫根深蒂固，是它迫使我流亡，在我的有生之年大概是不会看见它改变了。

在随后的15年里，我漂浮在"持不同政见者"的身份中。我忍受不了无动于衷的冷漠，因此我接受了那个时代的马克思主义文化。我顺理成章地把这种世界观和对于社会的认知扩大，和不少同代人一起参加了对"制度缺陷"这种问题的研究和争论：贫困和压迫是一种瘟疫，低收入的国家深陷于依赖他国的陷阱之中，它们如果不能实行全面的制度变革，就不可能取得进步。

但是，时过境迁，我开始感到一种"抗争疲劳"。我想我应该做**建设性**的工作了，不能总是在"**破除**"。打开我的眼界的，不仅是东欧的经济失败，还有历史的事实。从一篇比较南非金矿和苏联劳动条件的文章中，我看到南非的金矿相比于斯大林的统治，简直就是假日宿营地。随后的一系列学术方面的机遇，使得我把自己的学术生涯和政策设计结合在一起。在长达 7 年之久的工作中，我和同事一起为多个国家做了政策建议性的工作，这些国家中包括塞浦路斯、多米尼加共和国、牙买加、肯尼亚，后来还有亚美尼亚、哈萨克斯坦和俄罗斯等。这个世界永远充满了正向的和负向的动力，它是永远不会风平浪静的。不过杯子里的水只有一半，推动这个世界进步的强有力的正向因素总是存在的。

然后，在 20 世纪 80 年代后期，看起来似乎不可能的事情发生了。南非的政治局面开始松动。突然之间冒出来大批学生，在完成学业之后，他们渴望回到家乡，加入政府。他们都具有生活经验，完全了解什么是压迫、痛苦和强制的隔离。我的政治难民的身份也能够改变，我也可以回去了。我恢复了过去在家乡的社会联系，并且会同在非洲人国民大会和南非贸易联合会同盟的志同道合的同道者，一起进行了一项关于竞争力决定因素的多部门调查，目的是为新南非设计一项发展工业的政策 **❶**。这个世界似乎到处有机遇和希望，对于在新的民主政治热潮中实现经济增长充满了乐观情绪。

在这一段时间里，我和在苏赛克斯大学发展研究所的同事们所进行的研究也推动了这种乐观的气氛。我们当时认为，问题不在于**是不是、要不要**加入全球经济。这已经是一个定论。因为机遇已经呈现，同时也因为国际政治的压力使得低收入国家要从全球经济中撤出来是十分困难的了。我们当时认为，**如何**以实现收入持续增长的方式加入全球经济，才是问题所在。在那时，我和我在布莱顿大学 (University of Brighton) 创新管理研究中心 (Center for Research in Inno-vation Management) 的同事们关注的问题主要不是政策设计，更多的是如何实施政策，因为我们认为执行是更加困难的事情。这些思考导致我们同在南非纳塔尔大学 (University of

❶ Joffe,Kaplan, Kaplinsky and Lewis (1995).

6

7

Natal）的合作研究。我们的努力集中在寻找决定创新管理成功的因素上。我们积极地协助汽车、服装和家具行业的企业争取达到在国际上具有竞争力。同时我们也和制定产业政策的贸易和工业部门的机构密切合作。虽然玻璃杯里还是只有半杯水，但希望还是很大的。

　　但是我仍然感到一种深切的忧虑。我回想起在过去十数年中接触过的那些低收入国家中的企业，它们比起南非的这些同行企业来，在经济活力方面差得很远。它们将如何适应全球化的压力呢？后来有一天，当我同南非一家位于谢普思通港（Port Shepstone）的家具企业一起工作的时候，我心中的忧虑突然间一下推翻了过去持有的信仰。这家企业反映的情况是，它没有从货币贬值中得到什么好处，收益都到了买者手中。例如，它生产的双人床的价格从1996年的74英镑下跌到2000年的48英镑。为了慎重起见，我造访了第二家家具厂，它的信息不那么新，但是情况却是相同的，它生产的双人床的价格在1996年为69英镑，1999年为52英镑。那么其他的产品如何呢？在那时我们接触的还有三家生产木质门的厂家，它们的处境都是一样的。从1996年到2000年，南非规模最大的大宗出口商品（占出口量40%的主要产品）的厂商眼睁睁地看着自己的产品的标准价格一路下跌，跌幅达到22%。和别的家具企业一样，这个企业由于货币贬值的原因而没有倒闭。没有任何一家企业的生产效率的提高，能够达到足以抗衡价格下降的程度。

　　那么，这是否仅仅同纳塔尔的制造业和出口双人床、木质门的厂家有关呢？南非家具出口行业的综合数据能够告诉我们什么样的情况呢？在图1.1中，我试图展示南非家具出口行业的处境。从1988年到2000年，南非家具出口量以当地价格计算增长10倍，达到了8200万美元（2000年）。这个成果是在出口单价下降、货币贬值的背景下实现的。也许这只是南非的特例？那么全球的家具市场的价格发生了何种变化呢？图1.1报告了以欧盟家具进口数据为依据的世界价格变动趋势,以三年滑动平均值来消除年度之间的波动。这张图讲述的是同一个故事:价格在持续下降。

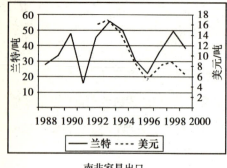

南非家具出口

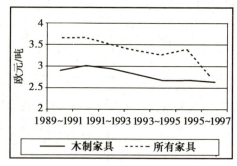

欧盟家具进口

图1.1 南非家具出口单价变化——欧盟家具进口(1988~2000)
资料来源:南非数据来自IDC数据库;欧盟数据来自COMEXT。

现在我的视角发生了转换,盛水的玻璃杯已经不是半满,而是半空了。如果南非的厂商都感到参与全球竞争如此困难,那么对于其他低收入国家中的厂商来说,这个困难会有多大?我为那些国家做过政策分析,我知道它们的企业没有哪一个在制造能力方面比得上它们在南非的同行。现在我们应当自问,认为全球化能够解决问题这种信仰是否还应该坚持?这些落后的企业如果服用我们开的药方,去更新制造业生产设备,就能受惠于全球化了吗?也许,如果我们不去引导它们相信书上写的那些关于创新管理的理论,而是及时地提出一些批评,作为一个评论者,这样做,对那些企业和政府是否可能会更有益处?

爱丽斯在"全球化奇境"

　　"快到了!"皇后又叫起来。"怎么回事,我们十分钟前就跑过这里啦!再快一点!"她们又默默地跑了一阵。大风猛吹着爱丽斯的耳朵,她觉得头发快要

8

9

被吹掉了。[一个国家就是这样对着全球竞争开放的]

"快点！再快点！"皇后喊道。她们俩脚不沾地地跑啊跑，爱丽斯觉得没力气了。忽然间她们已经停住了，爱丽斯看到自己坐在地上，呼呼地喘气，心咚咚跳。皇后把她拎起来靠在一棵树上，和蔼地说："你现在可以休息一会儿。"[适应不了这种竞争，企业开始创新了。这是一件新事，可是很累人]

爱丽斯环顾四周，惊讶莫名。"我们一直都在这棵树底下啊，什么都没有变过！"[企业创新了，可是并没有提高竞争力，它们不知道这是怎么回事]

"那是当然，你以为呢？"皇后说。"可是，在我们的国家里[在进口替代的时代，在开放和出口以前]，"爱丽斯喘息着说，"你总会到一个什么别的地方的，要是你像我们这样跑了那么半天的话！"[就是说，如果在停滞之后开始学习创新]

"慢慢腾腾的国家！"皇后叫喊起来，"在我们这儿，你看，你必须快跑才能停留在原地！如果你要到什么地方去，那你得跑得加倍快！"

资料来源：《镜之国的秘密》，卡罗尔（Carroll），1916。

本书关注的问题是全球化的生产和贸易体系对穷国人民产生的影响。第二章描述遍布全球的贫困和收入不平等。

本书的第二部分考察全球化如何实现双赢结局：这是一个充满了不确定性的世界，杯子里有水，可是只有半杯，所以是"半满"。第三章讨论与创造收入和保持收入持续增长有关的理论；第四章概述创新管理中的操作步骤，这是把理论结合于操作必不可少的阶段，同时还要考察把生产者和消费者连接起来的全球买家所扮演的角色。在第五章我们将看到，在纺织品和服装、家具、汽车和配件这三个重要生产部门中，全球性生产的扩张顺利实现。

与此相对照，第三部分讨论的是一个有输有赢的全球化。现在，我们看的这只盛着水的杯子是半空的：一些国家在经济上的成功正是造成另外一些国家贫困的根本原因。第六章以1988～2002年间近4000种产品价格在全球范围内的变动和低收入国家中进出口商品价格的变化，为这个判断提供证据。第七章探讨这种全球性价格变动的趋势将会导致何种结果：是大家都赢，还是有输有赢？我们的结论是，后一种结果更加可能发生。后两章的讨论主要围绕全球劳动市场和一个日益壮大的受过良好教育的劳动后备大军。中国在近期的经历和中国对全球经济的影响正是这个故事的核心。最后一章考察这些分析的结果对于他国的政策意义，特别是那些在参与全球经济和贸易整合中的失败者，非洲和拉丁美洲各国。与此相关的问题是，全球化是否可持续：全球化在它自身的扩展造成的、无从抑制的不公平的背景下，将会如何继续下去？

　　低收入国家的出口增长、就业和不公平问题不是一个新问题；在20世纪90年代就有过激烈争论。但是，那一场争论几乎完全局限在高收入国家中 ❶。本研究的不同点，在于讨论低收入国家出口的大幅度提高如何波及其他低收入国家、影响到就业，并导致不公平。为了进行这个讨论，我们有必要重温一下20世纪50年代对于低收入国家贸易条件恶化的各种见解。

　　本章接下来要通过生产和贸易这几个因素来看全球化中的各种关联，这正是本书的主旨（第1.2节）；用图表展示20世纪后半期的全球经济扩张（第1.3节）；最后，在第1.4节，简要概括这一次全球化的特殊之处，以区别于上一次全球性、外向型的生产和贸易的扩张。这一切是本书最后一章讨论全球经济扩张可持续性的必要的情景交代。

❶ Wood(1994, 1998); Lawrence and Slaughter (1993);Borjas, Freeman and Katz (1997).

10

11

1.2　多维度的全球化

> **概述：全球化的不同视角**
>
> 全球化是一个复杂的、多维度的过程。观察全球化可以采用多种视角。从第一种视角看到的，是经济活动、知识和信息、信仰、理念和价值观的跨越国界交流的障碍日益消除，这种看法忽略了有组织的机构（agency）的行为；所以第二种观察的角度是占据主导地位的全球行动者，包括厂商、团体等追求政治、宗教霸权的野心勃勃的行动；最后，全球化既是技术进步的结果，又源自人类的好奇心，而且得益于日益廉价和快捷的交通体系。

我在教授全球化的课程中，采用过一种可以称为"元规划"（metaplan）的小组实践教学方法。我的学生来自情况完全不同的国家，他们学习的专业是多学科的综合。我发给每一个学生3~4个粘贴条，请他们在每一张上写一个关于全球化的定义或者关键词，然后展示给全班，并把所有的纸条按照主题分类，粘贴在一起。这个做法好像是一种"投票"。每一次"投票"实践的结果，都使我惊讶。我是学经济学的，我发现自己总是在固执地谈论贸易的地缘性，总是盯着资本和劳动的流动，而我的学生们看到的，却是西方价值观的扩张（国际学生群体通常是批判可口可乐文化的）和帝国主义势力以及全球金融机构对于第三世界政府的控制。我多次被我的学生展现在我眼前的那个多维度的全球化震惊。我们列举和汇集的结果从来不会完全相同，通常有20多项。毫无疑问，如果我延长讨论的时间，我们还可以得到更多的结果。

那么我们应该如何看待全球化的多维度这个现象呢？是否存在一个单一的定义，让我们用以锁定迪恩(Dicken)所说的"全球转向"(global shift)的复杂性?[1] 让我们从"边界定义"开始,从削减流动性的壁垒开始:

> "全球化的特征是系统地削减跨越国界流动的壁垒/障碍:包括要素(劳动和资本)流动和生产,技术、知识、信息、信仰体系、理念和价值观的交流"。

此一"边界定义"的长处在于,它反映了控制全球性流动的多种参数的变化。它覆盖了全球化现象的足够多的领域,包括了经济要素的流动和社会性质的项目。除了第一种(要素)流动中的较低的障碍(作为劳动力流动的人口迁移、设备和技术的流动、金融资本的流动等),在更广泛的社会流动的意义上,阻止交流的壁垒也在下降,其中包括价值观、理念,以及为了学习其他文化而进出国境的人们。

这个定义的缺点是没有包括"**有组织的机构**"(agency),不能追踪那些驱动者——行动者,而正是他们在推动要素、产品、技术、知识、信息、信仰体系和理念与价值观的交流和流动。一个同"**有组织的机构**"概念相关的全球化定义应该是这样的:

> "全球化是对特定目标的追求:出于个人的、经济的、社会的、政治的目的而发生的个人、机构或者国家跨越国境实现的自身行动的扩张。"

"我们"(经济学家和政治学家,以分析和记录全球化进程为生的一群人)通常只注意到企业家和厂商。为了增加利润,这些投资人走出国界,寻找更大的市场和新的、更好的生产投入品。在现代化时代,推动全球扩张的主要机构是跨国公司。它们在多个国家中进行生产,在本地市场销售,也

[1] Dicken (2003).

12

13

在国际市场销售。但是"全球转向"的深化不仅源于跨国公司的直接生产，也是它们从向其他国家的供应商采购原料的结果。最近观察到的情况表明，专业化的大型采购商在推动着全球生产网络的扩张，我们在第四章将对此进行讨论。它们活跃在全球市场上，出售国际知名品牌商品，从分布在全球各地的制造者那里得到供货，其中包括由生产国当地所有者拥有的企业。

我们通常会不假思索以减法方式跳跃一步，理所当然地把制定国际经济规则的机构，如国际货币基金（IMF），世界银行（WB），世界贸易组织（WTO），标定为替跨国公司"定调"的定音器。同样，国际经济整合在政治上的表达，就是这些国际机构：欧盟（EU），北美自由贸易协定（NAFTA），以及东盟（ASEAN），这些国际政治同盟回应的是全球的企业家的需要，为它们重新定义国家和国际关系的框架，以促进全球商业的扩展。所有这些使我们回想起马克思在区分上层建筑（制度，价值）和经济基础（资本积累的驱动）时，对19世纪资本主义在全球的扩张所作的批判。

毫无疑问，对于利润的追逐是跨越国界的主要动力；流动中的不仅是商品、资本、劳动和技术，相伴随而去的，还有价值观和理念。因此，忽略具有自主动力的政治过程的影响、忽略霸权是很危险的。强有力的全球性机构在发挥作用，意欲对生活在别国的人民施加影响。这些霸权价值观包括宗教（在一个宗教激进主义高涨的时代我们如何能够忽略这个问题？），例如基督教和伊斯兰教，也包括某些理念体系（"基本人权"），例如主张不分种族和性别的平等权利。对政治霸权的追求看起来是与追求利润的经济活动相伴随的，但是我们也可以把全球扩张的驱动力归结为本质上是政治扩张的需要。也就是说，全球化是从自主的政治动力开始的，是这种政治的自主推动惠及生产与商业，促使后者扩大，而不是相反，由追求利润的动机来拖动政治机构参与。

还有一个第三种观点,同上面的为生产者和追逐政治权力者消除障碍、拓展行动领域的观点完全不同。这个观点看重的是技术问题:

> 全球化的兴起是科学技术进步和高度复杂化的自然结果。

随着新千年的到来和人类的进化,我们看到探求和完善知识的复杂过程。问题不是所谓的野蛮人不懂技术,事实是,许多这样的社区是和谐地生活在生态系统中的,它们具有高度完善的知识。那些人们知道如何间作套种以避免饥荒,如何从草木的落叶和萌芽来判断气候变化。直到今天,南部非洲的科桑 (Khoisan) 部落猎人和采集者还能够追踪野兽,对于植被和动物具有完善的知识。但是,从18世纪以来,由于工业化时代的进步,人类关于生产和社会知识的内容量成指数式增长。在如今生产已经成为高度专业化的活动中,知识的传递也不再如同科桑部落社会那样在家族中世代相传。当代的生产要求劳动实行大规模的社会分工,在知识的生产和学习系统中也是如此。与此相关的是,知识的生产也是日益依赖跨越国境的合作。正如本书鸣谢中所说,如果没有与非洲、亚洲、欧洲和北美同行们的合作,我不可能完成这项研究,不可能写出这本书。

另外,由于技术进步和技术复杂程度的攀比式 (scaling—up) 提高,随之上升的成本必须通过有收益的技术利用和不断扩大的销售来补偿。于是技术的生产者需要拓宽全球搜寻,以此维持他们的收益率。最好的例子是遍及全球的军火销售,其目的是收回武器生产中的复杂的技术和昂贵的成本。在此处不难看出全球化中的技术维度、经济维度和政治维度。

14

如此说来，技术进步导致了知识生产的全球性进步。这一点可以看作技术全球化中的良性的一面。由技术进步引致的全球化中恶性的一面，黑暗的那一面，被经济学家称为"负的外部效应"，被环保主义者称为全球共同体的"恶习"。技术的范围和领域都在加宽，于是连"溢出"效应都会跨越国界。 1986年切尔诺贝利核电站熔化事故，甚至影响到在英国西部和北部放牧的绵羊。同样，由于北美和欧洲过度燃烧石油燃料导致的气候变化，已经影响到北极圈的生态系统。

最后，全球扩展的强度也反映了人类的好奇心：

全球化也是人类好奇心的正常的结果，犹如技术和交流带来的是个人和社会的视野开阔。

好奇心永远是人类生存的因素之一，但是现在由于技术使得高速度大范围的交通成为可能，使人们可以轻松到达没有去过的地方和没有见过的文化，因而具有了如此广大的全球性影响。现代交通速度的效果可以从全球旅游者的数量来体现。从1990年到2001年，全球旅行者从3250万人次上升到6880万人次，增加了一倍，旅游业的收入从2560亿美元增加到4260亿美元❶，每一个游客都带着自身的价值观和理念走出国界，又都吸收了一些他们刚刚去过的那个国家的经验回到自己的国家。

本书关于全球化讨论的中心点是经过严格定义的。我们要探讨的是：不断扩大的收入不平等和绝对贫困的持续，是否就是全球化的经济运行的本性所致；如果是这样，那么我们就再进一步，评估一下这个趋势对于以解脱贫困为目标的政策所具有的含义。为了这个目的，我们的讨论在总体上将限制在狭义经济因素的范围中，主要讨论全球化的

---

❶ 根据世界银行"世界发展指标"(2004) 计算。

生产和贸易的特征。依据前文所提到的现代化的四种视角，我们将较多地讨论贸易壁垒削减和经济要素的流动（劳动，资本）、技术和产品，而较少涉及知识、信息、信仰体系、理念和价值观在国界两边的交流。国际化的组织是我们讨论的另外一个中心点，我们将要看到的是，全球生产体系正在日益协调和组织起来。我们不能覆盖的相关问题还有很多，我们不能进入与技术问题有关的任何细节，也不能去探讨人类的好奇心在全球化中的推动作用。即使在经济领域中，我们也必须放下一些对于全球化具有重要作用的部门，例如全球的金融市场，这个市场引导大量的"热钱"在国家之间涌进涌出，不时地横扫全球经济，在它身后留下可怕的经济灾难。我们看到过1997年亚洲金融危机，也看到过在拉丁美洲特别是在阿根廷和墨西哥反复发作的金融危机[1]。

对于研究领域的这种划分，我们并没有备选的方案。有人会说，以分析全球制造业的整个生产体系和贸易来确定全球贫困和不平等的决定条件，是一个野心太大而不可能实现的尝试；但是无论如何，虽然难免有失客观，我们总得在什么地方画出一条分界线，从这里开始我们的分析工作。

[1] Griffith-Jones, Gottschalk and Cailoux (2003).

1.3   全球经济在20世纪末的扩张

> **总结   20世纪晚期的全球化**
>
> 全球经济在20世纪后半期扩张的特征是制造业产品贸易的迅速扩大，推动力来自贸易壁垒的全面消除。全球生产网络所要求的半成品日益成为贸易货物的主要部分。
>
> 许多全球贸易关系中都包含了大量的外资直接投资，但是由于生产能力在全球各地加强，越来越多的生产是由受益于资金自由流动的当地厂商进行的。

16

17

全球化的生产和贸易的动力在20世纪80年代和90年代显露，其根源却是1944年在美国布雷顿森林召开的那次会议。这次会议的代表来自美国、英国，由于预见到第二次世界大战即将结束，他们的目标是建立一个稳定的和有能力支撑战后全球经济的制度性机构。这次会议的结果是形成了一种控制资本流动的体制，建立了稳定的汇率，建立了一系列国际金融机构：国际货币基金组织（IMF），世界银行（World Bank），关税和贸易总协定（GATT），等等。

在20世纪的后半叶，关税和贸易总协定（GATT）和它的继承者，世界贸易组织（WTO），强力推行贸易自由化，结果是国际贸易中以往通用的数量控制被取消，在进口和出口中征收的关税也被削减。许多原来实行贸易保护的低收入国家无可奈何，无法抗拒国际金融机构和提供援助的外国政府施加的巨大压力，在外债高筑的情况下被迫执行贸易自由化规定。然而随着20世纪走向尾声，抵制的声音渐渐消失了，贸易不受任何限制的观点在制定政策的人们中逐渐成为定论。

图1.2 描述的是分地区贸易关税下降的幅度和重要意义。我们应该记住，比关税

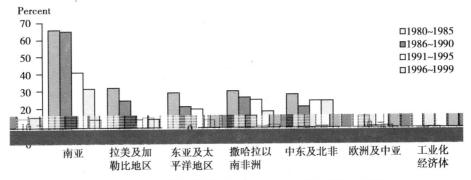

图1.2　分地区贸易关税平均水平（未加权）(1980~1999)

资料来源：世界银行 (2002)。

更重要的是贸易数量管制的消除,这个事实发生在大多数国家中,对许多种商品有效。在21世纪到来之时,南亚地区和许多其他地区虽然保留了进口关税,但是比之于20世纪80年代,保护的水平已经显著降低。世界贸易组织(WTO)重开坎昆(Cancun)谈判的目标,是继续削减贸易关税并建立维护全球化的生产和贸易的制度框架。

贸易政策的全面的改革导致了全球贸易在20世纪后半叶的显著扩张。从1950~2002年,全球以GDP衡量的生产总量增长了7.5倍,而全球贸易量的增长是12.5倍(图1.3)。在战后的最初30年中,贸易增长主要在矿产部门。其后20年全球贸易增长的推动力来自于制造业。制造业贸易出口值在2002年比1980年增加4倍以上。相比之下,同期农业产品的贸易量增长20%,矿石增长40%。如果比较1980年和1950年,矿石贸易的增长速度非常高,曾经达到两倍于制造品贸易增长的速度,4倍于农产品增长的速度。

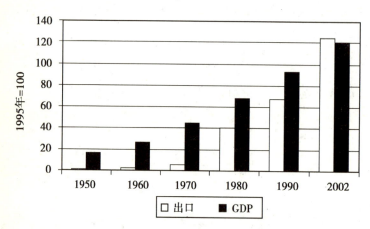

图1.3 全球贸易额增长与全球GDP(1950~2002)
资料来源:根据WTO国际贸易统计数字计算(2003)。

这种快速的贸易发展的结果是,几乎所有的国家都开放了。这可以从各国贸易在全部经济活动中所占份额中看到。

18

表 1.1　商品出口占 GDP 比重（%）

	1950 年	1998 年
法国	7.6	28.7
德国	6.2	38.9
日本	2.2	13.4
荷兰	12.2	61.2
英国	11.3	25.0
美国	3.0	10.1
苏联／俄罗斯	1.3	10.6
阿根廷	2.4	7.0
巴西	3.9	5.4
中国	2.6	4.9
印度	2.9	2.4
印度尼西亚	3.4	9.0
韩国	0.7	36.3
墨西哥	3.0	10.7
泰国	7.0	13.1
世界	5.5	17.2

资料来源：欧洲政策研究中心（CEPR 2002）。

表 1.1 列出贸易与 GDP 的比率，其中既有高收入国家也有低收入国家。开放的程度在这一时期显著提高，平均水平达到 3 倍，最突出的国家包括韩国、荷兰和德国；印度是惟一的例外。一般来说，低收入大国的开放度低于低收入的小国。

　　如前所述，贸易全球化的动力来自制造业。一个关键的因素是无根的（在地域之间自由流动）寻求最优回报的投资变得日益重要。图 1.4 显示，在 20 世纪 90 年代外资直接投资（FDI）增长特别迅速。大约三分之一的这种资本流向低收入国家。在 20 世纪 90 年代中伴随着外资直接投资（FDI）的还有朝向低收入国家、新兴国家股市的一揽子投资模式，资本流入国的国内企业因此得以吸引境外资本来支撑生产和贸易的扩张。

　　问题不仅在于制造业的巨大驱动力；投资的方式和特性在 20 世纪末期的变化同样重要。在战后初期，多数外国投资的目标是为资本进入的国家的国内市场生产，因此这种外资直接投资也被称为"跃过关税栏的 FDI"，吸引他们的是位于当地的厂家。投资者们承认，如果没有这些厂家则无法进入这个国家的市场。年复一年，这些 FDI 开始转而朝向"外向型"发展。我们在第四章和第五章将会看到，跨国公司开始利用低成本的海外生产来打入全球市场。另外，最终产品的份额是越来越少，以计算机和服装部门为例，

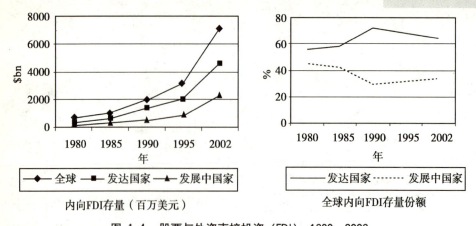

图 1.4　股票与外资直接投资（FDI），1980～2002

资料来源：根据联合国工业发展组织"世界工业报告"数据计算（2003）。

越来越多的是配件和组装，如印刷线路板集成电路，服装辅料和服装成衣制作等。

　　非制成品在贸易中的扩大十分显著。这可以用贸易量和**全部产出的**（译者所加）附加值之间的比例来描述：制成品越是被半成品取代，这个比值就越高。表1.2 中描述了各种类型的工业化经济的发展趋势。引人注目的是作为整体的亚洲，特别是新近工业化国家中这种掩蔽的贸易的形式发展到了何种程度❶。同样显著的是墨西哥，由于它的马奎莱多拉（Maquiladora）出口加工区地位上升（为美国生产配件）而导致的变化：上述的比率快速提高。变动率同样显著的是中国，虽然起始点很低。

　　不应当设想这些制成品贸易关系中发生的变动都是由跨国公司的行为导致的，还有别的因素在贸易全球化的进程中起着推动作用。我们在第四章和第五章中将会看到全球购买商所扮演的关键性角色。他们不在乎什么东西是谁做的，他们只看谁的东西便宜，谁送货及时可靠，谁能提供足够的数量以满足他们分布在全球的买家。在许多情况下货物是由跨

❶最近对于这个现象最常引用的文献，有 Feenstra (1998)的"垂直的贸易瓦解"，Hummels, Rapaport and Yi(1998)的"贸易的垂直专业化"。最早的文献见于 20 世纪 70 年代，如 Helleiner(1973)以及 80 年代早期 Froebel, Heinrichs and Kreye(1980)的"新式国际劳动分工"。

20

21

表 1.2　制成品贸易中的脱节：商品交易额与商品净增值之比(%)

	1980 年	1990 年	2000 年
主要工业国家	46.2	51.6	76.3
加拿大	63.7	70.6	108.8
法国	50.6	62.0	90.0
德国	52.0	63.7	96.7
意大利	45.7	46.9	76.7
日本	28.7	20.6	24.2
英国	52.0	62.4	83.5
美国	30.9	35.1	54.6
新兴市场国家			
亚洲	93.8	115.6	168.5
中国	12.1	23.7	32.9
印度	11.3	12.4	21.6
新兴工业化国家	216.5	259.3	365.5
西半球	37.2	42.6	58.6
阿根廷	25.3	13.2	29.7
巴西	19.4	14.6	34.1
智利	42.8	55.8	60.9
墨西哥	22.8	48.3	102.6

资料来源：国际货币基金组织，"世界经济展望"（2002）。

国公司的下属公司提供的，但是，越来越多的地方性、地区性生产网络被跨国公司利用，这一点在亚洲特别明显；用于这些扩展性生产能力的投资来源于国际上的流动资本。从 1971 年以来，固定汇率被布雷顿金融体系（国际货币基金组织，世界银行）放弃；这些机构的成立原本就是为了推进贸易自由化和迫使低收入国家开放资本市场。例如，在许多国家中，对于外汇的控制已经取消，不单单是利润汇出和私人汇兑放开了，数额巨大的国际货币基金整块贷款资本（large tranches）和热钱还得到了自由进出的准许❶。

　　总的来说，全球化在20世纪后半期的重点是产品特别是半成品的跨境流动。资本的全球化是推动的力量，其形式有二：外资直接投资，一揽子投资基金，促成这些实现的，是在全球范围内行动的国际机构：世界贸易组织（WTO）之于贸易，国际货币基金组织

---

❶ 这样的金融流动，特别是短期性的，因为来势汹汹，常常给流入国的经济造成巨大的不稳定。参见(Griffiths-Jones, Gottschalk and Cailloiux (eds.), 2003。

（IMF）之于资本流动。

1.4　并非初次

> **总结：比较19世纪末与20世纪末的全球化**
>
> 　　20世纪末发生的全球化不是一个初次或首发事件；全球化以较小的规模、以跨越国界扩张的形式，数次出现在以往的时代；西方和美国也并非惟一的全球化魁首。但是第一次真正意义上的全球化，当属19世纪末期的那一次，这个地球上所有的地方第一次真的以经济、政治和社会对话的方式连接在一起。
>
> 　　比较19世纪和20世纪的全球化，贸易是后者区别于前者的最大特征；19世纪的那一次，主要特点是金融扩张和人员的交往。
>
> 　　历史可以说明，全球化进程并不是不会停顿的。从1918年到1950年全球战乱绵延的时代，就是一个转向内向的时代。

历史的整合比较

　　20世纪末的这一次经济全球化，由于它的巨大的规模和快速的推进，所以很容易遮蔽人们的历史视野。但是，如果把这次的全球化同以往外向型的经济扩展过程相比来看，它只是规模更大而已；而且每一次这样的过程都是由一个政治和军事强国推动的。大约4000年以前，欧洲的外向推动力来自希腊的霸权和开拓爱琴海与地中海国家的经济往来的欲望。随后是罗马帝国，它的贸易路线横跨了欧洲大陆并且伸展到富有森林和铁矿的英国大部。在亚洲和拉丁美洲发生的，是一些大同小异的故事。

　　在所有的地方，政治霸权扩张之后都会出现一段内向的

22

23

收缩时期。我们在最后一章还要回到这个主题。现在我们的聚焦点在国际化的过程上，这正是19世纪后半期的特征。虽然在其他许多方面这一时期和历史上的别的时期有很多相似之处，然而这是历史上第一次，扩张走到了地球的尽头。地处非常遥远的非洲被包容进来，拉丁美洲和亚洲、澳洲都参与了世界的经济和社会交流。相比之下，此前的外向扩张就都仅仅是地域性的了。

20世纪的全球化所采取的外部形式不同于19世纪的那一次。如果讲到贸易的开放，用出口占GDP总额的比例（表1.3）来表示，那么19世纪的确是一个国际化推进的时代。

但是，对于几乎所有的国家来说，这种模式开放的最高水平还是低于20世纪末期的这一次的开放水平。以全球经济为例，出口商品在GDP中所占份额从1870年平均4.6%到1913年的7.9%，在1998年已倍增有余，达到17.2%。例外的是阿根廷、巴西和印度，没有表现出这种发展的趋向。它们在20世纪参与全球化的经验如果比之于上一次全球化、比之于处于同一情境中的其他国家，是不太成功的，这从我们手中的数据中可以得到佐证。

表1.3 分年度商品出口占 GDP 比重（%）

	1870 年	1913 年	1998 年
澳大利亚	7.1	12.3	18.1
法国	4.9	7.8	28.7
德国	9.5	16.1	38.9
日本	0.2	2.4	13.4
荷兰	17.4	17.3	61.2
西班牙	3.8	8.1	23.5
英国	12.2	17.5	25.0
美国	2.5	3.7	10.1
苏联／俄罗斯	N/A	2.9	10.6
阿根廷	9.4	6.8	7.0
巴西	12.2	9.8	5.4
中国	0.7	1.7	4.9
印度	2.6	4.6	2.4
印度尼西亚	0.9	2.2	9.0
韩国	0.0	1.2	36.3
墨西哥	3.9	9.1	10.7
泰国	2.2	6.8	13.1
世界	4.6	7.9	17.2

资料来源：据欧洲政策研究中心(CEPR 2002)计算。

我们将在最后一章再回到这个问题上来。

19世纪的全球化在另外几个方面达到的深度超过了20世纪末期的这一次。其中三种类型的国际化最为突出。首先是资本流动的全球化。相比于经济规模的资本流动在19世纪高于20世纪。图1.5列出了今天的高收入大国当时的资本账户（反映各类金融流动）与GDP的比率❶。除了德国和美国以外，这一种全球化的进展是高于20世纪的。这种差别不仅是数量之差，也是性质之差。资本的流动在那时更加长期化，更加稳定，不像20世纪后期那么快速，对于那么多的国家的经济具有杀伤力。

❶ Baldwin and Martin的数据比较的是经常账户（商品和服务）与GDP的比例，而不是与资本流动比较。但是他们指出，净出口也反映了金融流动，因此这种数据是当期金融流动的良好指标（Baldwin and Meier, 1999: 8）。

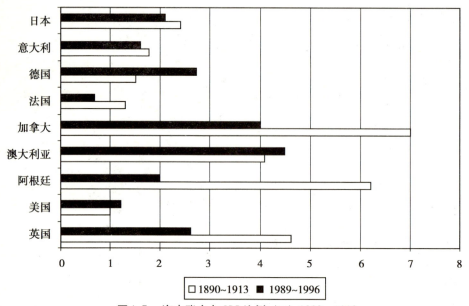

图1.5　资本账户占GDP比例（%），1890～1996
资料来源：伯德文（Baldwin）和马丁（Martin）(1999)。

下一个关键的区别表现在人的流动性上。19世纪的情景是大规模的移民，大约有600万欧洲人进入美洲，时间的跨度为1820～1914年。同期内大约同样多的人从中国和印度移到了邻国。有些国家移出的人口数量是很惊人的。例如

24

1880年爱尔兰每千人口中有140人移民；在挪威每千人口移出达到100人；从1900年到1910年，意大利每千人口中外移达100人。同一时期移入的人数在某些地方也是惊人的。在20世纪的最初十年，在阿根廷每千人口中迁入的移民达到300人，这个比率在加拿大是160，在美国为100以上。到了20世纪，这种规模的移民没有了。全球人口中居住在外国的在19世纪占到10%，在20世纪后期为2%。还有一点，就是20世纪后期的移居者中比19世纪有更多的有技术的劳动者 [1]。

　　19世纪时，全球化的模式在贸易方面是补充式的，是原料与制成品的交易。而在20世纪后的20年，在表面类似的交易方式之下，买卖的是有竞争力的产品。这一点可用贸易额同制成品附加值的比值（而不是占GDP的比重）来表现。从前述表1.2 中我们已经看出，20世纪后期的特征是脱节式的贸易比重非常迅速的提高。图1.6 把这一段历史趋势做了简要的综合，并对两个时代的全球化的特征进行比较。

	国际化	全球化
时间段	19世纪末20世纪初	20世纪末21世纪初
人口流动	非熟练工人流动	有技术有钱的人流动
资本流动	长期资本流动 外资直接投资	短期资本流动 外资直接投资
产品流动	商品和制成品贸易 补充性商品贸易	零配件与生产者的服务交易 竞争性商品的贸易

图1.6　国际化与全球化之比较

全球经济的脉搏

　　在1850年和1950年之间，历史上的这两次全球整合的起点相距差不多正好100年。在这两次全球整合之间，发生了全球经济趋势的回转：转回了"向内"。我们在这里分析"外向－内向"这个问题，在本书最后的章节再进行评判。前面已经提到，削减关税

---

[1] Chiswick and Hatton (2001);CEPR (2002); World Bank (2002).

在 20 世纪后期全球经济的贸易主导的外向型扩张中扮演了关键性角色。图1.7 是拉长了时间维度的关税变动历史趋势，我们可以清楚地看到，20 世纪后半期关税的确大幅度下降，但是在 20 世纪早期关税的总水平也是下降的，不过速度很慢，然而在两个阶段之间是关税巨大的上升，所导致的后果是全球经济的开放度在这两个阶段之间的倒退。图1.8 显示这个后果和美、英、法、德四国的开放模式；以出口商品额和商品生产的附加总值之比为度量标准。每一个国家的例子都表明，在两次战争之间全球整合度回落。

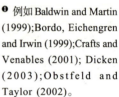

❶ 例如 Baldwin and Martin (1999);Bordo, Eichengren and Irwin (1999);Crafts and Venables (2001); Dicken (2003);Obstfeld and Taylor (2002)。

图1.7 35 国平均关税率（未经加权）（1860～2000）

注：这35个国家包括了今天经济发展与合作组织（OECD）的大部分成员国，外加19世纪的贸易大国（如阿根廷、墨西哥、中国和印度）。

资料来源：欧洲政策研究中心（CEPR），引自巴罗克（Bairoch 1989，1993）。

全球经济内向－外向转折的故事还可以用别的方式讲述，有关的文献已经很多 ❶ 。但是我们要讲的生产和贸易全球化中的关键因素是金融的流动性，这一点在后面的章节中还会展开讨论。图1.9讲述了在150年中的资本流动的故事，全球的国际化过程，时间跨度为19世纪到20世纪。这是一个标准的常规式的展示。我们看到的是，资本的流动性在19

26

27

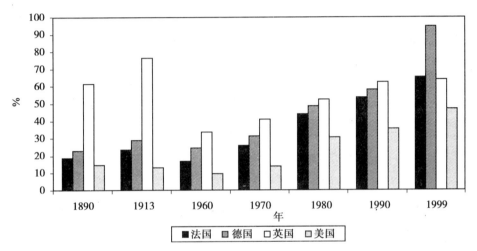

图1.8　出口商品占商品附加总值之比率（1890～1999）（%）
资料来源：欧洲政策研究中心（CEPR，2002）计算。

世纪大大提高，在第一次世界大战后出现了急剧下降，直到1944年布雷顿森林会议重建了金融控制体系后，特别是到1971年主要经济大国放弃了固定汇率制度后，全球性金融整合才再次获得外向扩张的势头。

1.5　全球化、贫困与不平等

本书的聚焦点，是全球化通过全球生产和贸易网络的扩大与延伸，导致全球性贫困和不平等的机制。我们将要看到的是，全球化会导致更多不平等，这是一个已经得到广泛赞同的观点。然而我们这样提出问题，还是冒犯了很多人长期持有的一种定见：所谓不平等和贫困是不能积极、正向地加入全球化所导致；那不是全球化自身的问题。

下面第二章的分析，是为第二部分（双赢的全球化，第三章至第五章）和第三部分

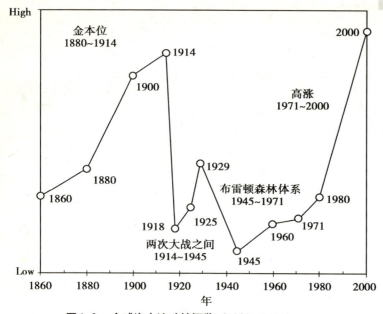

图1.9　全球资本流动性概览（1860～2000）

资料来源：奥伯斯特费尔德（Obstfeld）和泰勒（Taylor）2004年。

(有输有赢的全球化，第六章至第七章）所作的开场白。我
们在这里所做的，是把全球的不平等演变为一项记录性工
作。在最后的第八章，我们将要回到本书开篇提出的两个主
题。第一，全球化高歌猛进不可遏制这种感觉，其实在19世
纪末到20世纪初期多数人也这样感受过。可是紧接着发生
的，是转向和退缩。历史还会重演一次吗？第二，如果全球
化真的是全球贫困和不平等的原因，那么对于政策的制定者
来说，这究竟意味着什么呢？

第二章

全球化与贫困

　　如果回放一下我在南非度过的童年时代，那是白人享有特权的20世纪50年代。全世界都属于我，地平线是无限延伸的。但是那个世界并不平静。失业的穷人（黑人）永远成群地游荡在街上，让我们担忧可能发生的骚乱——他们常来敲门，乞求一份工作或者要一点食物（"有陌生人来到你门口的时候，一定要把门锁好"）。即使是为了我们一己的私利，为了保住我们生活中的机会，满街游荡的穷人也必须得到控制，要不然就得让他们的基本生活得到一点保证。然而，让我们关注到穷人的需要的原因，并不只是我们的一己私利。总还有那么一些为数不多的人，能够穿透很多层的偏见，感受到人类其他成员的苦难（偏见之一：在摸过钱以后一定要洗手——谁知道在你之前什么人摸过它们）。这类偏见经常具有种族主义的外观（偏见之二：黑人尊崇祖先，迷恋过去，所以他们根本不懂为了将来而投资教育）。这样，在现实中，源源不断的廉价劳动力的供给就有保障了。

　　良知未泯的人，甚至仅仅是出于自我保护的理性原因，也会看到分配问题日益成为焦虑的中心。于是很多持有政治观点和享受特权的南非人士投身于公众利益的领域就毫不奇怪了。战后的南非在社会意识发展方面是一个非常特殊的类型，但是它一点都没有出格。其他国家里也有很多的特权阶层人士识别出并达到了对社会分配这个核心问题的类似的思考。对于那些没有特权背景的人来说，关注贫困和分配问题几乎完全是不言而喻、天经地义的。

上述的观点对大多数人来说，远非清晰可辨，或者说并不是天经地义的。在推动朝向全球化、朝向经济发展的资源配置的决策者中，绝大多数人都没有认识到贫困问题和分配问题的至关重要的意义。他们关注的中心问题，只是个人的或者社会的总体的财富集聚。对于分配问题如此的短视不仅是错误的，而且也是非常浅薄的。因为贫困和不平等，特别是恶化中的贫困和不平等状态，会威胁到可持续的经济增长，特别会构成针对全球化本身的威胁。这些分配的结局和由此造成的后果，是本书研究的聚焦点，也是在最后一章要特别加以深入讨论的题目。

这一章集中讨论分配问题。我们需要重温一下在比较晚近的全球化时代里出现的贫困模式。我们将看到绝对贫困（第2.2节）和相对贫困（第2.3节），情况非常复杂，并且没有定论。有一些讨论是偏重技术性的，如探讨贫困衡量尺度的歧义性等，读者可以跳过细节内容，只浏览一下文本框中的提要性文字就行了。但是，这个题目非常重要，因为我们找到了很有说服力的证据，表明赤贫和越来越多的不平等这个痼疾是与最近的全球化过程是因果相关的。然而，如果全球化、贫困和不平等确实是因果相连的（第2.4节），它们将如何影响21世纪早期的全球化的可持续性，将如何影响我们对全球化的价值评判？

2.1　如何界定"贫困"

提要：贫困的含义

　　贫困的概念中有两个中心含义。第一个含义是绝对的生活标准，表示为了生存所必须具备的最基本的标准。第二个含义是相对贫困，就是贫富之间的收入差距。

在衡量贫困的时候有很多问题。所谓"生存的最基本需要"也不能轻易地从一般生活标准中分开。即使是界定赤贫这个概念，也需要考虑到相关的环境。用货币衡量收入的做法面临不同的国家因为购买力的不同而发生的困难。为了购买力这个问题，经济学家创造了一种货币叫做"购买力平价美元"。

对大部分人来说贫困意味着不能够维持生活——风雨不遮，食不果腹；求告无门，疾病缠身。早期研究贫困的先驱，英国约克郡的西波姆·罗恩特里 (Seebohm Rowntree) 在 20 世纪之初，曾如此定义家庭的贫困："全部收入不足以换取最低限度的物质的生活必需品。[1]"然而，这里的"必需品"指的是什么，还是没有说明。亚当·斯密 (Adam Smith) 在 1776 年指出："关于'必需品'，我的理解不仅是维持生命绝对必需的商品，同时也包括一国习俗要求正常的人不可或缺的那些东西，**即使是地位最低的人们也不例外。[2]**"

所以，即使要定义一个绝对的生活标准，也不是没有问题的，需要我们在具体的环境中对什么是必不可少的物品这个概念下定义。当我们比较人与人之间或者分组的人群之间的生活标准的时候，问题就更复杂了。我们应该使用何种度量标准呢？实物性参数可以提供一定的比较手段。但是它们不总是均质的——例如：摄入高级碳水化合物时，从中获得的1卡路里热量所维持的生命时间，比从简单碳水化合物中摄入的1卡路里热量更长；还有，我们如何定义"积极的生活"，或者某人"没有生病"？这是异质的物理性度量的困难，如果同用货币做标尺而发生的问题相比，就算不上什么了。在这里的

---

[1] Townsend（1979: 33）.

[2] Townsend（1979: 32～33）. 黑体为作者所加。

问题是，顾客在支付同一种服务或者商品的时候，并不是付同样多的钱。就是在同一个国家中也是如此。例如有这样一种说法："越穷越贵"，意思是买同样的东西穷人常常比富人付的钱更多。当我们用货币量来比较不同国家之间的收入的时候就更是如此——1美元在日内瓦买到的东西显然比在新德里少很多。

很多年以来，我们习惯了加总一国生产的货物价值和服务价值（国内总产值，GDP），然后用当地价格为基础来估算生活标准。于是，联合王国的GDP以英镑为基础测算，美国用美元，德国用德国马克，印度用卢比。每个国家的国内生产总值，都可以除以人口数字，转换成人均标准生活费。同一组数据也可以用来衡量收入分配的份额——GDP中分到不同的社会阶层和团体的比例（例如，最富有的10%人口所得；工资和利息收入者的所得；城市和农村居民收入；男性和女性收入差别，等等。）通过货币的兑换率（卢比兑美元；英镑兑美元，等等），我们有可能比较国家之间的生活标准，还可以测算国际收入分配（例如，全球GDP在不同国家的分布，或者与全球人口相关的分配比例）。

采用这个计算方法的麻烦在于，我们事先假定了1美元在每一个国家能够买的东西或者服务都是一样的。但是这肯定是不对的，因为在不同的国家之间生活标准的差别很大，更重要的是，在货币兑换率变动不定的国际环境里（现在与1971年之前不同，那时有很多年币值固定不变），这种国际比较会产生严重的误导。有鉴于此，一种度量跨国购买力的人为的指数被发明出来，即"麦当劳指数"，或者"巧克力指数"（同样的汉堡包或者巧克力在不同国家的价格），然后用这个指数去调整各国币值。这个办法很粗糙，用来调整购

32

33

买力也不科学，于是一个新的人为的度量标准被发明出来了。这一次考虑到了在多种产品上的不同购买力（不是光看汉堡包或者巧克力了），即所谓的购买力平价，通常用美元来计算，记为$PPP。这个度量标准构成了重新计算收入和生活标准的基础，被用来比较国家之间、跨越一定时间长度的实际收入。

这个购买力平价被广泛用于衡量绝对贫困的水平。最常见的做法是用1985年在美国1美元可以购买的物品为尺度，把这组物品认定为当年在美国的"绝对必需品"的表达。下一步就是把这个度量换算成当地货币——如在印度在同一年份，购买同样的或者非常相近的一组商品，花多少钱能够买到（很可能花的钱更少）。这些数字——把地方货币换算成美元购买力平价，在下一步就被用来计算世界上每一个国家生活在赤贫中的人口。有两种水平被用来定义贫困状态：每天支出不超过1美元（购买力平价1985年价格）；每天支出（购买力平价）在1～2美元之间（最近世界银行已经把美元购买力平价调整到1993年价格，以此来容纳商品的相对价格发生的变化）。这同一个过程恰好也可以用来比较国家之间的国民收入。现在连媒体都用美元购买力平价的概念来做国别的比较了。

我们下面将看到，美元平价购买力的换算率尽管不是没有问题，但是在估算赤贫人口数字、在多个国家之间进行生活标准和收入分配比较的时候，还是最常用的工具。最重要的一次是用在制定所谓"千禧年发展目标（Millennium Development Goals）"的时候。"千禧年发展目标"是一组被国际社会广泛认同的目标，主要的目的是为减少全球贫困而努力。在多个与教育、健康、供水等相关的目标之中，最基本的千禧年发展目标，是在2000年到2015年之间，把绝对贫困人口（生活费用每天低于1美元购买力平价的人口）比例减少一半，降低到占全球人口的15%。

用购买力平价美元（PPP）来衡量不同国家之间绝对生活标准的做法，引申出了贫困定义的第二层含义。在20世纪70年代早期，唐森德 (Townsend) 在英国做了一项影响深远的贫困研究。他的结论是，绝对贫困的确是问题的重心，但是研究贫困问题不能被局限在这一点上，需要把相对的生活标准视点引入，来充实对贫困的研究。**"只有把相对剥夺的概念作为前提，贫困才可能被客观地定义，并被逻辑地使用。"**[1] 这样一种从分配的视角来看待贫困的观点，在过去的20年中被广泛接受，实例之一，就是被采用作为在欧盟内部评判贫困状态的基础——在欧盟内，贫困被定义为：在任何一国中，生活来源低于国内平均工资的一半。然而，我们应该看到，这个视角没有表达在千禧年发展目标中；写在那些目标中的，只是各种层次的绝对贫困问题。

现在让我们来看看，在最近这一次全球化的进程中，相对贫困人数和绝对贫困人数是怎样估计出来的。

[1] Townsend (1979: 31). 黑体为作者所加。

2.2　绝对贫困的类型

> **提要：绝对贫困的趋势**
>
> 国际社会设定的千禧年目标的基本点，是在2015年把全球绝对贫困人口的比例减少一半。
>
> 世界银行的数字是，从1990~2000年，人均日均生活水平处于1美元购买力平价以上贫困线的贫困人口数增加了8.5亿。尽管日均支出1美元购买力平价以下的赤贫人口实际数字下降了一些，处于这个状态的人数仍然超过11亿。
>
> 近年来主要的进步发生在中国和亚洲的其他一些地区。绝对贫困线以下人口的增加发生在非洲、拉丁美洲、东欧和中亚。

图2.1　日均消费1美元以下人口数量（百万人）（1820～2000）

资料来源：世界银行，2002。

> 　　对这些数字有许多争议。有的研究认为上面的数字是夸大了，有的认为是低估了。总体来看，世界银行的数字不太像是夸大了绝对贫困现象，倒是很可能低估了这个问题。

　　从1820年到1980年的160年中，生活在绝对贫困中的人口数始终在增加（见图2.1）。缓慢的经济增长和迅速的人口增长在大多数发展中国家中始终纠缠在一起。不过在20世纪的最后20年里，发展的趋势有一个变化，就是在人口增长率上升的同时，生活在每人每天1美元以下的赤贫人口数字下降了。

　　以世界银行对全球贫困的估计为基础，表2.1对这个过程的轨迹更加清晰地加以描述。我们的重点是看20世纪90年代，采用了日均低于1美元购买力平价和低于2美元购买力平价的赤贫人口估计数字［为了反映1985年至1993年之间通货膨胀的因素，我们对于购买力平价做了这样的调整：用1.08美元调整1985年（该年为初次定义贫困），

2.15美元调整1993年的数字]。我们得到的最主要的结论如下:

表 2.1　绝对贫困人口世界银行估计数，1990～2000 年

	贫困率 (%)（低于贫困线）				贫困人数 (百万)			
	$1.08/ 日		$2.15/ 日		$1.08/ 日		$2.15/ 日	
	1990 年	2001 年	1990 年	2001 年	1990 年	2001 年	1900 年	2001 年
东亚(包括中国)	29.6	15.6	69.9	47.64	472	284	1116	868
中国	33.0	16.6	72.6	46.7	377	212	830	596
东欧与中亚	0.5	3.7	12.3	19.7	2	18	58	94
拉丁美洲	11.3	9.5	28.4	24.5	49	50	125	128
中东北非洲	1.6	2.4	21.4	23.2	6	7	51	70
南亚	40.1	31.1	85.4	76.9	462	428	958	1059
撒哈拉以南非洲	44.6	46.5	75.0	76.3	227	314	382	514
总计	27.9	21.3	61.6	52.8	1219	1101	2689	2733

资料来源: http://www.developmentgoals.org/Poverty.htm#povertylevel.

■ 从 1990 年到 2000 年，生活在日均 1～2 美元贫困线的人口在这个星球上又增加了 8.64 亿。

■ 从 1990～2001 年，生活在 1 美元贫困线以下的赤贫人口数从 12.19 亿下降到 11.01 亿，同时生活水平低于 2 美元贫困线的人口数从 26.89 亿上升到 27.33 亿（在一定程度上表现了部分最底层贫困人口向上一个层次的移动）。

■ 由于同一时期内人口增长的原因（1990年44亿，2000年达到51亿），全球赤贫人口处于日均1美元线以下的比例从27.9%下降到21.3%,处于日均2美元以下的比例从61.6%下降到52.8%。

■ 全球贫困状态的改善，几乎完全归功于东亚特别是中国的良好经济增长表现；如果排除这些国家的作用，则世界人口中处于日均 1 美元贫困线以下的赤贫人口比例并没有减少，而日均 2 美元贫困线以下

36

的贫困人口的绝对数量还在扩大。

■ 实际的情况是，在亚洲以外的大多数地方，全世界生活在赤贫线以下的人口数量在大幅度上升。

■ 处于日均 2 美元贫困线以下的贫困人口的比例和绝对数字增长趋势是确定无疑的。

对于这里给出的全球贫困的估计数字当然会有不同意见。原因之一是，大家都引用的数据并不可靠，甚至令人无法相信。正如波尔奇（Baulch）所说：

"在某些情况下，我们认为世界银行的 2003 年世界发展指数（WDI）是不可接受的。例如在乌干达，2003 年的 WDI 估计有 82% 的人口处于日均 1 美元贫困线之下，而上一年用同一个指标衡量的数字为 37%。相比之下，在巴基斯坦，"贫困率"一年之内从 31% 下降到 13%。在尼加拉瓜这个中美洲的中等收入国家，2002 年没有发现 1 美元贫困线以下人口，到 2003 年却有 82% 列入了 WDI 表格。"[1]

年度之间的数字可比性低，只是问题之一。人们对于世界银行估计数字的本身也存在许多质疑。一方面的指责是赤贫人口数字被夸大，另一方面的批评则是他们低估了贫困的情景。

世界银行夸大了全球贫困人口数字

每个国家都做统计，计算每年的生产和服务价值（计入进出口额），以当地货币结算。使用购买力平价美元计算，这些地方货币可以转换成国际间可比较的购买力平价美

---

[1] Baulch (2003: 7).

元（如前所述）。大多数国家还提供收入分配信息，即国民生产总值在每一个1/5人口段的分配：从最富裕的20%到最贫穷的20%各段。只要获得人口总数，就可以大略计算出生活在1美元贫困线和2美元贫困线以下的人口的数量。

萨拉－伊－马丁（Sala-i-Martin）用这个方法分析了125个国家，共52.3亿人口（占全球人口的88%），时间截止到1998年。他采用的是1996年的购买力平价美元（由于1985被设为基准，在计入通货膨胀因素时，1996年的币值以1.46美元为低限，2.93美元作为高限，造成计算中的混乱）。他的计算结果同世界银行对全球贫困水平的估计以及贫困的减少之间有非常显著的差别。（图2.2形象地展示了他的研究结果。水平轴为收入度量的对数（log），垂直轴为人口数。）我们看到的是，这些数字明确显示，生活在绝对贫困线以下的人口在总体上显著减少，并且在过去的30年中，随着时间的推移和全球化的深入，全球的平均生活标准持续上升。

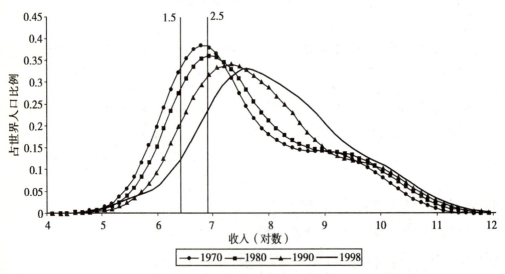

图2.2　下降中的赤贫人口数量（1970~1998）
资料来源：萨拉—伊—马丁（Sala-i-Martin，2002）。

38

萨拉－伊－马丁和世界银行对贫困的评估有显著的差别（表2.2）。世界银行提出的数字都高于12亿，尽管在1993年和1998年间有一些进步，贫困人口在世纪之交时占全球人口的1/4。相反，萨拉－伊－马丁的估计比世界银行的数字低得多，从1990年的4亿下降到了1998年的3.53亿。他计算的全球每天生活在1美元贫困线下的总人口比例比世界银行低很多，在1998年更是降到了7%以下。

表2.2　对全球贫困状况的估计对照　（1987～1998年）

	1987年	1990年	1993年	1998年
世界银行				
日均1美元以下贫困人口数(百万)	1197	1293	1321	1214
%（占全球人口）	29.7	29.3	28.5	24.3
萨拉－伊－马丁				
日均1美元以下贫困人口数(百万)	390	400	371	353
%（占全球人口）	8.8	8.6	7.6	6.7
珀基和莱迪				
日均1美元以下贫困人口数(百万)				1640
%（占全球人口）				32.2

资料来源: http://www.worldbank.org/research/povmonitor/; 萨拉－伊－马丁(2002); 珀基和莱迪的计算结果(2002)。

世界银行低估了全球贫困人口数

萨拉－伊－马丁对全球贫困的估计比世界银行低很多，而珀基（Pogge）和莱迪（Reddy）的观点正好相反。做了必要的调整以后（如表2.2），他们提出的全球的贫困人口数要比世界银行提供的数字还要高出30%～40%。采用他们的估计（取中间值35%）来计算，他们认为的全球贫困人口比例是32%，相比之下，世界银行的估计是24.3%，萨拉－伊－马丁的估计是6.7%。另外，他们还相信，自从1985年确定了基础贫困度量方法以后，漏计的情况被夸大了。

怎样理解这些关于赤贫人口的数字

在全球绝对贫困的三组研究中，对于同一年的情况，为什么得出的结果差异竟然可以从3.53亿（占全球人口6.7%）到16.4亿（占全球人口的32.2%）这样大？让我们从萨拉－伊－马丁的低端结果开始。对世界银行的分析方法的合理批评之一，是如何使用国民收入统计。我们要知道，萨拉－伊－马丁是把国家统计数据以分配收入图形的方式加以使用（以1/5为分段单位）。但是，拉瓦里昂（Ravallion）提出，这种收入分配数据会严重低估富人的收入。例如，有研究发现，在对18个拉丁美洲国家的收入调查中，前10个最富家庭的中位收入都没有超过当地大中型企业经理的平均工资。显然富人大量瞒报收入。对印度的数据进行过仔细的分析后发现，贫困家庭消费的75%以上的项目同调查中的日常消费项目数据相匹配，全国（平均）数据同家庭调查（全国范围）之间的差距很小[1]。

相比之下，世界银行的贫困研究的基础，是一套家计调查，从90多个国家的300多户家庭中取样，始自20世纪80年代。他们非常仔细地确定有代表性的样本，对于不上市场出售的农产品进行合理的货币换算（这是国家统计数据中又一个不准确的地方）。他们的估计更多地依据消费而不是收入。他们还把移民劳动力的汇款和政府提供的收入补贴也包括在他们的数据中。拉瓦里昂认为，正是由于这些多重的因素，萨拉－伊－马丁［和巴哈拉（Bhalla）］得出的结果是不准确的，他们关于贫困的很低的数字不可信[2]。下面在全球收入不平等的讨论中，我们将发现导致萨拉－伊－马丁的过

[1] Ravallion（2003: 745）.

[2] 萨拉－伊－马丁对这些差别提出了一些不太令人信服的解释，他指出前苏联的数据被删掉了，世界银行使用了消费数据而非收入数据。而当他动手来纠正这些错误时，萨拉－伊－马丁自己用各国国家综合数据来估计消费，似乎没有理解拉瓦里昂和世界银行采用家庭调查数据的重要性：他们的收入分配数字不是估计出来的。

40

41

于乐观评估的另外一些原因。那么，我们是否可以说世界银行估计的绝对贫困线以下的人口数字就是正确的呢？珀基和莱迪不这样认为。他们的批评追踪到世界银行使用的那个篮子——"必需品"——计算购买力平价美元的那些东西。这里包括了一些国际贸易物品（运输技术、电子消费品）和一些非国际贸易物品（以食物为主，也有服务）。他们的意见是，国际贸易物品比非贸易品具有更多的"世界价格"内涵，而穷人更倾向于消费非贸易产品：

> "已知的食品价格数据，特别是主食面包和谷物价格，表明这些物品（构成穷人日常需求的大部分）在穷国的支付价格远高于购买力平价美元计算中通常采用的水平。很多其他非食物生活必需品的价格也是如此。因此，世界银行在使用购买力平价美元体系的时候，因为他们的估算更接近穷人的需求，所以在把每日1美元的标准折算成当地货币的时候，有可能实质性地高估了多数穷国的贫困线。"[1]

还有一个附带的问题是，有大量的事实表明，即使在同一个国家内，穷人通常会比富人花费更多的钱购买同样的商品。珀基和莱迪认为，在通过市场购买基本食品时更是这样。

我们相信谁呢？萨拉-伊-马丁的批评有分量，但他提出的很低水平的全球贫困数字是以不严谨的经验主义为依据的。的确，世界上很多人的收入提高了，但是说全球绝对贫困人口数字如此大幅度降低、贫困人口占全球人口比例不到7%是不可靠的。拉瓦里昂的批评，即从国家统计中推算的贫困人口数字犯了低估的错误，也是有说服力的。然而，难道说世界银行的数字是一个差不多正确的估计？或者我们应该在两个极端（萨

---

[1] Pogge and Reddy（2002：4）.

拉-伊-马丁与珀基和莱迪）之间取一个中点？现在我们必须做一个判断。我们认为珀基和莱迪的某些批评是中肯的（虽然，如拉瓦里昂指出过，在其他的场合，他们误用或者误解了世界银行自己对数据做的修正）。

他们没有能力提供对绝对贫困的细节评估，因为他们缺少世界银行所占有的那样大量的家计调查数据。他们还对国际数据库的数据可信程度，对世界银行的世界发展指标（以国内收入统计为依据，为计算购买力平价货币进行修正）提出有根有据的疑问——我们在前面提及波尔奇指出的，两个年度之间贫困数量不可思议的变动。无论如何，他们的主要结论，即世界银行低估了全球生活在贫困状态下的人口数量，是可信的。但是低估达到30%的程度也是不太可能的。

2.3　相对贫困的模式

提要文框相对贫困的趋势

度量相对贫困的潜在方法有很多；我们总结过的证据主要是关于收入分配的，既有一个国家以内的分配，也有不同国度之间的全球性分配问题。

关于一国内部的收入分配，所有的数据都表明，大多数国家内部收入的不平等都在扩大，这一点令人惊异。

关于全球范围的收入分配，要看人口规模是否被考虑进来（是否以人口为权重来计算）。如果忽略人口因素，那么情况略有恶化，全球不平等是扩大的。如果考虑了人口因素，那么全球的收入分配随着全球化推进而改善了。

但是这里存在着一个很大的毛病。全球收入分配的改进，主要是中国经济快速的增长带来的结果，印度对此也有贡献。这两个国家巨大的人口数量对全球分配模式影响很大。它们各自在国内的收入分配状况都显著地恶化的同时，却在积极地改善全球分配状况，这是一个无可奈何的悖论。

判断全球贫困的特性和趋势，有许多外延的维度可以考虑，收入分配的多种模式就反映了这一点。表2.3列出了其中的一部分，共有16种，以实例说明，针对某一种类型可以设定哪一种度量方法。类别项目包括个人、阶层、性别、年龄群体、地区、国家和时间。

显而易见，不存在一个可操作的办法，可以用来把所有的相对贫困的维度进行度量、分析和总结。如果要决定哪些问题更重要，可供考虑的一个重要的分类原则，就是看谁更"合用"——目标合理性，即

表2.3　相对贫困问题的多样化的内涵

不平等的内涵	相关人口举例
人与人之间	可以在所有个人之间比较
社会阶级之间	劳动与资本；农场主与无地劳动者
社会阶级之内	金融资本与工业资本；大农与小农
部门之间	农业与工业
部门之内	农业内部；工业内部
两代人之间	成人与儿童；劳动的成年人与退休者
两性之间	男性与女性
同性者之间	同性者群体之间
时间区段之间	有长度定义的时间段
时间区段之内	给定时间段之内
区域之间；一国之内	城镇与乡村；城市之间；省区与地区之间
区域之内；一国之内	一个地区之内多个城镇之间
区域之间；国家之间	大洲之间；国家类别之间
区域之内；国家之间	大洲之内；国家类别之内
国家之间对比（无权重）	不计人口规模比较国家层面的平均水平
设定权重的国家之间对比	计入人口规模的一国平均状态与他国比较

找出最能清晰地表达中心问题线索的那个维度。另一个重要的原则是实用性——为了一个切实可用的、度量不平等的措施，所需的数据和方法上的支持是否已经具备？有鉴于此（本书的聚焦点就是全球收入的分配），下面的讨论将集中在不平等的两个维度上：在

各个国家内部的收入分配和全球收入分配。

■ 一国以内的收入分配。

■ 全球范围的收入分配。

这两种分类，只反映了生活中的某个单一维度：按照年度计算的收入。没有覆盖构成福利的其他成分，例如排除了收入的不稳定性。在这个世界上的很多地方，特别是由环境（例如天气）决定收入的地方，或者收入取决于世界价格的地方（例如咖啡），贫困现象具有周期性重复的特征。另外一点，环境条件的比较，也被排除在上面两个指标之外。穷国的许多穷人面对着的是低劣的环境质量和迅速恶化中的环境。我们的数据还忽略了"社会工资"这一点，即政府向人民提供的（公共）服务。还有被忽略的问题是，在一国以内或者国别之间这个维度上，下一层的区域划分无法识别了；两性之间的区别等关系到收入者的多项指标也被排除掉了。

一国以内的收入分配

在收入分配这一点上，各国之间的差异有如天壤之别。萨拉－伊－马丁的收入分配比较研究取了4个时间段：1970年，1980年，1990年，1998年，并覆盖了多个国家。他的研究表达了国别经验的多样性，没有发现普遍的模式。例如，

■ 印度的人均收入伴随着不平等在某种程度的扩大而呈现出快速的增长；相当大量的财富在分配中向中值点右方的移动，表达了受过教育的专业性中产阶级的显著增加。

■ 美国的人均收入增长缓慢，收入不平等有所扩大，反映的是穷人收入的相对增长慢，最富有收入组的收

44

45

入相对增长较快。

■ 日本经历的是快速经济增长；由于最穷的社会成员实现了某种"追赶"，收入的不平等程度降低了。

■ 中国的经济增长非常快，仅次于最富裕组的人群得到的收入增加，特别推动了收入差别的扩大，同印度的情况类似。

■ 巴西的情况是：收入基本上没有提高（最贫穷组除外），存在严重的不平等（见图2.3），收入日益集中于两种人群，即中等和上中等收入组。

■ 尼日利亚展示了一幅人均收入持续下降（曲线向左移动）、不平等加剧的图景。

具有时间长度的内部分配数据的第二种特点，从萨拉－伊－马丁的研究中看到的，是所谓的"双峰"现象❶。我们看到的是收入点簇集在两个区域附近，两个区域之间有深谷，提示我们，相对富裕和相对贫穷的模式并存而且持久。这种"双峰"现象的存在很广泛，在巴西（图2.3）和尼日利亚特别显著。

萨拉－伊－马丁描绘的以国家为单位的收入分配图景，否认有任何共同的发展趋势存在；对他的前述绝对贫困研究的批评，用在这里是同样成立的。他的研究中有一系列方法论上的漏洞，从一个国家得到的有限的数据被前后推展，用来证明他自己试图创造的分配模式。❷

---

❶ Jones (1997); Beaudry，Collard and Green (2002).

❷ 米兰诺维奇把萨拉－伊－马丁被广为引证的研究细细拆解，指出他采用了不合理的方法论假设，这样低估并扭曲了贫困的程度，全球收入不平等的计算结果是有偏差的，他据此得到的结论是全球不平等的水平下降了。见 Milanovic（2002）。

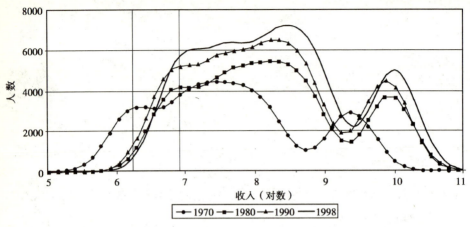

图 2.3　巴西收入分配（1970~1998）
资料来源：萨拉－伊－马丁，2002。

那么，当我们用家庭收入数据来衡量一国的国内收入分配和消费的时候，应该看到什么样的模式呢？拉瓦里昂报告了一幅同样复杂的图景，他也没有发现共同的趋势：在某些地方收入的分配得到改善，在另外一些地方，收入分配状况变坏了。但是，米兰诺维奇（Milanovic）指出，拉瓦里昂的计算遭遇了同萨拉－伊－马丁相似的问题，家庭收入和个人收入相混合，提供收入数据和提供支出数据的研究被合并，在缺少数据的空白点用假设来代替，等等。**❶**

使用不同于萨拉－伊－马丁和世界银行的数据进行的收入分配研究，对发展趋势共同的看法是，以一国为单位的收入分配状况是恶化了：

■　根据一项覆盖面很大的回顾研究，其中涉及73个国家、全球80%的人口，用购买力平价美元调整过的GDP占全球的 91%，可以看出来的趋势是：在48个国家中，不平等状态在20世纪60年代中期到70年代得到改善，在20世纪最后20年中迅速扩大；

❶　Milanovic,(2002).

46

表 2.4　收入不平等状态——73 国变化趋势（1960~1990 年）

不平等状态	发达国家	发展中国家/地区	转型国家	总数
扩大	12：澳大利亚，加拿大，丹麦，芬兰，意大利，日本，荷兰，新西兰，西班牙，瑞典，英国，美国	15：阿根廷，智利，中国，哥伦比亚，哥斯达黎加，危地马拉，中国香港，墨西哥，巴基斯坦，巴拿马，南非，斯里兰卡，中国台湾，泰国，委内瑞拉	21：亚美尼亚，阿塞拜疆，保加利亚，克罗地亚，捷克共和国，爱沙尼亚，格鲁吉亚，匈牙利，哈萨克斯坦，吉尔吉斯斯坦，拉脱维亚，立陶宛，马其顿，莫尔多瓦，波兰，罗马尼亚，俄罗斯，斯洛伐克，斯洛文尼亚，乌克兰，南斯拉夫	48
维持原状	3：奥地利，比利时，德国	12：孟加拉，巴西，象牙海岸，多米尼加共和国，萨尔瓦多，印度，印度尼西亚，波多黎各，塞内加尔，新加坡，坦桑尼亚，土耳其	1：白俄罗斯	16
减少	2：法国，挪威	7：巴哈马，洪都拉斯，牙买加，韩国，马来西亚，菲律宾，突尼斯	0	9
合计	17	34	22	73

注：画底线的国家在 1998 年到 2000 年期间的不平等状况可能有所恶化。
资料来源：科尔尼亚（Cornia）和库特（Court）（2001）。

在另外 16 国中分配状况大体上没有变化，仅仅在 9 国有改善（大部分是很小的国家）。

■ 高收入国家总体上在 1980~1990 年之间的收入分配是趋向不平等（特别表现在盎格鲁－撒克逊国家中）[1] 然后趋向稳定[2]，非常引人注目的是，欧洲国家在

---

[1] Dunford (1994).
[2] Gottschalk，Gustafson and Palmer (1997)；Streeten (1998).

收入分配变得不平等的时候，消费受到的逆向影响不大，这是由于福利国家向低收入人群提供的社会服务在发挥作用[1]。

■ 从1979年到1997年荷兰的实际工资降低了[2]。

■ 在美国，1990年的实际工资低于1960年，家庭收入的增加多数是由于延长工作时间或者更多的家庭成员工作[3]。从1970年到1992年，最低层四分之一人口得到的全国收入份额大体上不变（实际数字从5%降低到4%），同时最高层四分之一人口的收入份额从41%提高到45%（其中顶层5%人口的收入份额从16%增加到18%）[4]。

■ 被当作全球化获益样板的智利，基尼系数从1971年的0.46上升到1989年的0.58[5]（基尼系数计算的是累计的收入份额与相应的累计人口的比值，该数值越高，收入分配的不平等越严重）[6]。

■ 在转型国家中不平等的扩大非常显著。这个分类中的大多数国家的基尼系数在20世纪80年代末期只有0.20~0.25，经过短短六年的转型过程，基尼系数激增，如立陶宛达到0.37，乌克兰达到0.47，俄罗斯达到0.48[7]。

■ 在发达工业化国家和拉丁美洲国家，20世纪90年代熟练工人和非熟练工人的工资差别趋向扩大[8]。

■ 中国的收入分配模式的变化是最突出的，对全球收入分配的影响也是最大的（下面另有分析）。当中国的经济增长和融入全球经济的速度都非常快的时候，

[1] Kohl and O'Rourke (2000).

[2] Hartog (1999).

[3] Kaplinsky (1998).

[4] Cline (1997).

[5] Rodrik (1999).

[6] 在极端情况下，如果一个人独自掌握了整个经济，那么基尼系数就是1；而当收入分配安全平等，每一个人都得到同样多的东西时，基尼系数就等于零。

[7] UNDP（1999）.

[8] Wood (1994，1997 and 1998).

48

在出口占GDP的比例从10.5%增加到21.3%的过程中，中国的不平等程度急剧扩大：见于城乡之间，沿海地区同内地之间，以及城市内部和农村内部（见图2.4）**❶**。这种不平等的扩大是如此严重，以至于在2003年，当经济增长年率达到9%的时候，中国的赤贫人口数字在多年中首次增加了80万**❷**。

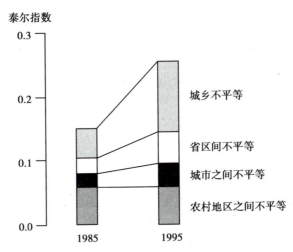

图 2.4　收入分配模式比较（1985 年和 1995 年）
资料来源：世界银行，2002。

全球范围内各国之间的收入分配

世界上总体的收入分配是怎样的呢？当全球化深入进行的时候，收入分配变得怎样

---

❶ "……一直到1985年，中国在仍然贫穷的条件下实现了大量减贫，可是20世纪80年代的中期过去之后，减贫的速度大大放慢、停滞甚至倒退了。"见Khan（1999: 2）。

❷ 中国扶贫办公室（China Poverty Alleviation Office），"瞭望",7月20日。

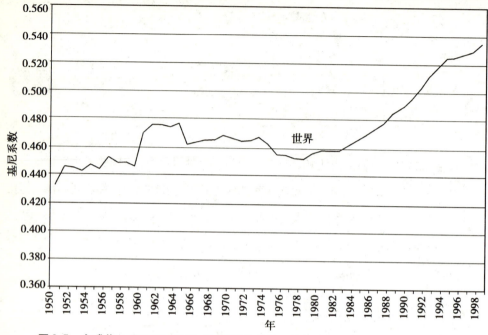

图2.5　全球收入分配基尼系数（以国家为单位，未经人口加权），1950～1999年

资料来源：米兰诺维奇（Milanovic），2003。

了呢？

　　分析方法之一，是看一看经过一段时间之后，各国的人均收入发生了什么变化。换句话说，就是把购买力平价美元调整过的各国人均收入比较一下。图2.5展示了144国从1950～1998年的基尼系数。每一个国家都表现为一个独立的数据点，具有同样的权重，不计国土面积、人均收入水平和人口数量多少。从图中可以看到，经过了相对平稳的1950～1980年期间，全球的国别收入分配在20世纪最后20年变得更不平等，这个现象表达的事实，就是在全球化进展非常快的这一段时间里，不同的国家走上了非常不同的增长路径，亚洲增长快，非洲和拉丁美洲增长慢，甚至不增长。这一点，同"二战"后各国之间相似的增长经验反差很大。

50

51

这个关于不平等扩大的研究是被广泛接受为准确的观察。它的失误之处在于，使用人均收入数字时给予中国、印度、多米尼加或者开曼群岛同样的权重而不考虑它们的差别（这几个国家的人口规模在1999年时分别为13亿，10.5亿，7.2万和6.3万）。如果我们要考察全球收入分配的真实模式，即世界上人与人之间的收入差别，而不是国与国之间的差别，我们显然必须顾及国家的大小，用它们各自在全球中的人口比例权重来衡量它们的收入。

米兰诺维奇把人口因素对全球收入分配的影响做了比较（见图 2.6）。仅仅把单纯的各国人均收入数字（不计人口因素）做比较，得出的结果是不平等在显著扩大。而当我们把人口因素加以考虑之后，我们看到的图景就变了，这个世界变得更加平等了。然而，这个变动完全是由中国经济增长的出色表现造成的，如果把中国排除，那么全球以人口加权计算的基尼系数从1980年以后还是上升的。

遇到了如此之多的方法论上的混乱，我们是否还找得到一个分析的基础，用来对包括人口权重的全球分配模式做出合理判断？回答是，从平衡点上来说，全球收入分配在人与人之间大体上持平，或者略有改善，这是20年以来的情况。对此中的原因有一个很清晰的解释，就是中国。我们看到，中国在最近20多年中达到了创纪录的增长速度，20世纪80年代和90年代的年度增长率达到了10%。同时中国的人口几乎占到全球人口的20%。因此，中国会推动全球收入分配状态改善，这一点就像加减法那么简单而确定；尽管存在着中国国内收入状况恶化，甚至在2003年绝对贫困人口数字上升这样的显著的悖论。假如把中国从总体数据中拿出去，那么用人与人之间、家庭与家庭之间的收入来衡量，这个世界20年来变得更加不平等，则是确定无疑的。

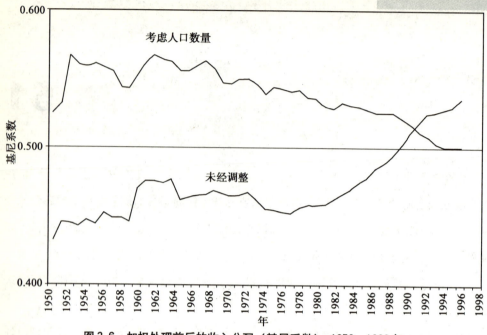

图 2.6 加权处理前后的收入分配（基尼系数），1950～1999 年

资料来源：米兰诺维奇（Milanovic）(2002)。

贫困趋势总结

面对如此的复杂性，我们对于近期全球化中的贫困这个题目，即使只考虑收入和消费，不涉及环境或者实物福利；即使只停留在国家层面，不触及分阶级、性别、国内区域之间的差别，我们能够达到什么结论呢？

首先，把关注点集中最绝对贫困的水平：

■ 采用家计调查数据和多样的"必需品"组合，强有力的证据显示，从1990年以来，日均生活支出平价购买力1美元以下的绝对贫困人口数量没有增加，或许略有降低；日均平价购买力2美元以下的人口数量上升；达到每日平价购买力1美元以上的人口有显著增加。需要指出的是，尽管这个趋势是好的，

52

53

仍然低于世界银行1990年预计的1998年状况，即日均不足平价购买力1美元人口减少到低于8.25亿（实际数量为12亿）。

■ 不过，如果变换定义，更多地用食品组合来狭义地定义"必需品"，上面的结论将会被质疑，有理由相信世界银行可能低估了赤贫人口的数量；相反的批评，即认为世界银行高估了全球贫困状态的观点则不太可信。

关于贫困的相对性的概念，被广泛接受的观点是：

■ 不计国家大小的全球收入分配状况显示了恶化趋势；用人口权重（考虑到国家在全球人口中的比例）调整的收入分配状况显示了维持原状或者略有改善的情景。不过这种改善几乎全部来自中国的高速而持久的经济增长（小部分来自印度），其次是由于许多国家，特别是非洲、苏联和拉丁美洲、加勒比地区的经济停滞。实际上，如果不考虑中国，那么这个世界比从前是变得更加不平等了。

■ 对于以国家为单位的内部收入分配是否表现出某种趋势，还存在争论。有人认为不存在任何趋势：有一些国家的收入不平等改善了，同样地另外一些国家的情况恶化了，在各个国家之间看不出相同的特点。无论如何，从平衡点上来看，似乎可以有根据地说，大多数国家内部的收入分配确实变得更不平等，从1980年以后更是如此。情况稳定或者收入差距缩小的国家（特别是欧洲），这通常是由于政府的社会支出。

2.4 全球化，贫困和不平等：因果相关还是残差现象

> **提要：全球化与贫困的关系**
>
> 在 20 世纪的最后四分之一，我们看到全球化高涨，全球赤贫人口数量下降，不平等在加剧。这些变化之间是否有因果关联？
>
> 世界银行坚定不移地认为，贫困是经济全球化中的一个残差问题。贫穷是不能参与全球化经济的人们自己造成的。当他们改变了态度，并且随着全球化深入，贫穷将会被扫除。他们反对全球化造成收入分配不平等的看法，他们还坚信，劳动密集型的出口扩大会导致更加平等。相反的看法是，贫困同全球化互相关联，而且正是由于全球化的本性，贫困会持续，收入分配会继续恶化。
>
> 在这些不同的看法基础上，可以识别出三种重大的政策挑战。首先，全球化经济中的输家是被排除在全球化之外的那些国家，这样看来，恰当的回应性政策，就是使所有的生产者尽快地更深入地参与全球化。第二种看法是，全球化导致了贫困和不平等。这样的话，输家就只能更少地参与全球经济。第三种也是最后一种看法，造成贫困的因素不是全球化自身，而是一个国家插入全球化的特殊的途径。因此，最具根本性的挑战就是打造一国加入全球化的最佳方式。

我们看到在 20 世纪的最后，贫困持续地存在，不平等在加剧。同一个时期内全球化深入推进。我们无法回避的问题是：这两类变化之间是否有因果关联？

第一种可能性是：没有因果关联。有许多表面相关的关联是伪相关的，会导致对问题的误解。比如，在英国发生交

54

通事故的汽车车身大部分是银灰色。我们也许会说是车身的颜色导致了交通事故，也许是因为银灰色太漂亮，使得驾驶其他颜色汽车的司机受到吸引或者感到嫉妒，回应这个问题的政策很明确：不允许汽车厂生产银灰色的汽车，然后英国的公路事故死亡率就会降低了。但是在实际上，银灰色汽车发生事故多的原因，是因为这种颜色近几年在英国最流行，半数以上新售出的汽车是银灰色。因此，禁止银灰色是不会减少交通事故发生率的。

　　同样地，我们可以说，近几十年中既有全球化的深入推进，也有收入分配不平等扩大，是一种自主性的结果。分配方面的问题同全球化自身没有多少关系，可能是外生的原因导致的，如技术上的原因。例如，代表了技术进步的信息和通信技术的最新进展，对于竞争力、社会组织和个人行为都发生了广泛的影响 ❶。这种技术在扩散的同时，会推动全球化的深入，推动参与者以更快的速度增长，那么没有参与进去的团体就落后了，还会越落越远。与此同时，由于新技术是资本密集和技术密集的，采用新技术必然会导致收入分配的模式愈益不平等。在这种情况下，全球化与增长和贫困的因果关联是一种伪关联。

　　第二种具有不同指向的观点认为，参与到全球化中去，使得数以万计的人口脱贫，如图2.1所描绘的情景。这个看法将贫困看作一种残差现象，即世界上的穷人是那些参与全球生产的失败者 ❷；生活在绝对贫困中的20亿人所在的国家，对于更深入地参与到全球化经济中去心存疑虑。这种意见认为，如果全球化深入下去，所有的穷人（或者

---

❶ Freeman and Perez (1998).

❷ 这里三段引文分别摘自世界银行 (2002: pp. ix-x, 37, and xi)。

他们中的大部分）就会最终脱离苦难。世界银行2002年的报告"全球化与贫困：建设一个全新的世界"，就阐释了这种观点 ❶。

他们在鼓吹更进一步的全球化的同时（主要是通过发展中国家迅速扩大出口制造品），还主张推进市场化和减少管制的政策改革计划，那是被威廉姆森称为"华盛顿共识"的那些东西 ❷。这种观点认为，全球化"在总体上有助于减少贫困"，并且"如果没有涉及治理、投资环境和社会服务的广泛的国内政策，就不能实施"。

虽然世界银行认识到，对这些看法是存在争议的，但它"不接招"，对此只是轻描淡写地点到："有一些来自个别研究的结果对我们的观点持疑问态度，那是只见树木不见森林。虽然还没有一个单项研究能够确证，贸易开放确实有助于典型的第三世界的经济,已有的大量证据可以支持这个结论。"于是，"全球经济整合是有助于减轻贫困的，因此不应该倒退"。

与此相关的还有一种辅助性观点,即全球化不仅有助于解救穷人于绝对贫困,还能造成有利的分配效应因此减轻了相对贫困。这种观点的根据是，全球化导致了许多低收入国家在劳动密集的产品生产中实现了专业化。对照以前在进口替代模式下,崇尚的是资本和技术密集,这是一个强烈的反差。这个情景造成了资本所有者的所得相对下降，而强化了以前失业、后来也是从事非熟练工作者的收入 （在这种教科书式的经济全球化观点中,不平等扩大这个事实不是被忽视，就是被归于其他原因，如技术发展的自主特性 ❸）。

把贫困看成残差问题的观点，为全球化描绘了一幅玫瑰色图景。在这里，输家的失败是由于不能积极参与到全球经

❶ World Bank (2002).

❷ Williamson (1990).

❸ 在高收入国家中（特别是美国），不平等程度不断扩大的观点有很多人赞同，参见 Lawrence and Slaughter（1993）。

56

57

济中去，于是回答十分清晰：加入进去！可是，如果失败者中有一些人，有团体，有厂商，有国家，他们都曾经很深地参与了全球化过程，可是他们的处境还是绝对或者相对恶化了，他们该怎么办呢？这个世界上的贫困是有深刻原因的，贫困不是残差现象，相反，贫困就是从全球化自身中生长出来的❶。

假如全球化同贫困和不平等之间的关联是实质性的，不是残差性的，那么对于政策制定工作提出的挑战是极其严峻的。其中可能的做法之一，就是生产者在加入全球经济的时候要放慢一些，避免在缺乏指导的状态下鲁莽行事，不能放任市场力量让它们自由行使全球功能；生产者们需要全面系统地建构参与全球经济的方式，需要有系列化的政策，政策设计的目标是主动影响参与过程的性质；在第三种情景中，政策的回应不在于"是否"要加入全球经济，而是"如何"加入，采用的方式要实现可持续的收入增长。采取这种姿态的出发点是，事实上没有几个国家有能力抗拒全球化的压力，也许我们应该这样说，没有哪一个发展中国家具有这种能力，因为欧洲和美国不断地保护和补贴它们自己的农业，不断地无视 WTO 的反对而强行征收惩罚性关税。如果尽了最大的努力，生产者仍然不能有效地参与全球化经济，他们应该怎么办呢？是否应该降低对外界开放的程度，并且应该采用什么方法，如何完成这样的行动？

这样的政策挑战在本书最后一章要进行讨论。在我们达到这个结果之前，首先需要决定的是，贫困和不平等究竟是一个残差问题，还是被正在展开的全球化过程携带而来的因果相关的题目。本书第三章提出一个分析这个因果关系的理论解释，并且说明生产者为什么在参与全球经济的时候，处境会变得越来越糟糕（第三章）。随后在第四章，我

---

❶ 将贫困视为残差和全球化结果的两种观点的对比，引自 Bernstein (1990)。

们考察生产者为了得到从全球化经济获益的能力而必须采取的步骤。

　　这里提出的对政策的挑战，是要回答"如何参与"而不是"要不要参与"全球化经济的问题。第五章做了三个部门的个案研究，在这里表明的是，至少有一些低收入国家，至少在一些部门中，对全球化挑战做出了有力的响应。

　　但是，一些国家在一些部门中的成功，不能被加总，不能得出大多数低收入国家都会在大多数部门获得成功这样的结论。一般性不一定是个别的、特殊的状况的总和。本书第三部分的内容，是讨论这个部分国家实现成功会导致的结果，以及中国扮演的角色造成他国生产者受损的负面情景。如果这就是全球化真正会导致的结果，那么对于许多国家来说，也许最恰当的回应政策，就是从全球化经济中撤出？

GLOBALIZATION, POVERTY & INEQUALITY

第二部分

从全球化中获益

第二部分

从全球化中获益

把全球经济中的贫困归结为残差问题的那一学派，所依据的是专业化和比较优势的老套理论传统，我们在后面第七章还要考察这一理论体系。如果我们把贫困归结为全球化的结果并且要把这种关联解释得令人信服，我们也得有一种理论上的解释来支持。在第六章和第七章，当我们指出，在一个有许多生产者和消费者的全球经济中，在总和的生产和消费之间可能会发生一种脱节，我们将会讨论这一知识框架的某些部分。然而在此之前，我们需要先在微观层次上开始我们的分析，对于生产者即使扩大了规模、深入地参与全球化但是仍然会受到损害这一现象，给出我们自己的解释。

第三章为研究微观层次的讨论给出了一个分析的框架。这个框架以"经济租（rent）"理论为根本。我们认为，只有稀缺性才是造成高水平和可持续的收入的基础。在生产者提供产品和服务的能力不变的情况下，如果他们能够造成或者利用阻止竞争者进入的壁垒，以此保护自身，那么他们的高水平的收入就可以持久。相反，如果生产者无法在进入壁垒后面藏身，他们就会受到竞争的挑战，他们的收入就会流失。通常情况下，进入壁垒包括工艺的有效性和产品开发；但是事实上造成"经济租"的进入壁垒所包括的范围还要广泛得多。

这些分析为厂商在全球化经济中定位提供了一个有效的框架。从深化推进的全球化中，厂商的确有可能获利，但这只是一个前提；在这里的问题是，生产者在全球市场上以何种方式为自身定位。为了达到我们的目标，需要理解生产者如何才能把比较优势转换成竞争优势。比较优势是指为生产者占有的资源的优势组合，竞争优势指的是在国际舞台上的有效竞争。

这个分析框架将怎样讨论从比较优势到竞争优势的转换呢？在创新周期中，创新部分常常是相对容易的步骤，困难的那一步，是把好的想法变成行动，这是我们从最近这几十年中得到的最重要的一个教训。因此，真正的挑战在于"**创新管理**"，特别是对于低收入国家中没有走上全球技术前沿的生产者来说，就更是如此。我们需要很好地理解生产者同远在天涯的消费市场相连接的方式，这一点同创新管理一起，构成第四章的议题。

低收入国家的生产者在创新管理方面达到了什么程度呢？第五章研究在三个主要的全球贸易部门中创新管理造成的结果。这三类贸易商品是服装——纺织品，家具，还有汽车。这三个部门覆盖了技术复杂程度非常不同的领域，提供了多种生产技术的视角，在地域分布上气候不是决定性因素。在每一个部门中，我们都将观察到主要的低收入生产国中发生的显著的进展。这一章的结论是：经验支持了全球化对许多穷国中的生产者有益的看法；因此全球化可以提供克服全球性贫困的手段。

第三章

阳关大道：生产和获取经济租

20 世纪 70 年代，我的家庭在肯尼亚度过了 4 年非常快乐的时光。我们特别选择居住在首都内罗毕的郊区。这个城市的不平等和暴力同我们留在身后的南非十分相似。我们的住所和周围的环境具有全球化早期阶段的全部美妙之处。

那所波浪形铁皮屋顶的木头房子是 19 世纪末时从英国运来的。运货的船沉没在浅海里，房子两年后被打捞上来。它的地基建造在木头台座上，室内空气流通很好。它的建筑设计是英国在印度的殖民地的那种风格。麻烦在于，印度很热，而肯尼亚高原（海拔 2000 米以上）常常很冷。所以这所房子的温度即使在 6 月和 8 月都很难保证温暖舒适。这所房子建造在一个传教士社区里，面对着全球化意识形态的鼓动者，我们在第一章中提到过。

在我们居住的那些年月里，我们亲眼目睹了一个时代的终结。1974 年最后一个西方传教士离去。有一位传教士医生，从 20 世纪 40 年代末开始在那里居住，他的房子除了仆人和修房子的工人，从来没有一位肯尼亚当地人进去过。将要离去的那位教会神父的夫人，每一次同肯尼亚人握手之后都要去洗手（这是殖民地非洲的常规）。传教士大院里的教堂和学校建筑之华美，无可避免地滋养了肯尼亚独立运动领导人 J. 肯亚塔（Jomo Kenyatta）的政治觉悟。他在我们离开肯尼亚之前逝世，他的葬礼就在那所教堂举行，地点就在我住处的花园下面；那里面填满了反帝和民族主义的空话。

我们在肯尼亚的生活经历中，比较愉快的经验是结识了坎岩祖伊·姆南噶一家 (Kinyanjui Munanga)。他最初是为我们整理花园，不久"毕业升级"成为司机，后来成为研究助手。在四年的时间里我们成为亲密的朋友，至今保持联系。他的婚礼是在我家举行的。我们的几个孩子年龄很接近。

我们最初认识坎岩祖伊的时候，他的工作是守夜，每天的工资是 5 先令，相当于 40 美分。他是家中的长子，由于父亲过早去世家贫如洗。他的弟妹中无人受过小学以上的教育。当我们四年后离开肯尼亚的时候，他已经积攒了足够买一块地的钱，那块地在当时还是农村土地，现在是快速扩展的内罗毕郊区。坎岩祖伊和他的妻子，像所有的热爱子女的尽职的父母那样，想尽一切办法，要让自己的孩子成功，避免遭受他们自己的童年经历过的贫困。他们询问过我们的意见，我们很赞许他们对子女教育投资的想法。我们都相信最可靠的摆脱贫困的途径就是投资教育。在随后的 25 年里，这对夫妇、这个家庭承受了巨大的牺牲，把大量的资金投入子女的教育。他们的收入用于教育的比例，高出欧洲人和美国人所能了解的程度。对于一个像他们这样的可支配收入很低的家庭来说，这一点特别令人慨叹。

他们的三个大孩子现在都已经离开了学校。他们最大的儿子是一个电视机修理工，第二个孩子（女儿）是药剂师，第三个孩子（女儿）学的是护理。用 20 世纪 70 年代和 80 年代的眼光来看，在那时为孩子们选择受教育的专业的时候，这是可以保证家庭获得持久收入的几个领域。然而现实是如此令人失望，这个家庭现在仍然处于低收入水平。

64

65

当两个大孩子毕业的时候，他们的专业领域已经大众化了。电视机修理工到处都有了，药剂师面临的劳动市场拥挤不堪，他们的二女儿得到的工作是在一个乡村医生的手术室的低薪职位。还在学习护理的那个女儿也无望得到用肯尼亚的标准来衡量的高工资，除非她移民到缺少护士的高收入国家去。

这个故事的真正的意义何在？它的意义在于，从工作中所能够获得的收入，要由竞争的程度来决定。在1970～1980年的时候，这几个专业在肯尼亚是短缺的，所以工资比较高。20年后，供给充裕，所以薪金只是略高于非熟练工作。这个肯尼亚劳动阶级家庭的故事，有助于我们理解在全球生产系统中，相对收入究竟是如何决定的。

在本章的讨论中，我们将把注意力从个人和单个家庭转向厂商／企业，和厂商／企业群集。一个国家，一个企业，即使为了方便资金的流入、技术和商品的进口而开放边界，即使用自己的资源中越来越多的比例去服务外部市场（第3.1节），它的经济状况仍然可能会恶化。

我们就从分析这一点开始本章的讨论。我们将要看到，这个负面的后果出自于厂商、部门和国家缺乏获取多种"经济租"的能力。我们在第3.2节简单地阐述关于经济租的理论。在第3.3节，我们要勾画数种直接由厂商独立行动或者由厂商共同行动而产生的经济租。随后在第3.4节，我们挑出几种会左右企业的相对竞争力和收入的经济租加以讨论；而这些经济租是和直接生产过程无关的团体的行动造就的。第3.5节要展示的是，有多种不同的保护这些经济租的进入壁垒存在。有一些是关于工艺技术秘密的，另外一些同正式产权安排有关。然而经济租的一个关键的特点是它的动态特性。最后第3.6节概括本章的分析，说明许多种经济租都具有变动不定的实质。

3.1 独木桥：全球舞台的呈现与下跌的回报率

> **提要：独木桥**
>
> 初级产品的生产者受害于"贸易条件恶化"已经很久了，他们的出口价格相对于进口的制成品的价格在下跌。咖啡种植者的故事是一个极好的例证。于是许多发展中国家集中力量搞工业化，以便增加制成品的出口。
>
> 但是近年来他们出口的制成品的价格也掉下来了，结果是收入大受挤压。这样看来，仅仅为全球市场生产并不能保证获得稳定的收入。问题在于：生产的是什么，以及用什么方式来生产。

早在20世纪50年代之初，辛格和普莱比希（Singer and Prebisch）首次提出了这个困扰生产初级产品（农产品，如茶，咖啡，可可；矿产品，如铁矿石，铜矿，煤炭等）的生产者的问题。他们观察到初级矿产品和农产品出口价格长期、持续地相对于进口的制成品价格下降这个事实[1]。这种发散式的趋势源于多种因素，初级产品价格下降是由于越来越多的生产者试图提高产出，然而对于初级产品的需求增长的速度比不上供给的增长；与此同时，合成原料替代品出现，排挤了天然原料例如橡胶。相反的是，制成品价格上升的原因是发达国家中工会的力量强大，工资增加成为定价中的加价因素。更甚者，对于制成品的需求是具有"收入弹性"的：收入越高，需求越大。

出口价格对进口价格的比率称为"实物易货贸易条件（barter terms of trade）"；这就是说，为了得到同样数量的制成品进口，初级产品的生产者必须增加出口数量。如果对初级产品的需求的价格敏感性不高，那么这些生产者将

[1] Prebish (1950); Singer (1950).

66

会面对一个下滑的"贸易的收入条件",即出口量上升的时候收入下降了。即使这个"贸易的收入条件"保持了正值,假如初级部门的技术进步缓慢,出口数量的增长的代价就很有可能是资源使用的非常高的机会成本;这些资源本来可以用在别的部门,得到更高的效率。

以咖啡为例。图 3.1 表明,咖啡价格在国际市场上波动非常大。设想运气好的农民,出售一磅咖啡的价格曾经从 1976 年的 72 美分上涨到 1978 年的 2.29 美元;然而价格的狂飙只是由于巴西的咖啡遭受霜灾减产,这是一个完全的例外。在长时期中咖啡价格是下跌的。

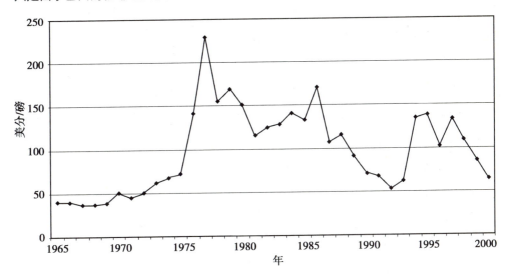

图 3.1 全球市场咖啡豆价格(美分／磅),1965～2000 年❶

资料来源: 国际咖啡组织提供的数据。

---

❶ 咖啡综合指数。

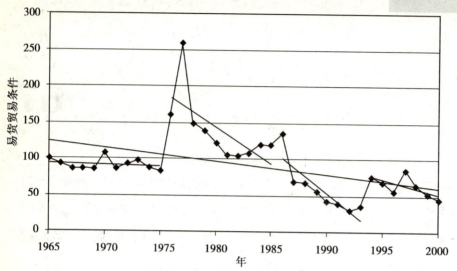

图 3.2　咖啡生产者的易货贸易条件，1965～2000 年（1965 年 =100）❶
资料来源：国际咖啡组织提供的数据。

在同一时期中，制造业产品的价格是一路上涨，经常是快速的上涨。这样咖啡生产者的购买力——也就是他们的贸易交换条件是下降的。图 3.2 把价格变化分阶段加以描述，从这里可以看得很清楚，除去少数的例外，咖啡的相对价格是稳定下跌的。在最近的一个循环中，咖啡价格的下跌幅度非常大，许多咖啡生产者的"贸易的收入条件"恶化，这一点在埃塞俄比亚和肯尼亚特别严重。

　　一半是出于初级产品和矿产品价格下跌，一半是由于发展制造业的成功，战后在国际上形成了一种定论，只有工业化才是出路。萨特克立夫（Sutcliffe）的经典论述是："一切社会，如果要实现更高的生产率和生活水平，都会面临在长时期中实现工业化的压力。"❷于是，亚洲在20世纪70年代出口制造业产品所获得的成功，更加促成了这样的观点，最佳发展模式不仅是工业化，还得出口制造业产品。于是，几乎所有的低收入国家都把工业化和出口导向的制造业

❶ 以工业化国家出口价格指数为基础推算。

❷ Sutcliffe (1971：103).

68

生产当作经济发展的阳关大道。

可是发展并非那么容易。我们在第一章中看到过非洲的家具生产者面临的困境。现在让我们来更加细致地分析多米尼加共和国的一个服装企业在20世纪90年代早期的状况。这家企业位于一个加工特区，对于出口商有优惠政策，只要是出口的产品，就免征关税和其他税收。从外部的购买者的眼光来看，这种供给很吸引人，于是美国的买家大量涌入。这种经济特区很快扩散到许多别的国家，关税和其他国内税都免征了。图3.3表明，多米尼加共和国低廉的劳动价格是吸引美国服装买家的主要因素。从1980~1990年，那里的工资下降了55%，比邻国快了许多（哥斯达黎加下降22%，墨西哥下降33%），与此同时，美国的工资水平上升了15%[1]。这里的相对工资的变动几乎全部是币值下降的结果，邻国货币相对美元贬值，然后相互贬值，目的是加强自己价格竞争的能力。

工资如此之低，这家多米尼加的服装厂商还是遇到了麻烦（表3.1），它起始于加工牛仔裤，只做缝纫工序，剪裁好的面料、线、纽扣、商标都是进口的。它还负责打包，包装箱由美国买主提供。它最早的加工合同是一份每周加工9000条牛仔裤的订单，每条的价格是2.18美元。过了9个月之后，加工数量减少到每周5000条，价格下降到2.05美元。又过了3个月，美国买主改了合同只要每周3000条，价格跌到1.87美元。合同执行到第13个月的时候，美国老板突然终止合同，因为他在同一地区找到了更加便宜的地方，这是邻国的货币贬值的结果。

用什么来解释这个厂商失败的原因呢？从任何角度来看，这家企业都是用现代的方式经营：无存货——即时加工，采用最好的现场即时质量控制。这是出口制造业产品的

---

[1] 不过，由于美国经济的高通货膨胀率，这一点没有转化成更高的工资购买力。

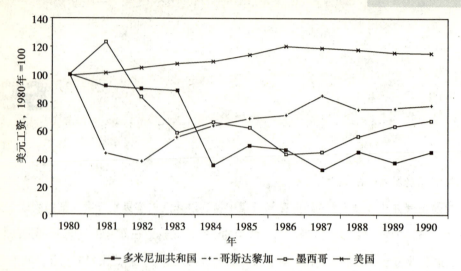

图 3.3 以美元计算的工资指数：多米尼加共和国，哥斯达黎加，墨西哥，美国 1980～1990 年
资料来源：卡普林斯基（1993）。

厂商，换句话说，是国家政策所要求的、力图出口制造业产品的厂商，劳动密集型制造业，这正是国际社会所鼓励的低收入国家参与的生产部门。但是，投资 15 万美元，仅仅生产 13 个月就关了门。这家服装厂看到的，是为深化的全球市场生产付出的代价：出口到国际市场，并不能保证持久的收入。

为了理解失败的咖啡生产者和服装厂商以及他们的困境，寻找他们的故事后面包含的意义，我们应该从一个更宽阔的视角来看他们，我们应该看到的是，他们的问题在于，从获得或者分享经济收益——经济租这一点来看，他们是完

表 3.1 单价下跌，投资无力：多米尼加共和国服装加工厂个案

时间	数量（每周）	单价（美元）
1990 年 1 月	9000	2.18
1990 年 10 月	5000	2.05
1990 年 12 月	3000	1.87
1991 年 2 月	生产终止，服装加工转移到洪都拉斯	

多米尼加共和国企业全部设备投资总值为 15 万美元

资料来源：卡普林斯基（1993）。

70

全无能为力的。

3.2　经济租理论

提要：经济租理论

　　经济租出自于稀缺性。稀缺性在这里指的是拥有一种别人所没有的资源、能力或者知识。设置市场进入壁垒是为了保证和维持这种占有。

　　在有些时候，经济租和市场进入壁垒在生产链条上是内生的，就是说，生产者自己构筑了这些壁垒，他们或者独立支撑，或者同其他厂商结盟。

　　外生式经济租和进入壁垒是外在于生产部门的。在这里有一些是天然的条件，但更多的是人为的条件：来自生产者以外的有关参与方的政策，只优惠少数厂商，使他们能够获得收入并且保持收入。

　　我们上面提到的咖啡和牛仔裤生产的故事中，保持收入增长和利用全球机会的好事毁于激烈的竞争。这时对于厂商、部门和国家来说，最明显不过的对策就是开拓增长的路径，使自己从竞争中分离，通常是更新设备提高竞争力，要比同行对手前进得更快。为了更好地探讨这些挑战，我们需要理解经济租的概念和进入壁垒的概念。

　　经济租表示一种状态，在这里控制了特定资源的团体能够从稀缺性中获益，方法是把自己同竞争对手隔离开来。利用现存的壁垒或者造成阻止竞争者进入的壁垒是达到这个目的的手段。

　　李嘉图第一个识别了经济租的重要意义。"地租是为了使用原始的和不可摧毁的土壤生产力而支付给地主的占一定比例的产出品。"[1] 李嘉图的观察开始于农业土地的质

---

[1] Ricardo (1973[1817]：33).

量差别：土地肥力不是同一的，有幸耕种了稀缺的最好的地块的人因此要缴纳地租。与此类似，在通常的话语中，我们倾向于把经济租归因于财产。我们都知道，就如李嘉图所说的农业地租那样，更好的景观，街区中更多的看点，更理想的交通，更安静的邻里等，只要有了这些，房东地主就可以开出更高的租价。在每一个情景中，问题都是一种相对意义上的质量：更加安静，更好的景观，等等。

其实李嘉图想要暗示的是，地租不是大自然的恩赐，因为土地是可以改善的，例如可以投资于灌溉系统以改良土地。这不是李嘉图概念系统的中心。这个问题需留待后人解答。马歇尔和熊彼特，特别是后者，建构了一个理解经济租何以产生的理论框架。在这个意义上的经济租通常被称为"生产者"租金，企业家租金，或者熊彼特租金。

熊彼特建立了一个解说稀缺性如何被制造出来的分析框架。他区分了发明与创新。发明（invention）是拥有原创的思想，熊彼特称之为"新的综合"，创新（innovation）是把新的想法用于开发商机。企业家精神是用创新的行动来定义的。如果某项创新很难被模仿，那么这一位企业家收获的是一份超额利润，不仅超出发明的成本和相关的创新的成本，还包含一份没有受到类似的保护的其他行业的竞争者无法得到的超额的经济收益。经过一段时间之后，这一项创新还是会被模仿（技术"扩散"了），或者被更新的创新超越。这就是"熊彼特引擎"，追寻生产者的经济租的激励，这个力量推动着创新行为和随后的技术扩散，推动着经济向前发展。在熊彼特眼中，这个企业家租金几乎永远是充满活力的。

图3.4 描述了这个过程。在每一个行业中，均衡都是以"平均利润率"来定义的。当一项创新被引进后，企业家收

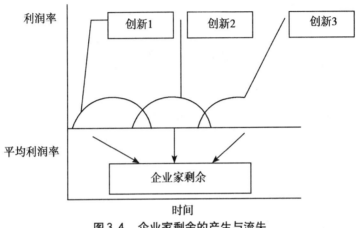

图 3.4 企业家剩余的产生与流失

获了"企业家剩余"，这为他提供了不同寻常的高收入。然后，"新的综合"被模仿，技术扩散了，这种生产者的剩余消失，转型成为消费者剩余：价格下降了，新的更好的商品更多了。这一过程所导致的是寻找下一个"新的综合"，担当者可以是原来的那一位企业家，也可以是另外一位。

从上面的叙述可以明显地看出，连接创新和高收入之间的关系，是阻止竞争的进入壁垒。假定这个制造业产品确实为消费者所需，那么进入壁垒越高，收益也就越大。这样一来，生产者面前的关键问题就成为：阻止进入的壁垒究竟有多么坚固，这个"新的综合"是否能被轻易模仿？是否能够被采用类似技术绕过，或者被更好的"综合"超过？这样看来，进入壁垒应该是经济租理论的核心成分，只有这样看，经济租理论才能给我们提供一把解开高收入何以产生和保持之谜的钥匙。

分析一下不同类型的经济租的性质和进入壁垒，有可能区分出两类经济租。第一类产生于对生产过程的掌控，这在很大程度上，对于生产厂商和合作伙伴来说是内生的，并且附着在价值链和产地布局上。这是有目的的厂商和厂商集团的行动的结果。第二类经济租的产生原因不是发生在企业家的世界里，这是一种外生的，或者也可说是自然的赐予。这种外生的经济租当然也可能反映了生产者一边的游说集团的影响力，但是在这里他们要依赖行业以外的集团的力量，例如政府机构。类似的情况是，这个世界中的行动者，尽管有些不在直接生产行业之内，仍然可能对生产者的生产能力和生产行为发生作用，因为他们渴望得到经济租。

到此为止，我们从特定的关于创新行动的抽象的角度讨论了经济租的概念，这个讨论和本书的主题是直接有关的。这就是：任何一个生产者，任何一个国家，在全球经济活动之中，其收入水平提高的程度所依赖的，是他们能够控制的经济租。进入壁垒越低，所进行的生产活动越是容易被模仿，相应的经济租和收入也就越低。例如，在20世纪90年代的10年内，越南从零开始变成咖啡生产和出口大国，在2002年时占到了世界市场份额11%的规模。这一份供给扫荡了世界咖啡市场，压低了几乎所有的咖啡生产者的收入。同样，多米尼加共和国的服装业被摧毁，原因在于它的核心操作只是缝纫，这是很容易被其他企业和国家模仿的，于是来自服装加工的收入分流了。在这两个实例中，没有哪一个企业有能力把自己同竞争者隔离开来。后果是无处不在的贫困。

3.3　内生于价值链的经济租

> **提要：内生的经济租**
> 这一类经济租来自企业通过建立或利用进入壁垒来获利的能力。

部分内生经济租来自于厂商自身采用的新技术（新的工艺和产品），所拥有的特定的和有效率的技巧，以及新的组织方式、设计和销售。每一种经济租得到的保护中，包括不成文的诀窍和工艺，商标、版权、专利等正式的进入壁垒。

不过，也有一些内生的经济租是通过企业之间的巧妙配合创造出来的。培育和操作一个关系网络以利于物流、质量、设计和销售，这种能力为这种企业和企业集团带来极大的竞争优势。

只是到了19世纪中期，正式的研究和开发才成为特定的分工行为，在很大程度上得益于以科学为基础的化工部门的成长[1]。直到那时，技术和机器设备以及产品的改进，大部分还是发生于生产过程之中。从那时以后，随着其他工业部门日益依赖科学，知识日益积累，越来越多的厂商和部门把资源用于技术开发。今天以葛兰素史克(GlaxoSmithKline)和微软 (Microsoft) 为首的企业每年用于研发的投资都达到数十亿美元之巨。

技术上的复杂性意味着厂商必须专业化，同时也意味着创新不再是单个企业能够承担的事情。创新越来越需要多个地方和国家领域中的团体参加（这就是"地区"的和"国家"的创新体系），其中包含着比肩而立的其他企业，研究与技术机构(RTOs)，教育设施，服务提供者，商业协会与政府[2]。随着技术复杂性提高和企业的专业化而来的，是生产链变得更加复杂并且跨越了国界。这样一来，创新点也随之从企业转到系于全球价值链的企业集团，或者专项研究的合作团队。创新的这种演化中出现的另一个特

---

[1] Freeman (1976).

[2] Lundvall (1992); Nelson (1993).

征，就是无处不在的密集的知识。仅仅投资于高科技（实验室里的白领博士）不行了，创新更加成为在生产的所有领域，包括在组装阶段对知识系统的应用。

理解了创新的演进之后，我们可以区分熊彼特租金的五种形态，它们大都是内生于价值链的——其中包括：技术经济租(technology rents)，人力资源租(human resource rents)，组织机构经济租 (organizational rents)，营销经济租 (marketing and design rents)，最后是关系经济租 (relational rents)。下面我们将一一分析它们，要记住经济租的核心内容是稀缺性，它来源于为了制止竞争者进入而构筑起来的壁垒。

技术经济租

技术经济租产生于生产者控制的稀缺的生产工艺或者产品的产能。我们这里有一个加工技术产生高额利润的经典例证。这个故事是有关玻璃制造技术的。英国玻璃制造商比尔金顿 (Pilkington)，在20世纪60年代的某日在厨房里洗涤碗碟的时候，观察到在水中漂浮的油脂最后集中到浮在水面上的一片胶片上，从而受到启发，随后投资研究如何在玻璃制造中利用其中的原理。他投入相当数目的资金研究有关流体的科学，后来发明了浮法玻璃制造技术。他将熔化的玻璃放在熔化的锡盘上冷却，在得到优质玻璃产品的同时省掉了平板玻璃制造中先前不能避免的磨光工序的成本。这项浮法玻璃制造工艺受到专利的严格保护，形成进入壁垒。在专利有效期内，比尔金顿是英国赢利最高的企业之一，拥用豪华的总部办公室，对待雇员十分慷慨。当20世纪90年代初期专利到期后，这个公司的利润立刻大跌，总部办公楼也卖掉了。这个公司从此一蹶不振，差一点被一个更加成功的竞争者并购，对手不但彻底掌握了这项加工技术，而且还做了改进 **❶**。

　　对于数种其他行业中的生产技术来说，同样的情形也可以被识别出来。在有些地方，生产技术经济租受到产权法律的保护，例如对具有批号的品牌药品生产的控制。当有关专利到期后，竞争者可以生产通用型非品牌同类药品，这时创新租金就流失掉了。在现代药品生产行业里，为开发新产品付出的努力是延续不断的，即使是最有实力的制药企业，每年用于研发的资金可达数十亿美元，如果能投产一至两种新药的话，都会很高兴。在别的情况下，生产技术剩余租金会因为更加优越的产品出现而流失。例如苹果计算机公司花费多年时间开发的计算机操作系统远胜于竞争对手，苹果公司曾经也很赚钱，然而当个人计算机（PC）应用的操作系统软件达到同等水平甚至超过以后，苹果计算机的营利性就被摧毁了 **❷**。现在微软公司成为软件业的领军者，它正在享受相对于它的产品性能的进入壁垒，尽管有迹象表明，在将来它的对手 Linux 是有可能分享这个产品剩余或者经济租的。

人力资源租

　　随着生产过程和产品的技术日益复杂化，生产的技术和培训的内容都变得非常艰难。从生产者的角度来看，通用技术和专有技术两者都是必要的。在多数情况下，通用技术是由公共教育提供的，普通教育包括算术知识和文化知识。其他的一些通用技术是相对于具体的生产部门的，由产业部门的培训活动来提供。例如在许多出

---

❶ Barker (1997).

❷ *Management Review* (1969).

口服装的低收入国家中,我们可看到很多培训缝纫工人的技术学校。与厂商直接有关的一些技术,例如达到一定的加工精确度和机器运转速度的技术,通常就只能是由企业自身的内部培训来解决了。

在下面和第四章我们将要看到,在最近的几十年中,制造业遵循的核心理念已经发生革命。流水线作业被所谓的"世界品牌制造"替代了。这个新的生产体系的最大的特点之一,是厂商的知识产生方式发生了根本性的变化。曾经在厂商的生产组织方面占据主导地位的是"福特主义"和"泰勒主义",分别以20世纪初期大规模生产组织的创造者亨利·福特和"科学管理"之父弗里德里希·温斯洛·泰勒的名字命名;这两者都明确地把在第一线的操作工人排除在技术变革之外。在20世纪60~70年代中,日本创造的新的生产管理范式,其实就是"世界品牌制造"的前身,它的最大的贡献,就是把知晓细节的操作工人置于创新的核心地位。有一位英国的管理者这样说:"这个方法的美妙之处,就是在每一双手之上又找到了一个头脑。"正是由于在生产链的全程使用了知识,才造就了现代竞争的优越性。

毋庸置疑的是,劳动力的技能和培训的水平越高,生产率就越高,正是通过这个过程,资源变成了最终产品。但是这个说法并不等同于下面的说法: 劳动力的技能和培训的水平越高,收入就越高并且可以保持下去。这是因为如果所有的生产者都采用具有相似的技术工人,尽管生产率提高了,人力资源租却没有了,收入会掉下来。这种"经济租"只有在一个生产者找到的工人技术高于他的竞争者的时候才会产生。于是,在20到30年前,人们相信受过教育的劳动力拥有非常有利的优势,他们可以预期过上更好的生活。随后，当越来越多的国家向初级教育投资时，人们就认为中等教育是关键的条件。现在，像中国和印度这样的国家，拥有巨大数量的中学毕业生，并且向工业的培训项目提供了巨大数量的投资，已经进入了全球化的生产网络，于是越来越多的人现在认为，拥有大学教育技能的企业将会成功。这个循序上升的过程会不断地继续下去。人力资源租，像别的经济租金一样，从本质上来说是不会静止下来的。

组织机构经济租

从大规模生产到"世界品牌制造"的转型是从全球汽车业开始的。从 20 世纪 60 年代后期到 70 年代初，日本生产的汽车在美国市场上的份额日益扩大。当时汽车制造业是经济中的第二大产业，市场的变化使得美国的决策者和生产者都感到头痛。对此美国工业界的回应是加强技术创新，他们把这一点看作对抗日本对手日益提高的加工能力和生产竞争力的关键。从 1976～1985 年，仅通用汽车公司一家就在以电子技术为基础的前沿汽车制造技术上投资 750 亿美元。在它进行这项投资之初，通用汽车公司在市场上占的份额是 44%，10 年以后它的市场份额是 33%（现在已经不足 28%）。

通用汽车公司的错误是误读了日本工业能力的根基所在。尽管加工和生产能力的确是很重要的（对于 NISSAN 更加如此，丰田次之），日本厂商的成功关键在于他们开发和采用了一种新的生产组织形式 [1]。持续的收入增长的基础，在于这个新的生产系统能够实现削减存货，能够做到优质和低成本，在创新和设计方面更加灵活机动，缩短新产品上市的时间。由于这些原因，日本的汽车工业侵蚀了通用汽车公司和其他公司在 10 年前创造的大规模生产组织方式，降低了由此而创造出来的收入。当美国（以及欧洲各国

---

[1] Hoffman and Kaplinsky (1988) ; Womack, Jones, and Roos (1990) ; Cusumano (1985).

在更晚的时候）向日本学习这个组织方式的时候，日本企业被迫提高组织形式的能力，同时也努力深化从生产技术得到的"租金"，开发新生产方式的带头企业［例如由福特公司2003年在巴西东北的卡玛喀里（Camacari）建造的卫星厂］有能力提高赢利率，并且还将持续从中获利，直到它们的竞争者追赶上来。

这个组织范式的变革迅速地扩展到汽车工业以外的其他行业中去。新的质量管理方法对于电子工业有特殊贡献，在这个部门里，产品的质量极为重要。他们允许工人自己监督质量，而不是设置专职的质量检验人员在事后对产品的缺陷做检验。这种质量控制程序现在已经在所有的工业部门采用。类似的情况发生在物流领域中，"即时供货"方法的采用扩展到超市，这也是英国零售商苔斯寇（Tesco）在全球占据竞争优势的根本[1]。生产的控制方式从"预测－市场"到"订货－市场"的转型所反映的那种快速回应，主导了服装行业的很大部分，这也是戴尔公司在个人计算机行业脱颖而出的根源。在塑料制品行业中，"即时供货"和团队式的组织方式甚至延伸到医院里[2]。以目标为准推动持续改进的方法成为英国提供某些政府服务的主干。

因此，对于组织和物流的控制已经成为竞争力的最重要的决定因素之一，不仅在制造业中，在很多部门中都是如此。在许多方面它是把比较优势转变为竞争优势的核心，甚至在技术高度复杂的地方，例如弹性／灵活制造系统中，只有先实施了新的组织方式，才有可能有效地采用这种复杂技术[3]。处于竞争压力之下的多数企业都开始进行组织变革。但是由于这种变革关系到既有的人事制度和社会行为模式，进展通常是困难而缓慢的。这样一来，"经济租"将在慢行和浅尝辄止的企业与快速而深刻变革的企业之间的差距中产生出来。

[1] Womack and Jones(1996).

[2] Kaplinsky (1995).

[3] Jaikuama (1986).

80

营销经济租

最近几十年中，品牌租（design rents）变得越来越突出。这里有两个原因。首先，收入提高与收入不平等的扩大这两者相结合，导致了消费者篮子中的"身份商品"日益重要。（身份商品定义人的社会地位，同时也具有功能。例如，一条Gucci 腰带不仅仅用来系住一条裤子！）消费者想要的是个性化和与众不同的东西，或者一种可以"表明"身份和趣味的东西，并且只有自己一人可以使用。消费者不会再接受一辆永远是黑色的福特牌T型汽车了，他们现在想要的是按照特殊的订单制造、别人谁也开不了的宝马。第二个原因有关财产权利和相关的进入壁垒（见图3.5）。保护性的专利权只有很短的有效期，一般在15～20年之间。相比之下，著作权／版权是在作者有生之年加上50～70年期限内有效（各国不同）。

以上的时限规定并不会保证高收入。必须做的事情是持续投资于广告和品牌支持，而且就是这些也不会在所有的市场里永远成功。举例来说，在2002年，Levi 501 牌牛仔裤可以在美国看得到，一件这样的"商品"在Macy′s 店里的售价是26.99美元，在JC Penney 网上销售的价格为34.99美元，在曼哈顿的专卖店里的标价是30美元。在英国，因为"501"代表的是某种优越的"身份"定位，所以标价是45英镑到49.99英镑，差不多是在美国售价的两倍❶。于是品牌经济租日益和营销经济租相结合，同支持品牌的投资结合在一起。由于财产权存在，并且财产权可以用于品牌，这样财产权就更加兴风作浪，并且可以持续到永远。

我们在下面就要看到，并且在随后的章节我们还要回到这样一个问题，这就是，强

---

❶ *Financial Times*，2001年4月25日。

势的和经久不变的品牌租和市场租的存在,意味着在生产过程中已经发生了深刻的全球化,其程度远胜于在间接性活动中发生的变化,如属于价值链中的间接性过程里的设计、广告和市场销售。

关系经济租

一个链条的坚固程度决定于它最薄弱的那个环节的强度,这是一个古老的箴言,而在今天非常恰当地适用于工业生产组织。在20世纪80年代末期,当越来越多的企业开始了对内部操作系统的重建工作,努力掌握世界品牌生产方法以后,人们越来越多地认识到,竞争的前沿实际上处于厂商之间关系的组织形式是否更加有效这一点之上。企业之间合作的一种方式,是在同一地区生产的厂商之间的水平网络关系。在有些国家中,存在着许多这样的中小规模的企业,面对着日益提高的技术复杂性带来的压力,同时又由于规模小而拥有一种随时可以转产的灵活性,这些中小企业逐渐建构起地区性的生产网络,它们在许多可以实现规模密集 (scale—intensive) 优势的领域中,如市场营销、采购、培训等方面进行合作,并且从地方性的研究和技术组织得到专业化技术。这些聚集的企业在自己所处的地域内进行合作,这种情况在意大利和中国台湾特别突出。但是,通过深入细致的调查,这种现象在更广大的领域中被识别出来,其中也包括美国(如在好莱坞电影公司的聚集)和巴西(制鞋工业)❶。

关系经济租被识别出来的第二个领域,是企业之间比较罕见的那种协同关系 (synergy),见于垂直价值链中运行的企业。由于技术变得日益复杂,企业越来越专业化,分工跨越了国界,人们认识到,在无效率的汪洋大海里,一个有效

❶ Best (1990); Pyke,Bec-attini and Sengenberger (1990);*World Development*,卷27, 9(1990) [发展中国家工业群集特刊]。

率的小岛是没有什么意义的。例如，丰田公司降低送到仓库的零部件进货量，以此来收缩流动资金成本和增加整体的灵活性，但是如果它的供货者还要在最终产品存货方面增加对等数量的投资，那么从削减存货得到的收益就消失了。实际上在一个价值链中这样做产生的结果仅仅是存货换位，没有实现存货压缩带来的成本节约。于是，曾经推动企业内部实施变革的措施被推广到同一个全球价值链中的相互关联的多个企业中去。即时供货、全程质量控制和多个工程同时操作的方式在整个价值链中实行，在单个企业同价值链的关系和企业之间的连接关系上一视同仁。

无论是横向的还是纵向的价值链中，单个企业的竞争优势是不太重要的。竞争发生作用的单位，是企业的集群或者企业链条。于是在这里，保护关系经济租的正式的进入壁垒不存在了。这里的关系经济租的建造需要相当长的时间，还需要企业之间的高度信任的关系和治理能力的建设。我们在后面第四章中将要讨论这个问题。

3.4 内生于价值链的经济租

> **提要：内生的经济租**
>
> 经济租的第二类是那些由外在于法人部门的力量决定的。外生可经济租产生的一个例子是稀缺的自然资源，但是在今天的世界里，当合成材料和知识型投入越来越多的时候，这种经济租的重要性是递减的。制定和执行恰当的政策是这种经济租的另一个来源，通常的形式是给予少数主要供货者的贸易优惠条件。它也可以表现在内部基础设施的效率和成本上，作为调节生产网络内部的润滑剂，以及系统内部为了投资和生产而进行的融资的效率和成本。毫无疑问，在还有多种外在于法人的因素产生经济租的形式，其中包括相对的和平与安全，有效的产权

关系和好的教育体系。

　　在以上每一个情景中，经济租的产生和持久的收入增长都要从多种因素的相互关系中去寻找。我们要问：天然的资源比竞争者（替代材料——译者注）好在哪里？打入一个有利的市场比采用有效的生产政策更有用吗？基础设施投入要素的质量和价格超过了别的国家吗？还有，金融系统相比较而言是否运行顺利？

　　前面描述的经济租大体上处于企业的控制下，不是内部操作方面的，就是在企业之间的关系中，或者在企业同当地研发机构的关联中。尽管企业可能在追逐经济租、构筑进入壁垒时会得到第三者的帮助，但是它们仍然还是处在一个自行决定重大决策的背景环境中，不论是企业单独还是合作或者竞争。可是，还有一类经济租存在；在这里企业或者合作中的企业不算数了，有来自外部的团体在领导潮流。尽管有一些这样的团体还是由相关企业"建构"起来的（它们可能会对决策团体施加压力，或进行欺诈性活动），这些已不符合创新的原意，不能以熊彼特经济租来定义，而且这些同内生于价值链的参与者的情景是不相干的。

　　我们要讨论数种外生的经济租，不过这里的讨论只是说明性的。另外的例如财产法的相对有效性、相对的和平与安全、好的教育体系等，它们同通过多种途径去获取稀缺资源的原则是一致的，而稀缺资源通常是在有意识的行动中，被外在于实业界的力量造成稀缺的。

资源经济租

　　撇开降低开采成本的那些技术不谈（这种能力在国际上的分布很不平衡），自然资源经济租在农业和制造产品的工

84

85

业中都是由慷慨的大自然赋予的。 金，锡，铜，所有的矿藏，埋藏深浅、地面地形和元素含量贫富都各不相同。因此生产系统效率较低的国家和企业有可能因为拥有低成本的矿藏而得到较高的收入。对中东拥有石油资源（碳氢化合物）的国家来说这一点特别明确，那里的开采成本比北海那些边际油矿要低得多。国际石油的价格是由高成本的边际生产者决定的。这里的开采成本差异就是经济租的源泉，这样产生的经济租最终要在开采国和石油公司之间分割。

资源可获得性的约束条件并不总是出于大自然的慷慨或吝啬；但这是供给的绝对约束。人为的约束条件可由生产者卡特尔造成。石油生产由于它的长期性而成为绝好的例证，然而自然资源经济租在钻石销售卡特尔的事例上才是最突出的。在很多年中，德比尔斯（De Beers） 公司组织了一个钻石销售中心，减少了上市的钻石的数量，这样不仅使得南非，还有博茨瓦纳和俄国作为卡特尔成员国在长时期中保持了相对较高的收入水平。博茨瓦纳是1970～2000年间经济增长最快的国家之一，它几乎没有制造业，农业土地贫瘠，差不多完全是凭借低成本的优质钻石和钻石卡特尔的功能实现的经济增长。

自然资源经济租尽管很脆弱（"易碎"；下文将要讨论），却是全球收入分配决定中的一项重要因素。最突出的例证是依赖石油出口的海湾国家。还有许多国家也从开发稀缺的自然资源中获益，包括"工业化"者如美国、加拿大和澳大利亚。工业化国家的不同之处在于它们有能力通过熊彼特的创新经济租来扩大自然资源租，在价值链内部延伸运行，向下游的加工生产活动扩展。例如美国20世纪30年代的杂交玉米提高了中西部的土地生产率；海湾国家开采了石油，而生产率高的国家如美国和英国拥有更多的以石油为原料的加工处理活动；印度和南非是金属铝的大规模生产国，在这里最基本的生产要素是能源而不是铝土矿。加拿大和美国弥补它们的铝业的更有效的途径是制造铝制品；巴西和南非都生产纸浆，但是芬兰和瑞典不仅出口纸浆，还生产制纸的机器设备。

政策经济租

政策经济租来源于有差别的进入机会，源于政府的政策。由于构筑了进入壁垒，这一类租金会影响到一国以内的收入分配（其中会发生一些集团从政策中得到超级好处这种事情），或者影响到国家之间的收入分配（生产者在不同的国家里受惠于正在产生时效的特殊政策）。

讨论源于政策经济租的竞争优势这个题目现在不太时兴，特别是在低收入国家中更是如此。这是因为，在20世纪50年代，60年代和70年代，许多低收入国家曾通过法规和颁发工业营业执照来推进工业化。在某些情况下，这些政策导致了各种无效率和不公平，除此之外还有腐败。因此这个政策经济租问题理所当然地受到知识界的抨击（可参考关于"寻租行为"的文献）❶，也被国际金融机构如世界银行、国际货币基金和国际贸易组织称为政策侵犯。可是，在快速的外向型发展模式成功的实例中，例如日本，韩国，中国台湾，新加坡和马来西亚，还有南非，政府确实起了关键性作用 ❷。多种措施综合在一起的结果，是推进了技术的进步、教育和技术训练，建立了有效的基础设施，造成了全民运动，还推动了外部的工业扩张。十年来中国经济令人吃惊的成就反映了许多种政策造成的经济租，不仅有全国性的政策，还有省级和地区级的政策。有效率的政府——我们的意思是相对有效率的政府，做了很多事情来为生产者提供竞争优势。

在国际范围内，贸易政策造就的经济租也许是对全球收

❶ 例如见 Kruger(1974); Lal (1983)。

❷ 日本的情况参见 Best (1990)，韩国的情况参见 Amsden (1989)，中国台湾的情况参见 Wade (1990)，新加坡和马来西亚的情况参见 Mathews and Cho (2000)，南非的情况参见 Barnes, Kaplinsky and Morris (2004)。

入分配影响最大的经济租形态。在许多国家里，特别是当发展中国家在20世纪80～90年代解除管制和推行自由化的时候，贸易政策替代了工业政策。但是，我们在第一章已经看到，这种政策经济租形态受到压力，总体的趋势是关税削减。尽管如此，许多低收入国家只要能够进入外部市场就可以继续从中获得收益。在一些部门中，这种情景是造成全球性贫困的关键因素，今后还会继续造成贫困，我们在第五章还要谈论这个问题。

凭借各种贸易政策经济租创造持续提高的收入、从中获益最多的国家的经验是，创收要依赖一个有灵活性的生产体系，这个体系不仅有能力在各自的部门以内提高出口商品的单位价值，还必须在该项贸易的好处走到了尽头，或者贸易的性质发生变化的时候，有能力对产品的专业分工进行再定义。灵活的东亚生产者如何在出口导向发展的早期充分地利用变化多端的贸易政策经济租，犹菲厄（Yoffie）提供了许多实例[1]。例如在20世纪70年代，香港的生产者用完了向美国出口大衣的配额，但是背心和服装半成品的限额还有富裕，于是一种新的时尚夹克被特意设计出来，它的袖子和领子是用拉链拉上去的。香港的生产者得以继续向美国出口"背心"和"裁片"（袖子和领子），然后在美国销售前飞快地组合起来。另外一种企业法人回应贸易政策经济租问题的方式，被格雷菲（Gerrefi）称为"三角制造业"，发生在那些仍然受配额限制的主要市场（例如服装）。随机应变的生产者当他们向美国和欧洲出口的配额用完以后，来到那些出口配额用不掉的国家里充当企业家的角色，扶助当地的生产，同时扮演向全球购买商销货的中介的角色[2]。

---

[1] Yoffie (1983).

[2] Gereffi (1999).

基础设施经济租

单个的企业也好，企业集团也好，利用可能得到的竞争优势的主要条件之一，是必须有适用的基础设施。在工业革命发轫之时，交通成为最基本的基础设施投入物。亚当·斯密观察到，劳动的分工（生产率不断提高的依据）最终要受市场的制约。那些能够打入远方市场的企业发现自己占据了竞争优势的高处。因此从工业革命一开始，公司的发展和获利同连接市场的基础设施之间的关联就是非常密切的。

通达性的重要意义并不仅仅限于产品市场，它还包括原料、投入品，它代表生产者以低廉成本稳定可靠地向生产地点配送原材料、半成品和劳动力的能力，在工业革命的早期，运输成本的下降是基础设施方面的全球化的推动力量。更晚近一点，在1945年以后的经济生活中，航空运输的低价格不仅减少了物质资料运输的成本，还方便了那些能干的专业人员在全球网络协调生产，让那些购买商企整个世界中寻找新的货源。能源在交通设施演进的过程中扮演了关键性角色的因素。最初是19世纪的铁路交通中的蒸汽，后来是20世纪驱动内燃机所用的碳氢化合物（石油）。

最近10年以来，技术越来越脱离实物形态，越来越多地作为个人拥有的隐含的知识（这就是人力资源租），作为组织租和关系经济租出现。相对有效和廉价地进行交流变得越来越重要。这是航空运输成本下降的意义所在，而且也是获得了重大发展的远程通信和信息处理技术的意义所在。但是，能源和信息处理、转换技术等并不是对于生产效率发挥作用的仅有的基础设施。清洁的水（对于电子工业部门十分重要）和没有受到污染的环境也是有效率的生产和留住能干的员工所要求的重要因素。同样重要的是可靠而且廉价的能源供给。

有很多基础设施服务属于公共物品，也就是说，使用者不能被限制在某个范围内，同时在消费过程中供给通常是不会被全部用光的。由于这个原因，这些公共物品总是很难分配，对于提供这类服务的厂商来说，投资的激励总是不足。此外，许多基础设施服务还有显著的溢出效应（例如污染），这无疑是个人效益和社会效益之间发生分歧的更深的原因。政府介入并且执行重要职能的历史原因就在于此 [1]。这也是各国之间在现有基础设施方面存在的重大差异（见于表3.2中所列指标）的更深层的原因。于是，一个企业或者一个企业集团在国际上的竞争力，在相当大的程度上能够被本国的高质量的基础设施增强。基础设施在全球的分布是不均匀的，因此它成为一种形式的经济租的来源，在基础设施优良的环境中运行的企业就能得到它。在国家层面上的基础设施的差异，目前比20世纪前半叶要显著得多；在20世纪后半叶的重要的基础设施形态是因特网，更早时期的基础设施形态是能源（见表3.2）。

金融租

我们有非常多的证据表明，在全球的许多地方，在经济上取得成功的重要因素之一，是得到融资的机会。这在一定程度上折射了推动创新对于金融规模的**要求**。东亚新近工业化的国家的经验表明，它们出色的竞争表现，部分地依赖于高储蓄率和投资率。有一些观察

---

[1] 在20世纪90年代，关于生产设备的所有权由外国人掌握是否有危险，在美国发生过一场激烈的争论。里奇（后来担任负责劳工事务的助理国务卿）提出，所有权的问题远不如高附加值活动的地域分布要紧，美国拥有最好的本土教育体系和实物基础设施，在这两方面占有无可比拟的优势。他认为美国工业政策的基本点应该在这些领域里。见 Reich（1991）。

表 3.2　2000 年全球人均占有基础设施分布指标
（以人均收入排序），2000 年

人均收入排序 （从低到高）	商业能源使用（人均消费 标准原油千克数）(2000)	每千人中因特网 使用者数(2002)
阿根廷	57601	112
巴西	185083	82
智利	23801	238
哥斯达黎加	3481	193
印度	531453	16
肯尼亚	15377	13
马来西亚	51608	320
尼日利亚	95444	3
南非	107738	68
津巴布韦	9882	43
法国	265570	314
意大利	171998	352
英国	235158	423
美国	2281414	551

资料来源：世界银行"世界发展指标"（2004）。

❶ Singe (1995).

❷ King and Levine (1993).

者认为,这些国家的高增长用高储蓄率来解释比用高生产率来解释更恰当 ❶。但是，这些国家成功的关键，还不仅仅在于相对的高储蓄率和可用于投资的资金存在,更有赖于生产部门得到信贷所花费的成本。从有效的融资中介条件和经济增长之间，我们是可以找到很强的相关关系的 ❷。

　　在这里有多个因素非常重要。首先是融资中介体系（金融渠道）的质量。一个有效的金融服务体系能够降低贷款人为得到资金所付的成本。其次是借贷的成本。它一方面执行贷款成本的功能，另一方面规定借贷的条件。对于诸如生物技术和电子技术这样的新技术领域,金融中介还需要具有风险投资的能力。因为股市虽然应该在融资方面发挥功能，但是正如英国的实例所表明的那样,由于具有短期行为和规避风险的取向,股市的主体对需要较长周期才能收获的技术租

90

金和类似的收益并没有多少兴趣。银行系统的另外一个重要的特点，是为拯救濒临倒闭的企业和创新者提供发展性的融资，而不是在它们一旦面临困境的时候就去清算它们。在这里，历史上，从任何一个角度来看，日本和德国的银行所扮演过的角色与盎格鲁－撒克逊国家有很多的不同之处 **❶**。最后，一个有效的金融体系需要排除不稳定状态。在最近一些年中，已经有许多国家的经济曾经发生过由于资金突然大量外流引发的灾难 **❷**。

　　创新者得到的资金如果利率相对较低，还款期限相对较长而且稳定，给予了比较灵活的风险规定，那么这个创新者就获得了明确无疑的优势。正如在其他经济租领域的情况一样，促成可持续的收入增长的关键，在于银行系统是否能够达到相对的而不是所谓的绝对的有效。问题就是：你们的金融系统同竞争对手相比而言，到底干得有多好？

3.5　内生经济租中的进入壁垒

　　提要：进入壁垒

　　　　进入壁垒是多种多样的，创新者借此保护自己免于竞争并且维持收入。多数这样的进入壁垒适用于内生的经济租。也有一些是非正式的进入壁垒，也就是说，没有经过登记的（是不公开的－译者注），多数正式的、现存的进入壁垒是有关知识产权的。

　　　　这样的财产权利包括专利，版权，款式－品牌登记，商标，著名品牌，以及地理名称。它们的有效期也长短不一，有 10 年到期的商标和无限期的著名品牌名称。

---

❶ Albert (1993).

❷ Griffith-Jones, Gottschalk and Cailloux (2003); Teunissen，Joost, and Teunisssen (2003).

我们已经看到，经济租的产生和获取经济租的能力，都源于进入壁垒的存在。进入壁垒的形式多种多样，然而几乎所有的壁垒都是经过有目的的行为筑成的。这里例外的情况是自然资源稀缺性造成的进入壁垒，然而我们已经看到，这种进入壁垒很少是绝对的，其重要性通常也是递减的。大部分进入壁垒保护的是内生性经济租，而由于公共政策的原因而造成的那些经济租（政策租，基础设施租，金融中介租等）不属于上面所说的保护问题。

　　由于社会的原因形成的壁垒大体上可以分成两类（见图3.5）。第一类没有法定的书面语言形式，即商业秘密。这适用于很多制造工艺，如果去登记专利等于向潜在的竞争对手提供复制创新所需要的知识。当然这类壁垒不仅限于制造工

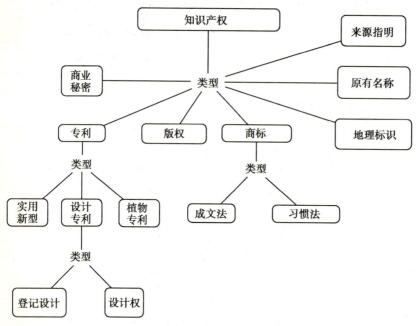

图3.5　财产租的差别形态

资料来源: 根据乌尔里和艾平格尔(Ulrich Eppinger 2003)，蒂德等人(Tidd et al 2001)，布格赖尔洛（ Bugliarello 1999 ）资料，由桑蒂亚戈·亚科斯塔 – 玛亚（ Santiago Acosta-Maya ）整理。

艺，例如饮料中的可口可乐和苏格兰威士忌利口酒的配方，一些香水的配方，被锁在保险箱中，只有很少几个人能够接触。有关制造工艺和产品的这种壁垒在程度和范围方面，在不同的部门、不同的时间表现出的差异非常大。这种进入壁垒在总体中只是次要的形态，从创新者的眼光来看，亦是一种次优状态。

另外一类财产权利是正式登记并且受到法律保护的，主要是知识产权的以下形式：用于生产工艺和产品的**专利权**，通常以 20 年为期，为发明者提供一段时间以内的垄断权。有时候，专利权由于同重大的公共利益相关，或者长期没有得到使用，相关的产权可能被取消以便竞争者进入。这种情况很少发生。有效期限较长的是**著作权**，保护的是对于知识-观点的表达方式，而不是知识-观点本身，观点的持有者必须使用自己的能力，经过自己的努力来完成该著作。版权的有效期限也是多种多样的。文学、戏剧、音乐和美术作品的版权通常从作者有生之年延续到作者逝世 70 年后（在美国是 50 年）；录音材料、电影、有线和无线广播节目的有效期为发表-播放之日起 50 年。**设计登记**是介于版权和专利之间的混合形式，其中有实物艺术品中包含的视觉和美学的内容，有效期为 25 年。**商标**将供货商的产品区别于他人，有效期比较短暂；而知名品牌的有效期随注册的更新而永久延续。最后，有一种最近才开始显示出重要性的知识产权形态，即指示**地理位置的名称或者标志**。这些是为了识别和保护具有地域特性和文化特质的产品，越来越多地用于某些类别农产品，例如香槟酒（必须出产于法国香槟山谷，其他的同类饮料只是〝冒泡的甜酒〞）和波特酒(port)（产于葡萄牙，其他同类饮料仅仅是〝强化葡萄酒〞(fortified wine)）。

还有一种进入壁垒是同规模有关系的。现在进入一种新的生产线或者开始生产一种新产品要求的资源，连最低限度都难以达到，所以新来者**事实上**都被排除了。以上百万行的编码程序运行的微处理器或者应用软件就是一个很好的实例，反映的是绝对的规模和持续累加于产品的投资。即使有后来者拥有挑战英特尔或者微软的资源，潜在的挑战者如果想要达到技术的前沿，必须在试错的摸索中付出几代人的努力。因此在这个领域中收入高而且在很长的时间里一直持续下去，是毫不奇怪的事情。就像 IBM 在开发个人计算机的早期非常不情愿地看见的那样。分流这个领域的收入是非常难的，虽然并不是绝对的不可能。

3.6 经济租：累加性与变动性

> **提要：经济租的累加与变动**
>
> 经济租是可持续的收入来源，但是营造它是很难的。从教科书上找不到操作步骤。获取了经济租的企业一般都是在长期和持续的投资基础上实现经济租的。这不仅是说经济租是一种累加的努力的结果——投入到新技术上的投资实际上是在过去投资的基础上再投资——同时经济租是有自身的轨道的。企业总是处于特定的路径之中，这种导向构建出一种筛选功能，它构成了企业能抓到手的是何种技术性机遇的约束条件。
>
> 另外，经济租是永远处在变动之中。它不可避免地会在竞争中流失，或者在专利到期的时候消失。

同经济租和进入壁垒相关联的概念是理解生产中的收入分配是非常重要的分析工具。这种重要性不仅表现为"实证性"分析工具（解释事物为何具有该种形态），而且还是一个"规范性"的工具（说明现存的秩序如何能够被改变）。

94

对于后一点，经济租的两种特征是特别重要的：经济租是累加性的，它又是变动不定的。

首先要考虑的是经济租的累加性。在20世纪80年代初期，全球市场上计算机设计（CAD）的设备总值为1亿美元。当时人们的普遍看法是10年内市场会扩大到40亿美元的规模（其实很正确）。当时业内最大的企业——Computer Vision的营业额达到了7千万美元。这个公司的执行总裁被问到他是否认为通用电气公司能够看出和抓住这个市场中的机会，后者的税后利润为10亿美元。他的回答是："您不可能用一个月的时间让9个女人生出一个孩子来"❶。事后证明，这位执行总裁虽然对于自己的公司排斥竞争的能力过度自信（它的技术租发生了流失），但是他对于创新租金的累加性和连续性的判断是正确的，在竞争中胜出的对手来自于技术上接近的部门。在这里，我们看到，许多种进入壁垒——特别是在创新经济租和基础设施经济租这里，最基本的特质是"轨道"的存在和路径依赖。这一点对于单个企业和企业群集，不论是处在地方性的企业群集中，还是在全球价值链中的某个部分中，都是确凿无疑的。

经济租和进入壁垒的第二个特征是它的动态性。我们在上面已经讲到，经济租的过渡性质是熊彼特创新模型中的一个显性组成部分。表3.3给出了一个经济租产生的基本领域如何在各个定义域之间迁移的例证，这些在前面的章节中已经涉及过。

每一个领域中的经济租都是动态性的，在各类别之内（表3.2的内容），在各个类别之间，都是如此。在后一点上（不同类别之间），进入的壁垒发生了重要的位移，在某些地方出现迅速的下降，竞争的压力随之提高。例如，以自然资源禀赋为基础的经济租由于技术的进步而发生分流。在高额租金的刺激下，大多数物质资源都有新的蕴藏被发

❶ Kaplinsky (1982).

表3.3 动态性经济租例证

经济租类型	先前租金发生领域	新出现的租金发生领域
内生性经济租		
技术	车工	计算机多媒体设计,电子信息交换,弹性制造业体系
	内燃机	燃料电池
人力资源	工具制造技巧	软件工程师
组织	大规模生产,质量监督	单个产品制造;源头质量控制
营销/款式设计	莱维-施特劳斯	Diesel*; Earle**; 盖普
关系	短期近邻供货商	长期供货商,相互负责关系,供应链的发展
外生性经济租		
资源	高品位铜矿蕴藏	高品位钚蕴藏
政策	对工厂效率的支持	改善价值链效率和工业群集
基础设施投资	进口保护,公路和铁路,低利率	出口销售支持,远距离通信,风险资本

* Diesel,一种时尚服装品牌－译者注。
** Earle,一种豪华餐饮业品牌－译者注。

❶ Chang (2002).

现,合成材料替代品出现是又一个原因。最令人惊奇的例证之一,是开采储量很小的金矿的技术成熟,因此促动了小金矿在亚洲和拉丁美洲的开发,损害到南非的大规模金矿的生产。合成材料替代品已经在很多部门分流了自然资源租金,最值得一提的是橡胶,由气候决定的天然橡胶的生产已经被取代。还有一个造成自然资源租金不稳定的因素是出售者组织(卡特尔)的脆弱。钻石卡特尔是一个不同寻常的持久的合作组织。在石油输出国组织(OPEC)和国际咖啡组织(ICO)的衰落面前,在筹备铜业卡特尔的失败的努力面前,钻石卡特尔孑然独立。

第二种流失的经济租是政策租。全球政治的压力施加于以推进私营部门的熊彼特租金的开发。政府不再被允许向生产者补贴或者提供其他方式的支持,这些措施在更早的时期曾有助于工业的发展❶。同样,尽管有 2003 年在坎昆(世贸组织的多国谈判地－译者注）的挫折，引领国际贸易的配额和关税还是在 WTO 的多边谈判中实现了削减。这是一个非常复杂的情景，在贸易壁垒削减的同时，地区互惠性质的贸易协议也在改变。例如美国拉着墨西哥、加拿大和越来越多的拉美国家加入这样的协议。一个有利于从非洲进口制造业产品的贸易体系已经通过"非洲发展与机遇法案"而建立起来。欧盟不仅增加了成员国数量，还不断地缔结与非洲等地区的国家的双边自由贸易协定，还允许一些低收入国家进入它们的市场 [例如"科图努协议"(the Cotonou Agreement)]。这些各种各样的贸易协定不仅降低了政策租的水平，还改变了潜在利益的分配格局。在第四章我们会看到，越来越多的证据表明，一种新的贸易壁垒——证书正在大行其道，例如所谓的 ISO9000 质量标准，ISO14000 环境标准和劳工标准，等等。然而与此前的时代不同的贸易壁垒对比，现在这里有多种共同努力参与在其中：不仅有公共机构（例如政府），而且有作为全球运行组成部分的私营领域中的企业。

与此同时，新的经济租正在到处出现。在所有的生产组合里，价值链中的隐形行动越来越多了。这一点表现为成本和经济租从实物生产转移出去。于是，在制造阶段进入壁垒坍塌的时候，在品牌和营销中的进入壁垒向上升起。类似的情况还有：将原材料转型变成产品的那种能力（例如缝纫或者家具制造）扩散之后，日益成熟的最佳存货管理和物流管理就成了系统综合的更加强力的手段 [例如盖普（Gap）和宜家（IKEA)].

3.7　面向有效的创新管理

我们已经看到了，仅仅加入全球化经济还是处处都会发生危险的，这样做可能会轻而易举地导致收入下降，并且成为贫困和不平等的源泉。如果生产者要参与全球市场竞争并且得到可持续增加的收入,他们所应当选择的方式和需要实现的改进程度在原则上是十分清楚的。一句话,他们需要摆脱竞争带来的压力,他们应该借助一些相互重叠和相互关联的战略;识别出从进入壁垒可以得到收益的那些活动,学会如何越过竞争对手设置的进入壁垒,制造出新的进入壁垒(通过创新等),而且要在一个动态的基础上做到这些。尽管有些进入壁垒看起来似乎是"大自然的恩典",其实很多是人为建造起来的,有些可能置身于生产链之中,也有一些可能是外部的行动者,例如政府,为了要协助生产部门而提供的公共物品。

在某种程度上,这里包含了熊彼特所说的"新的综合"的推进:以新产品新工艺来造成超出对手的竞争优势。从微软遍布世界的公司,到日本和德国的创新工程,这些在技术前沿表演的厂商,以此作为它们的行动时间表。在后来加入者的新的生产能力面前,它们将如何保护自己在过去所享有的竞争优势?但是,对于在全球经济中要进行追赶的那些企业,它们面临的挑战不是去推动创新的前沿,主要的挑战是如何成功地向领先者学习和模仿。

这两种形式都同创新有关系。对于前者,问题是引进全新的工艺和产品,对于后者则是引进它们觉得新颖的工艺和产品。不论是哪一种,行动的时间表都是相似的。真正的挑战是把这些目标转变成行动,是去开发有效的创新管理程序。如何实现这个转变和开发,是第四章的内容。还有一点相关的是,当具备了有效地管理创新过程的能力之后,生产者还要把自己同遥远的市场连接起来。

98

第四章

管理创新与连接终端市场

　　我的父亲于20世纪之初出生在波兰的一个小镇上。在第一次世界大战中，这个地方先是被德国占领，后来又被俄国占领。他的"国籍"因此改变了两次。他在学校里上课用的课本和"母语"也随之改变了两次。后来在1918年之后，这个小镇又回到了波兰的管辖之下，而在第二次世界大战后，这里归入了苏联的版图。现在，这里是白俄罗斯的腹地。

　　20世纪20～30年代，日益高涨的反犹浪潮导致了中欧和东欧的犹太人向全球出逃。许许多多没有像我父亲那样离家出走的犹太人最终死在纳粹集中营里，其中包括了他的双亲、四个兄弟姐妹，还有差不多所有的亲戚。（我是这个家庭里在战后出生的第三代人中的第一个，我的父亲用他父亲和母亲名字的一部分给我命名。这些大概可以部分地解释我的活跃的政治倾向。）我的父亲移民到了南非。起初他当掮客，管理加油站，但是他心中的真正愿望是从事生产，渴望有自己的实业。"二战"结束后不久，他建立了一个绳索加工厂，把家族在波兰至少从事了三代、从19世纪中期以后就开始采用的劳动密集型的传统制绳技术恢复起来。这是一种初级的技术，他雇用当地青少年，支付很低的工资，在当地生产并取得成功。劳动力的供给是无限的。几年以后他增加了经营项目，为当地很兴旺的捕鱼业生产渔网。这是一种新的产品，需要新的技术。这个产品能够成功的原因，是由于当地有大量心灵手巧的妇女，工资也很低。

直到20世纪50年代末期，我父亲把他的生产项目和劳动密集型技术相结合的经营都是成功的。从20世纪60年代初期开始，捕鱼业开始了集中化的过程。原来的人力撒网方式不能在远海捕捞，在深海打鱼需要拖曳网箱和大鱼网。这些改变导致了捕鱼业中所有权的集中，也使得渔民面临更加有权势和挑剔的收购商的压力。这些收购商也向我父亲施加压力，要求他改变生产技术，包括绞绳技术和制网技术。他被迫开始创新。

在现代经济的背景下，这样的改变似乎算不上技术的跳跃。然而对于我父亲这种依赖家庭传统手工艺和殷实买主的人来说，这就是很大的挑战了。他花费巨资从芬兰进口了机械化制网的设备，为了学会高效地操作机器，他从芬兰请来一位技术人员为他短期工作。但是这个创新似乎过于艰难，因为现在他还得找到和老顾客对话的新方式，他需要引进新的产品，还要采用非常新的生产工艺。这些还不够，现在他已经无法继续依赖他原来那些只有传统手艺、工资低廉的工人了。工人们同样无法适应事业上的新挑战，于是在20世纪60年代中期，在最初创业20年之后，这个企业破产关门，失业者达到百人之多。

这个小小的私人企业微观视角下的孤证，为我们理解面临全球竞争的其他企业提供了思考的线索。这些企业遭遇了新的、和过去完全不同的购买者，他们需要引进新的产品，采用新的加工和技术方法，他们应该开发一种新的工作方式，不能只是使用原来的工人，必须不断地雇用有新技术的工人，等等。处在低收入国家的那种竞争水平很低的经济环境中，企业面临的挑战，比我们想象的要严峻得多。

　　本章要依据多个国家中的厂商经验来讨论他们面临的挑战，然后比照商业战略的文献，主要是有关商业战略、创新管理和生产工程方面的讨论。我们在这里的核心，是讨论前两章提出的问题。

　　在第二章中，我们拒绝了参与全球化会自动获益的简单化观点。我们提出，从全球化中获益的关键在于生产者如何插入全球化的经济。在第三章我们表明，可以持续的收入增长的条件是必须具备保持领先地位的能力，是产生或者取得经济剩余的能力。在第三章我们展示了可持续的收入增长取决于是否有能力保持领先，以创造和获取经济租。除非这种动态的生产能力能够实现内化并结合于当地的生产系统，否则仅仅做到参与竞争日益激烈的国际市场，还是不太可能创出不断增加的收入。更进一步说，这种竞争还会导致破产、企业倒闭（就像我父亲的例子那样），或者越来越低的收入（例如第三章分析的多米尼加服装制造业的例子）。本章的中心内容，是讨论被我们表述为"内生的经济租"的创新挑战，也就是说，我们要讨论一下对私营企业部门来说还有可能被抓到的那些机会。

　　在这里我们要考虑两件事：第一件，从4.1节开始讨论，作为一组问题放在创新管理这个比较宽泛的条目之下，我们要看一看，从一个企业的角度出发，如果它希望获得来源于内生的经济租（我们在第三章讨论过）造就的收益，必须完成哪些工作。然而，我们在第三章已经看到，创新的前沿已经从企业转移到由企业组成的网络，因此，4.2节讨论在横向的地方性企业群集中，4.3节讨论在纵向的企业价值链中，如何进行创新管理。如果是从价值链的角度出发提问题，那么升级换代的挑战，就是关于"定位"的管理理论问题，这将在4.4节进行讨论。

第二件大事，是全球买家——采购商所扮演的角色，这是以全球性生产网络解释全球贫困模式的核心。这些大买家不仅仅是把生产者和遥远的市场相连接，它们还非常活跃地搜寻新的货源，在实际进行生产的国家里对培育、塑造或者制约创新管理发挥着重大的作用。

4.1 在企业中管理创新

> **提要：在企业中管理创新**
>
> 在企业中搞管理创新，要求人们关注以下8个相互关联的企业层面的活动：
>
> 理解改变现状的必要性
>
> 捕捉市场或者市场角落中表达出来的特定要求
>
> 合情合理地评估核心竞争力
>
> 开发连接自身竞争力和市场机会的商业战略
>
> 制定并且执行产品战略
>
> 制定并且执行生产战略
>
> 制定并且执行人力资源战略
>
> 开发出可以迅速有效改变现状的能力

❶ 有关美国、德国、法国和日本的数据来自 Gereffi and Mededovic (2003); 有关英国的数据来自 Gibbon （2002）。

一个企业如果想造成并且获取前一章阐述的内生性经济租，它自己必须先把自己的家事处理好，然后才能走下一步，在同其他企业和机构的协同中，在区域性、全国性和全球性的创新系统中获取关系租。企业要理解它置身其中的市场如何运行，然后确认它具有何种特殊条件，可以据此保护自己免于竞争。图4.1展示企业层面竞争力决定的战略要点框架。这个图示依据的是从大规模生产转向世界品牌的许多企业的经验，世界品牌又被称为瘦身生产、后福特主义、灵活的专业化、大规模个性化等❶。

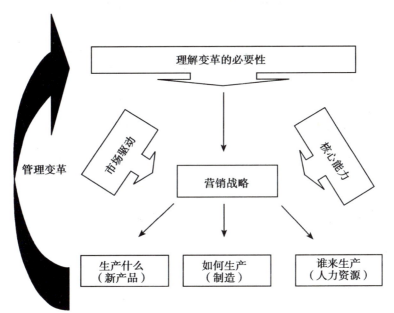

图4.1　在企业层面达到竞争优势的框架图

从图4.1中可以看到，达到企业层面的竞争优势要求在8个方面开展战略活动。

1. 理解改变现状的必要性

听起来让人难以相信，但是确实有许多企业真的不理解存在着改变现状和创新的必要性。在有些情况下，这是出于无能，企业家或者集体管理班子缺乏智力上的或者专业上的能力，无法去识别决定竞争力的那些永远处于变动中的根本性因素。这样的企业是不会长存的。另外，如果一个企业确实拥有持久的和绝对的超过竞争对手的优势，那么它也许不必去改变自己。但是我们在前面的章节看到，这是非常罕见的少数情况。大量和普遍的情况是，企业要么不知道它们必须创新，要么不明白创新的正确方向在哪里。

后一种问题在全世界的经济中可以找到多种例证。例如柯达公司直到很晚才认识到，摄影的未来是数码成像技术，所以柯达是相当晚才加入这个新的技术部门里来的。而美国宝丽来公司在此之前就错失了搭上最后一班轮船的机会，现在这个公司已经不存在了。类似的情况是英国的服装零售商，马克－斯宾塞（Marks and Spencer），它曾经是行业主导者，由于这个公司没有预计到服装业中的小批量时装和身份商品会变得日益重要，所以后来只能眼睁睁地看着它昔日的霸主地位迅速沦落。但是缺乏扫描环境的能力给在发展中国家生存的企业所带来的威胁才是最凶险的。许多企业长期享受由于短缺所形成的保护环境。这些国家的开放政策把它们推到全球购买者面前，它们需要生产优质的、多样化的便宜的商品，这样一来从前的保护就没有了，于是大量的企业倒闭。这些企业既无从理解变革的要求来自整个世界向政府施加的压力，对于新式竞争的本质是世界品牌制造者之争也一无所知。

我们看到，成功的创新管理，起始点是企业扫描环境的能力、预见突变的发生并弄明白它们的本质。

2．理解市场

当企业真的理解了变革的必要性以后，下一个挑战是理解市场和满足消费者的最低要求，例如最低价格和质量水平、送货时间表等。这些被称为"合格订单"式销售。但是，获得高收入的额外条件，是出售那种让消费者多付一点钱去买的那种东西，所谓的"赢家订单"式销售。为了做到这些，

104

生产者必须认识到，现代市场具有两个根本性的特征，一个是市场分割越来越细，没有哪一种东西能够满足所有的人、在所有的地方都能够卖出好价钱。第二是现代全球市场越来越易变和多变。

市场的细分和多变二者之间是相互关联的，这意味着企业必须更加努力紧追市场迅速变化的需求。在市场的每一个栅格里都存在消费者特殊的偏好（"关键性成功要素"）。例如购买 Gucci 品牌服装的人，要求的不仅是优质，还有独占性（exclusivity），他们不想看到在同一个城市里有人穿的衣服和他们一样，当然更不能容忍在同一个房间里出现别人穿用他们自己身上服装的款式！相比之下，沃尔玛超市的顾客看的是价格，对于是否买到别人没有的东西并不在意。但是，这些成功的关键要素是多变和快变的。曾经属于赢家订单的东西（例如质量）可以变成合格订单的东西，同时新的赢家订单要素不断出现（例如多样性，或者新产品的迅速引介）❶。

理解市场并迎合市场需要是要获取利润的企业必须做到的。对于穷国的生产者来说，特别是那些曾经同竞争绝缘过的生产者来说，问题在于它们"听见"市场需求的能力很低，而且它们缺乏有品味的国内消费者把外边的全球市场上的消费者的要求教给它们。购买者，就像我们马上就要看到的那样，扮演着一个让生产者理解最终消费者的重要的中介角色。

3. 合情合理地评估核心竞争力

假如所有的厂商都具有同等的能力，那么经济租就没有了，要么大家的收入都下

---

❶ Hill (1987).

降，要么大家都关门。这是上一章的分析框架给出的教训，除非这家厂家拥有出来能够逃避竞争压力的独有的能力。有三种核心能力能够使得经济租被收入囊中 **❶**。第一，这种能力必须是别人没有的，或者只被少数厂商掌握。第二，这种能力必须对顾客有价值，这看起来很明显，可是还真的是很多厂家的教训，它们花费了巨资去开发新产品，可是到了市场上几乎没有利润。第三，它们的东西必须很难被复制。如果不存在进入的壁垒——我们在第三章已经看到，许多进入壁垒是有法律定义的（版权、专利等）——或者是很难习得的工艺和技术，那么就会有众多竞争者来利用这个刚被识别出来的新的市场机会。

　　达到了对于市场的理解以后，生产者的能力还必须是灵活的，而且还要高度强调动态的能力 **❷**。随着时间的流逝，曾经是独特的会变成大众的，曾经对消费者有吸引力的，会由于新的赢家订单商品被消费者引入而变得乏味。与此同时，在现有的能力得到加强、新的能力被建构的起来的时候，厂家还要明白，这是除掉自己的"核心刚性"的时候了，应该抛弃那些在历史上起过作用的、但是现在会阻挡动态的竞争优势的老东西了 **❸**。

4．制定最适合的商业战略

　　如果企业不具备必要的能力去利用市场机会，那么定义市场机会是没有什么意义的。反过来，拥有了别人无法复制的那种能力，但是如果没有市场的需要、不能盈利，那种能力又有什么用处呢？如此看来，任何一个企业最基本的任务，都是保持自身全面吸收变革决定要素的全套能力，随时"听见"一个日益外部化的市场表现出来的关键性的导致成

❶ Hamel and Pralahad (1994).

❷ Teece and Pisano (1994).

❸ Leonard-Barton (1995).

107

功的因素，还要保持自身特有的核心能力的合理储备。商业战略发生于变革的决定因素、市场需求和企业能力之间的交界处。由此得出的商业战略，就是这家企业决定生产什么、如何生产、用何种人力资源来生产的依据。

5．制定产品战略

在大多数市场中表现出来的动态性，要求企业具有产品升级的能力。有的时候产品升级就是全新的产品，更多的时候升级包括现有产品家族的频繁改进、推出新的花样和款式等。

有效的产品开发来自硬件（如使用计算机做设计工作）和新型组织机构的结合。其实，能够更加有效地促进产品开发的，是组织的新的形式。更进一步，对产品开发过程的管理之难，而使组织形式变成了竞争者加入进来的壁垒。在这里涉及的问题组建跨职能团队，其中要覆盖许多的商业职能（例如营销、生产、物流、采购），而不是把产品开发仅仅限定为设计专家小组的职能。这样的跨职能团队可以是"轻型"的，服从高级管理层的决定；也可以是"重型"的，拥有较多的自主性。不同的团队适用于不同特征的产品开发过程：衍生产品项目只对现有产品或者机构作微小改动；开创性项目创造新的市场或者产品，需要动用可观的资源和具备战略眼光；平台型项目的目标是重大的渐进式改造，但仍同基础性平台相关；研发型项目是着眼未来的、投机性的，探索的是公司今后五年或更久远的发展方向；还有复杂程度很高的产品开发需要带着下属机构的同盟者，有时甚至需要去联合多家公司[1]。

---

[1] Wheelwright and Clark (1992).

6. 制定生产战略

　　上面的讨论让我们看到 30 年来关于最佳制造业战略的思考发生了革命。从 20 世纪初一直到 20 世纪 80 年代，对于何为"最佳操作"只有一种占据压倒地位的见解，就是大规模生产。在这里的最终产品是标准化的，要开发专用的大规模高效率机械，使用按照科层制组织实行专业分工的劳动力。这个系统运转起来，达到了降低成本的规模经济，不仅推动了西欧北美的工业化，也推动了东欧和其他发展中国家的工业化❶。

　　大规模生产的推动力已经枯竭。一方面，越来越挑剔的消费者不再想要标准化的产品，他们现在想要多样化，想要高质量和产品创新，我们在前面已经讨论过了。另一方面，生产过程本身受到存货、劣质产品和恶化的工作关系困扰。于是，大规模生产被工业最佳操作的新形态超越，这就是世界品牌制造。

　　世界品牌制造具有一系列占据中心地位的组织原则，这对于按照单元来生产的产品具有举足轻重的影响，在例如汽车、服装、制鞋、玩具和计算机等行业都可以看到（以加工技术为重的产品，如化工和饮料行业也受益于世界品牌制造，但是程度和方向都有所不同）。最重要的是，这个新的体系努力地去按照消费者的订单生产，而不是去以预测的消费者的订单为准进行生产。我们知道市场是分割的，而且变化很快，这样生产者就必须具有灵活的生产能力。下一个要求，是存货必须保持在很低的水平，遵守"即时——准时"的原则，而不再是为了"有备无患"。只有达到了零配件非常高的质量以后才能做到这一点。要达到这样高的质量，必须使所有的工人都从源头开始对质量负责，这样就需要优质

❶ Kaplinsky（1994，第 2 章）。

108

生产小组了。但是只有在推动变革加速的目标下,以常设的改进项目为方式,把所有的工人都吸收到渐进式改进工艺和产品的过程中来,才需要推广这种优质生产小组。现在不必把大量半成品在专业分工的车间之间运来运去了,只要把单个(或者小量)零件按照计划送到新设定的工作位置上去就行了,在每一个工作位置上都装备了多种类型的设备。[1]

　　一旦这一类的变革被引进,当然是在这些有关的工作方式定了型的时候,采用复杂的电子自动化技术才有意义。就算这样的技术可以实现精确和灵活的生产方式,有效使用这种技术的前提,依然是制造业组织中事先进行的机构的改变。

7. 制定人力资源战略

　　从大规模生产到世界品牌制造的转型,一直同人力资源的开发、人与生产过程整合的重大变革相连。由于对产品的需求是灵活的,劳动分工也发生了变化。世界品牌制造要求工人会多种操作,也就是说,工人必须是多面手。工人需要具备多种不同的能力。团队变得更加重要,(正如我们在前面看到的那样)日益变得跨职能和具备多种功能,并且从一个厂商内部的多个分支机构得到资源。但是团队还是持续改进型项目的重要组成部分,因此工人们还必须拥有成分析能力,学会交流的技巧(包括诸如向小组工友陈述问题的能力和管理的能力)。所有这一切要求工人不仅会算会写,还需要接受更高一层的教育。因此,在今天的低收入国家里,像中国和印度,那些生产出口商品的企业在招收工人的时候,最低的要求是必须接受过数年中等教育。

　　然而,最有争议和最重要的一点是,工作组织中权威和官僚式机构的基础已经变了。

---

[1] Monden (1983); Schonberger (1986); Kaplinsky (1994).

老式的命令—控制结构，已经让位于更加强调参与的新管理方式。当企业内部不间断的改进成为例行活动，由知晓细节的工人通过微调纠错可达到竞争性的生产，当这种潜在的可能性发生时，采用参与式管理来挖掘这种潜力，就成为特别重要的事项。

8．实施变革

商场是无数机智的商业战略、产品战略、制造战略或者人力资源战略的角斗场。实施和运作是一个完全不同的故事。这是一个挑战，要求对人力资源的大笔投资，发展出相互信任的关系，进行不间断的改进，以及组织结构的革新。有效变革需要采取的步骤是很明确、广为人知的：顶层管理者的决心，在设计和实施中参与者的介入，为参与进来的工作者提供必要的技能，采用恰当的奖励制度，为鼓励工作者加入变革性活动制定的安全与信任。实际的情况会复杂得多，上面讨论过的去除"核心刚性"是一个不小的事情；还有我们称之为"生产中的政治（'生产中的权力之争'）"这个问题。如果我们下这样的一个结论，即在一个充满变数的世界里，获取厂商层次上的经济租，真正的关键在于有效地对"变革"进行管理，大概是不太离谱的。

这 8 种挑战，定义了全球经济中的厂商的内部竞争力。在 20 世纪最后 30 年中，这种企业之内的变革日程表在很大程度上，是在日本的新生产制度发展的影响下脱颖而出的。从"追赶"美欧企业的目标出发，日本厂商的成长进程主要在 20 世纪 90 年代早期实现，对它的研究和描述的文件不计其数 ❶。就是从那时起，人们越来越看到，一个链条的强度取决于其中最薄弱的一环，也就是说，单个的企业改进是一

❶ Schonberger (1986); Bessant(1991); Kaplinsky (1994); Womack and Jones (1996).

110

111

个必要的但是决不是充分的条件，仅仅有单个企业的成功还是无法达到"加入全球化有利"的。单个的厂家存在于企业网络中，正是在这个组成网络的关系之中，才有可能进行可持续的、有利可图的生产活动。在企业网络中有一种很重要的形式，即在一个地区内多个厂家聚集在一起，这样一种创新的模式，就是我们马上要在下面进行讨论的企业集群。

4.2　地域性企业集群的管理创新

> **提要：地域性企业集群的管理创新**
>
> 在世界上的许多地方，在许多行业里，厂商实现竞争优势所依据的，是同本地各种机构的连接。充分发展的企业集群表现出三种特征：
>
> 在同处一地的企业之间发生了（效率）"溢出"；
>
> 多个企业经常采取联合行动，例如营销、采购、培训；
>
> 厂家同当地与经济有关的机构挂钩，其中有研究和技术组织，服务提供者，还有政府。

生于19世纪后半叶的经济学家马歇尔指出过企业集群的经济意义（他的用语是"工业区"）。他的视野中是英国工业革命时期，在中部地区按照行业聚集在一起的生产景象。然而在随后的一个世纪里，这种聚集的重要性被忽略了，不仅在学术讨论中，而且在政策分析和设计中也是如此。只是由于以"第三个意大利"为名（主要在意大利的 艾米利亚·罗马涅大区）的聚集式工业的成功，才又一次引发了目前的对企业集群研究的兴趣。在"第三个意大利"那里是小规模企业的大量群集，在同一个地方大批厂家比肩而立，按照行业分工，发展出一系列行动迅速、进行大量设计的具有优势的行业。它们不仅生产服装、皮鞋这样的消费品，还生产机械工具和食品加工设备等。

忽然间企业的集群到处都被发现了，不仅在"第三个意大利"，也在好莱坞、在波士顿的 128 大道上、在丹麦的日德兰、在德国的南方、在英国的 M4 走廊，甚至在发展中国家都有了。这些充满活力的企业集群近来被很多人看成经济发展动力的主要来源，而且不仅是泛指的经济，还是地方和区域性发展的关键性因素（此前推进落后地区发展的不成功的努力，多是通过内卷式投资的方式进行的）。在中小规模的厂家加入全球市场获得成功这一点上，企业集群也承担着重要的功能。

有效的企业集群表现出三个突出的、相互补充的特点。第一个，被经济学家称为"**外部性**"，更确切地说，是正向的外部性。这是在企业之间发生的"溢出"，也就是企业的行动会造成无意中发生但是真实的效果——加强了邻近的企业（有的可能还是竞争对手）的竞争力。这种外部性的一个实例是技能开发。某个企业举办的培训可能会有利于自己的对手，原因是劳动力所具有的流动性。第二种主要的外部性，同建立供货商关系有关。向一个厂家供货会发展成向许多厂家供货。在实际中，许多大买家聚集在同一个地点造成的规模，就是向新的供货者提供了进入的空间。比肩而立的大量企业还利于形成一种信誉，会更吸引怀有预期的购买者，前来寻求潜在的供货者。最后，集群企业所在的地方可能会形成一种地域性形象，加强对于新企业、新供货者、新顾客的吸引力。

第二个特点，当参与到成功的企业集群中的厂家认识到这种无意造成的外部性时，它们会为了达到共同的目标联手行动。这种联手行动是对外部性的一个非常重要的补充。共存于同一地点的这些无意和有意的要素合起来，会达到一种被称为"集体效益"的结果。联手行动的实例包括使用同种商标的联合营销、联合采购投入品、联合培训，还有向政府争取支持或者退让的联合游说行动。

第三个特点，是企业集群同当地的区域性创新系统的关联。当生产的知识密集程度提高的时候，支持性机构的重要性越来越大。相关的机构数量可能是很大的。参与其中的有区域性的重要创新体系的机构，当地研究与技术机构，如大学、研究所、职业培训机构，等等，有地方政府提供的有效的支持，有能够推动政府支持营销、培训、升级等有关竞争力的事项的地方公共机构和私人机构。

毫无疑问，即使是成功的企业集群也不一定同时具有上面所说的三点，它们各自的平衡点、重要性也会随着时间流逝而发生改变。最起码的一点的是外部性的存在，正是这一点定义了企业集群。即使企业可能否认这一点，或者对于"溢出"还存有疑问，可是如果不存在外部性，那么多企业为何要聚在一起？作为一条基本规则，联手行动的程度越高，区域性创新体系越有效，企业之间和企业——地方机构的联系越紧密，这个企业集群的竞争力就越强。

我们有相当数量的企业集群成功的证据，它们显示企业——特别是中小型企业参与全球市场是有可能的。确实，为出口而生产的那些中小企业，当它们加入有效的集群中去的时候，它们的能力就提升了。它们原来的问题是规模小，无力识别市场需求，达不到销售所要求的规模经济，不能成批量地生产出国际大买家所要的东西。这些企业集群在许多发展中国家里扮演了突出的角色，例如推动巴西的制鞋业出口、巴基斯坦的外科手术器械出口，等等（文框4.1）。

文框4.1　低收入国家中的企业集群

在赛诺斯（Sinos）山谷的制鞋企业集群

从1970~1990年，大约2000家企业聚集在巴西的赛诺斯山谷，专业生产女式皮鞋，将巴西在国际皮鞋市场上的销售份额从3%提高到12%。1991年它们的年出口皮鞋数量接近1亿双，价值9亿美元。这些厂家在制鞋业价值链中占据了许多个环节，创造的工作岗位数量达到15万个。

表4.1　赛诺斯山谷的企业集群

二级部门	厂家数量	直接雇用工人数量
皮鞋制造	480	70000
皮鞋部件	223	28000
染色	135	22000
服务项目/作坊	710	18000
皮制品	52	4900
其他	106	4900
制皮制鞋机械	45	3600
出口转销代理	70	2000
合计	1821	153400

来源：IDS（1997）。

文框4.1　巴基斯坦西亚尔科特的手术器械制造业

在西亚尔科特（Sialkot）的外科手术器械制造业集群，生产不锈钢外科手术用剪子、镊子等比较精密的器械。这里共有300多家制造厂，向1500个以上的中小企业发包生产任务，从200多家当地供货者采购原料，从800多家提供服务的商家得到服务供给。

它们的产品中90%以上出口，在全球同类商品的贸易中占据了20%的份额。巴基斯坦现在是仅次于德国的全球第二大手术器械生产国。

114

　　然而，这种工业区是处于变动中的。它们通常从中小企业聚集处生长起来，变成拥有大型厂商的工业区（例如好莱坞）；它们所进行的联手行动的深度，也会随时间而变。例如巴西的赛诺斯山谷皮鞋出口区在早期发展阶段的联手行动十分有效，可是当来自中国的新的竞争出现以后，它们为了推进升级而采取的联合行动就不太成功了 **❶** 。在这个实例中还有一个重要的因素，我们要在下面进行讨论，即外部的采购商同某些从中小企业中成长起来的占据龙头地位的厂家建立起同盟关系，处心积虑地阻挡整个企业集群之中的联合行动。

　　当这些企业集群面对危机的时候，会出现何种情况？答案是，当它们采取联合行动时，它们通常能够克服威胁生存的困难。这一点可以借 4 个工业区的事例来证明：其中一个在巴西，一个在印度，一个在墨西哥，最后一个在巴基斯坦。前三个都是皮鞋制造业或者相关行业，最后一个则是手术器械制造（见表4.2和表4.3）在每一个事例中的企业集群都曾经面临来自外部环境的重大挑战。它们在回应挑战的联合行动中合作得越是深入，它们的绩效就越好。多个厂家联合行动的时候，总是比仅有两家企业合作的关系更深入，在垂直价值链中的厂商联合行动通常也会好于同类工厂在相同的行动中的合作。

　　在每一个情形中，集群的企业都受到过外部环境的挑战。它们作出回应时合作的程度越深，整体的绩效就越好。当企业数量超过两个以上的时候，当合作的关系是垂直型的价值链而不是大家都做同样工作的水平方式时，合作的程度就更容易加深。

---

❶ Schmitz (2000).

表4.2　在四个企业集群中的厂商和工人数量

| | 制鞋和有关企业 | | | 外科手术器械 |
	瓜达拉哈拉 墨西哥	塞诺斯山谷 巴西	亚格拉 印度	西亚尔科特 巴基斯坦
终端产品生产者				
一企业数量	315	391	4500	300
一工人数量	15~20000	83800	48000	10000
投入品供货商				
一企业数量	160	260	75	260
一工人数量	N/A	55000	?	2~3000
转包企业				
一企业数量	N/A	760	225	1500
一工人数量	N/A	23400	2000	9000

来源：史密兹（Schmitz），1999。

表4.3　联合行动与绩效的相关性

联合行动	墨西哥	巴西	印度	巴基斯坦
水平型				
垂直型	正向，在10%水平上结果显著	正向，结果不显著	正向，结果不显著	无数据
双边合作型	正向，在1%水平上结果显著	正向，在1%水平上结果显著	正向，在1%水平上结果显著	正向，结果不显著
垂直型				
与供货者合作	正向，在5%水平上结果显著	正向，在5%水平上结果显著	正向，结果不显著	正向，在10%水平上结果显著
与分包者合作	无数据	正向，结果不显著	正向，结果不显著	正向，在1%水平上结果显著

4.3　在全球价值链中管理创新

提要：在全球价值链中管理创新

对于向全球市场出售产品的企业来说，竞争的优势越来越多地依赖它们在价值链中同其他企业之间的关系。

价值链有各种各样的形式。一种极端的状态是企业间很松弛的、与个人无涉的关系；在另一个极端，则是所有的操作都内化在同一个跨国公司之内的那种状态。更加典型和常见的是那种由主导部门"治理"的价值链，独立的企业通过协调进行生产，通常有很持久的长期关系，相互了解的单位之间表现出一定程度的信任。

价值链的基本类型有两种——由主导的生产者来"治理"的价值链和由主导的购买者来"治理"的价值链。低收入国家的生产者通常都是向购买商驱动的价值链出售产品。

现在同相邻的企业和机构合作已经成为决定竞争优势的新的决定因素，同样在垂直型价值链中，合作的程度和性质也已经成为决定性的因素。为了理解垂直型的网络关系的关联程度和性质，我们有必要做一个较高的抽象，拿一个概念式价值链（schematic value chain）做开头。

价值链描述了从最初的概念到生产出产品或提供服务的完整过程，包括了其中所有的步骤和阶段，发生在其中的多次物质形态的变化，生产者投入其中的各种劳动和服务，最后向最终消费的发送，以至消费之后的残余物处置。

我们以最初级的形态来考察它，这个过程可以用图4.2的流程来表达。从中看到的是，生产过程**自身**只是诸多增值环节之一。更进一步，我们看到在每一个环节中都有不止一种活动存在（该图中表达的细节只是同生产环节有关的）。

真实世界里的价值链比这张图表达的情况要复杂得多，我们在下一章会讨论。至少有一点，价值链中包含的环节要多得多。以家具为例，在森林部门就要准备从种树用的种子到化肥、生产设备、灌溉用水等所有的要素；然后是伐木、送往锯木厂，而锯木厂必须事先从机械部门获得设备。从这里，锯好的木板被送到家具厂，家具厂也要从机械、化工、染料部门得到设备、胶水、油漆颜料，从服务部门得到款式设计和商标注册服务。

然后按照已定市场方向,成品家具将顺序通过各种中间环节运动,直至到达最终消费者。等到将来这些家具最终用旧了的时候,消费者还要以回收废品的形式处置它们。

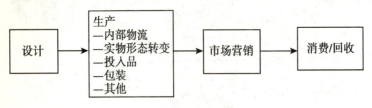

图4.2 一个简单的价值链示意图

在价值链中通常都有多重的环节存在,而许多中间环节经常还会连接到不止一个其他的价值链中去。有的时候,旁支价值链从这里只吸收很少的产出,而在其他情况下,两方的消费者数量可能旗鼓相当。不过,在给定的一个时间点上观察到的销售份额不能代表全面的状况。某个市场或者某种技术的内在动力也许会把一个今天还比较小的供求关系变成明天的比较大的供求关系,或者造就一个与此相反的过程。今天,这些价值链正在越来越多地跨越国家的边界。

在这些价值链中,企业还可以通过多种的市场和非市场关系联系到消费者(见文框4.2)。最广为人知的关系,也许是经济学模型中的完全竞争。在这里有许多的独立生产者,他们全都在一个非人格化的市场里出售自己的产品,生产者和消费者完全互不相识,没有任何一个生产者或者消费者有足够的力量对价格或者交换条件施加任何影响 ❶。这种完美的市场存在于价值链中每两环之间,在链条从头至尾的环与环之间,并没有正式的或者非正式的关联存在;在链条的各个干预环节之间也没有。在遵循完全竞争市场原理的价值链的尽头,是完全排除了市场关系、实行了"完全内化"的那种类型。在这里,一个生产链的活动完全发生于它自身

❶ 经济学理论很重视区分由单个生产者(垄断者)、单个购买者(垄断购买者)支配市场的状况,和由有限个生产者和购买者(寡头)操纵市场的状况。寡头垄断和寡头采购的关键性特征,在于市场具有足够的私人性内容,参与者预先知晓竞争对手及可能的回应,这对于将要发生的行动会产生很大的影响。

118

的范围之内。当这个生产链的生产经营活动越出国界的时候，例如通用汽车公司，它不是从在美国本土的合同厂商处购买零配件，而是从散布在许多国家中的下属厂调来所需用的材料，在这里有外资直接投资介入。分析这种内部化的过程有两种主导理论：第一种考虑的是交易成本：从外边购买原料需要进行不必要的和不利于生产的交往过程以及谈判。第二种理论讲"道德风险"：同供货商打交道通常会有很大风险。所以，当交易频繁发生的时候，风险肯定增大，如需要投资于特殊机械或投资于大量的供应管理关系，厂商将倾向于内化生产过程 ❶。

　　按照现在的说法，我们讨论的价值链关系似乎应该是密切得触手可及，或者是整个实现了内部化的价值链。在每一个实例中，生产都包含多个环节，而且都可能散布在全球。不过，全球价值链的组织形态日益表现出第三种状态。它不触及产权环节，同时也没有完美市场理论所假设的人人匿名但伸手可及（arm-length）的情形。在这个链条中各个环节之间的关系是"黏着"的：长期，持久，重复发生，有时候会很亲密（分享敏感信息）；这种环节之间的关系表达了许多内部化价值链的特征。在更加前卫的价值链中，可能会有"公开成本记账"（公布和分享敏感的价格数据），其中的主导企业还会积极地帮助它们的供货者和消费者进行操作方面的升级。

文框4.2　价值链的治理结构

在一个价值链中，各种不同的生产者可以通过三种主要方式相互关联。

1. 伸手可及的紧密关系链。买者和卖者都不具姓名，他们不知道或者不在意在自己的价值链中的他人身份。来自这样的价值链的产品很可能是不可区分的、商品化

---

❶ Williamson (1985).

的。链条中的关系是瞬时性的，变换顾客或者卖家都相对容易而且代价不大。

2. 关系式价值链。在这些链条中，买者和卖者相互知晓对方身份，常见的交易关系是持久的。在同一个价值链中的各方之间有某种程度的信任，由于产品可以被区分和识别（通过品牌名称以及环境条件、质量、劳工标准与安全认证等）而具有重要性。

3. 内部化的价值链。价值链中的不同阶段由同一个企业中不同的相关部门承担。它们被内部化的原因是从外部购买的成本过高，原因可能在于保证质量和可靠性太难，可能是外部供货者不具备有效生产的技术力量，或者外部生产者成本不够低。

价值链之内的"黏着"关系的成长，原因在于上面所说的两种可供备选的模式失败。伸手可及而又互不相识的那种关系，是被大规模生产的时代所偏爱的。那是一种终端市场稳定不变条件下的竞争环境，创新相对缓慢，质量标准、环境标准还没有提出，或者不具有竞争性意义。然而市场越来越多变，越来越讲究特殊品质：优质；"有机"低毒低农药残留；"公平劳动标准"，等等。还有就是生产创新变得越来越重要，及时送货到市场也成为竞争项目。在这种情况下，伸手可及而又以邻为壑（antagonistic）、循规蹈矩的无合作的那种关系失去了功能。与此同时，内部化的做法在许多情景下也失去了吸引力，因为那种关系将核心企业放置在特定的地位中，在许多情况下那种地位是要担政治风险的。这还暗含着会错失新的、尚未结盟的供货者首创性的活力；这样一来，处于外部的、在伸手可及距离之内的生产者感到那种关系还不够"黏"，而对于内部化过程中的跨国公司来说，那

120

种联系已经"太黏"了。于是就出现了这个全球生产组织的新形式——这里包括一套不同黏性度的排序体系：从伸手可及的距离中的互不相识的状态，到可以窒息人的全套治理的内部化。

那些黏性的、关系式的全球价值链的中心特征，是"治理"。也就是说，在每一个价值链中，都有数个关键性的厂商，尽管它们在合伙企业里很少或者没有财产上的关系，却能像马戏场上的驯兽师那样行事。它们会决定谁将要加盟价值链，谁承担何种职责。它们制定加盟的条件，这里会包括小批量准时送货的承诺、随时准备迅速调整生产送货计划而没有怨言；它们规定在本链条内从上家送到下家的零部件的质量标准，还有对供货者在生产中达到环境和劳动条件的要求。有的时候，这位治理者会直接出手帮助供货者达到要求，或者精心安排一场对于供货者来说是最恰当的升级演练。

格雷菲(他第一个提出价值链中治理的重要性问题)区分了治理的两种主要形式[1]。第一种是由持有核心技术的厂商治理的那种价值链，例如丰田（汽车），英特尔（电子），葛兰素史克（制药）。这些通常是全球性价值链，其中的产权环节非常重要，有一些对内部化程度的测量指标就在这个项目里。以往对技术达标、执行标准在价值链中都是在从属企业、供货者和顾客中从下而上推动的。第二类价值链是由购买商治理的，例如，沃尔玛、耐克和苔斯寇（Tesco）。它们对于价值链的控制始于顶尖的部分，治理的指令在链条内部沿着生产梯度向下漫延，这类价值链很少在买方和生产者之间发生财产方面的关系。表4.4要显示的，是每一种价值链在实施治理中表现的特征，在以下几个方面有很大的不同：价值链的治理者是否掌握核心技术能力，设立何种进

---

[1] Gereffi (1994，1999).

入壁垒，治理者参与何种部门以及产权有多大的重要性。穷国的生产者参与的都是由购买商一手操纵的价值链，这是一个严峻的现实。

表4.4 由生产者驱动和购买者驱动的全球价值链

	生产者驱动的商品链	购买者驱动的商品链
全球商品链的驱动者	工业资本	商业资本
核心能力	研究与开发；生产	设计；营销
进入壁垒	经济规模	经济范围
经济部门	耐用消费品 中间投入品 资本品	非耐用消费品
典型行业	汽车；计算机；飞机	服装；鞋类；玩具
制造厂商所有权形式	跨国企业	地方性企业；大部分在发展中国家
典型生产国家	高收入或者中高收入经济体	低工资、低收入经济体

来源：根据格雷菲数据整理（Gereffi，1999）。

20世纪90年代中后期以来，在全球价值链的发展变化中，有三种价值链同我们关心的全球利益分配直接有关联。第一种被格雷菲称为"三角形生产网络"[1]。在这里，主要进口国中的作为治理主角的购买商把业务分包给中介，后者负责组织生产过程的物流和产品发送，它必须遵守的，是大买家在事先就规定好的时间表和价格表。这种三角形链条的源头是中国香港地区和中国台湾地区的厂商在服装生产行业所承担的角色。它们向美欧出口服装的限额总是很快就用完了，它们自己的劳动力价格上升了，于是这些具有企业家精神的人就到中国内地、毛里求斯、加勒比海和其他地区去建立生产网络。在那些地方有用不掉的限额和廉价劳动力两者相结合的好处。从服装行业发源的三角形生产网络已经普及到了其他很多行业，从个人计算机到家用电器、鞋类和玩具都有。

[1] Gereffi (1999).

122

123

第二种，关系式价值链，在近几年变得极为普遍，它要求的是链条的治理者必须做到在整个链条中都达到规定的质量标准。这个要求可能是非常难做到的。例如在木质家具行业，森林维护委员会（Forest Stewardship Council，FSC）认证的要求，是当生产通过其中每一个步骤时都符合"全链维护"的标准。其中伐木标准是采伐必须在雨后若干天，不可伤害生物多样性；要尊重当地居民的需要和文化。在加工和运输方面也有具体的环境标准。在汽车和家用电器行业，买家设定零配件次品率的基本要求（度量标准是每百万元产品中的次品数量，目前日益发展成要求零次品率），规定发送计划和价格。在一个弱供货者的世界里，特别是这样的供货者主要分布在低收入国家中，治理机构通常的做法是：或者直接出手帮助供货链条的供应能力提升，这就是供应链管理，或者找到别的机构来承担这项工作。问题是这样做的成本很高，这是治理者如有其他选择就会试图回避的任务。在一些先进的行业中，生产能力的提高使得治理者可以采取这样一种做法，即设定基本标准后让合格的生产者自己去干。这给了链条治理者一个"坐山观虎斗"的条件，看着供货者互相争斗；这是朝向在"触手可及"距离内竞争的那种治理模式的回归。这种治理又被称为"模块"式，或者"打包—交钥匙"模式 ❶。这种治理模式是以亚洲日益增长的生产能力为基础的。这种模式无疑对位于非洲、拉丁美洲的不太成功的供货者有很大的危险，那里的生产者虽然从加强生产过程和工艺的升级活动中受益，但是它们也被"关系式"价值链的治理者定位于此。

第三种，是全球价值链到处都表现出来的越来越受大买家主宰，而不是由大型生产

---

❶ Sturgeon (2002); Gereffi, Humphrey and Sturgeon (2004).

者驱动的重大变化[1]。我们将要在4.5节看到的就是，购买者现在已经不仅仅是把生产者和零售商、最终消费者相连接，它们还扮演着协助生产者升级的更重要的角色。不过在我们讨论那个重大变化之前，还需要对价值链理论框架的另一个要点作一点分析，它不仅联系到第三章讨论的经济租，还铺垫了我们的核心问题，即生产者为外部（全球）市场进行生产所导致的后果。这个问题的实质就是：为了维持收入增长而实行战略升级的途径在哪里？

4.4 管理创新与战略定位：在全球价值链中升级

> **提要：管理创新与战略定位：在全球价值链中升级**
>
> 当厂商在它们各自的核心能力领域中实现了专业化以后，来自国际竞争的压力和寻租的努力，使得它们在价值链中的定位成为战略性的考虑。这样就规定了以下4种升级的战略形态：
>
> ■ 生产过程升级——在一个厂家之内或者同兄弟厂家一道提高效率；
>
> ■ 产品升级——在一个厂家之内或者同兄弟厂家一道加强产品创新；
>
> ■ 功能升级——在一个厂家之内改变工作内容组合或者进入价值链中其他环节；
>
> ■ 价值链升级——进入新的价值链。
>
> 许多成功的东亚厂商曾经顺序走过以上的升级阶段，从组装上升到合同生产别家的注册产品；然后自行设计，开发自己的商标等；在有些情况下还进入了新的行业。

[1] Gereffi, Humphrey and Sturgeon（2004）;Gibbon and Ponte, (2004).

124

在本章4.1节中讨论过的企业效率说明了核心能力的重要性。我们以消费者的价值、以独特性和难以复制这几点来规定生产者的能力。为了长期持续的目的，核心能力要求企业去开发必不可少的动态能力。我们在那里讨论的升级问题只限于个别厂商和企业的情况。当效率不是由单个厂商而是由价值链中的厂商网络的运行共同决定的时候，升级的模式是什么样的呢？

从根本上看，有4种升级的路径可以被识别出来。

■ 生产过程升级：提高内部过程效率，在每一个链条的环节之中（例如加快存货周转和降低磕碰损伤）以及环节之间（例如更频繁的、更小批量的及时发送）都达到高出对手的水平。

■ 产品升级：引进新产品或者改进老产品，其中包括在价值链的每一个环节上、在环节之间变更新产品的开发过程，要做到比对手更快。

■ 功能升级：通过在一个厂家之内改变工作内容组合（例如对物流和质量承担责任、监督外包核算），或者在价值链内部环节之间转移生产经营活动组合（例如从制造转向设计），以达到提高增加值的目标。

■ 价值链升级——进入新的价值链（例如台湾厂商从制造收音机到生产计算器，电视机，计算机监视器，以及手提电脑和无线上网［WAP］电话）。

表4.4显示的多种做法，都是为了达到升级目标和接受升级所带来的结果而采用的方式。升级有几种走向，例如为了提高加工过程的效率，需要在企业内部强化物流管理，甚至涉及研发，还有加强价值链之内企业之间的物流和开发部门的协作

关系。这样做的结果是更低的成本和更快地送达市场。同理,功能的升级可能会改变特定企业内部给定的生产活动总和(例如替代原来供货商的职能,自己负责原料采购),或者从单纯生产走向设计。这样做的结果是、使得企业有能力提高盈利率,因为它现在面临的挑战比从前少了。

表4.5 升级挑战中的实践与效果

升级类型	实践	效果
提高生产过程效率		
价值链内部	研究与开发;提高物流与质量管理;引进新机械设备	降低成本;质量和配送改进;到达市场的时间减少;利润增加;专利增加
环节之间	研究与开发;供应链管理程序;电子商务能力;方便供应链的学习 引进新产品或改进已有产品	最终产品成本降低;质量提高,抵达市场更快;全链条盈利率提高;专利增加
引入新产品或改进现有产品		
在一个环节之内	扩大设计与营销部门;建立或者加强多功能团队的新产品开发	新产品销售占全部销售的比例(例如前1年、2年或者3年引进的新产品销售记录)
在环节之间	开发新产品时与供货商和消费者合作 – 同时推进的工程	品牌产品销售比例 拥有产权的品牌数量 提高产品价格但不降低市场份额
· 功能升级		
在环节之内	价值链的高增加值新近从其他环节吸收/或者将低价值环节外包	价值链内部的劳动分工 链条内各环节的关键性功能承担者
环节之间	进入同一价值链中的新环节或者放弃当前的环节	盈利率提高;技能与工资水平上升
进入新价值链		
	放弃原来的价值链,进入新的价值链;在新价值链中加入新的项目	盈利率更高;新的以及不同领域来源的产品营销份额

从价值链来看,升级这种视角为什么很重要?为了理解这一点,有必要回顾第三章讨论过的经济租。图4.3表达了一个在今日的全球经济中经常可以看到的现象。它以图4.2显示的简单价值链为出发点。

在20世纪最后1/4时间成功实现工业化的东亚国

家，在很大程度上是
依靠出口制造品，它
们对于战略定位这样
的事情是很清楚的。
图4.4显示出它们采
用过的升级路径。这
条路径开始于简单的
零配件组装（OEA —
原始设备组装），然

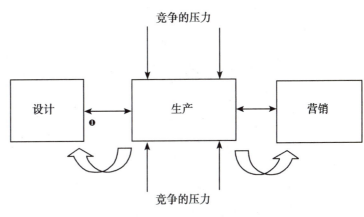

图4.3 价值链升级的战略观

后升级到制造和组装产品，贴上别人的品牌商标出售（OEM —原始设备制造）。然
后，当这些制造业中的竞争太激烈的时候，它们就开发贴自己商标的商品（OBM—
自有品牌制造），例如大宇（Daewoo）和三星（Samsung）。到了这一切都不能继续
保护它们的经济租时，它们就红杏出墙，打入新的价值链。如图4.4所示，当无形
的知识超越了单纯的生产技术，并且变得越来越重要的时候，升级的路径就是这样
的一条路线。

4.5 把生产者和遥远的市场联结起来：全球购买商的功能

> **提要：把生产者和遥远的市场联结起来：全球购买商的功能**
>
> 虽然生产者面对的主要挑战是达到创新，然而他们还必须把他们生产出来的东西
> 送到最终消费者手里去。当生产发生在全部跨国整合的公司以外的时候，同购买商发
> 生关联的情况就会出现。

升级类型	过程	产品	功能	价值链
轨迹				
例证	原始设备组装 (OEA) 原始设备制造 OEM	原始设计制造	原始品牌制造	转换链条—例如从黑白电视显像管到计算机监视器
知识密集程度		隐形价值净增量持续增长		

图 4.4　成功的价值链升级的理想类型

　　购买商的种类很多，在一个行业内外，在不同的时间，都有互不相同的购买商存在。这些购买者在推动或者制约生产者的能力建设这一点上扮演了非常重要的角色，同时还具有其他重要的职能。

　　它们引导生产者通过一定的渠道进入不同的市场段；不同的市场有不同的需求并且对于持续营利性提供不同的前景。

　　它们向生产者发出信号，表达消费者当前的愿望，指示何种变化可能会发生。

　　它们帮助生产者识别，为了满足消费者的愿望需要具有何种生产能力。

　　它们在特定条件下积极帮助生产者实现技术升级。

　　它们帮助生产者找到关键投入品的供货地点。

　　根据价值链中各个参与者所扮演的角色定义，购买商也是有能力阻断生产者升级的路径的。

　　我们的故事的一个方面，是开发产能和动态管理能力以赚取经济租。我们在本章前面的分析中看到，这需要通过一个企业的努力（现在更多地通过多个企业结盟），达到提高

128

企业的生产效率来实现这个目标。可是产品必须出售到最终消费者手里。我们将要在第五章和第六章看到的是,采购这个职能是解释在全球生产体系中经济租如何分配的一个重大因素。

对于一个已经把国际业务内化了的跨国生产公司来说,外部的购买商只对它发生很轻微的作用。常见的情况是,跨国企业的下属公司把它们的产品,无论是均质的商品、半成品、配件,还是成品,都纳入母公司的全球销售系统中去。对于外于跨国公司网络之外的那些企业来说,外部的买家不仅在连接厂家和市场方面发挥重大作用,同时通过它们在全球市场的结盟关系,决定着生产厂家的收益。

在这里,扮演联络角色的购买商的本质是千变万化的,图4.5是一张简化了的关系表,显示多种多样的生产者同购买商之间的复杂关系。产品的自身性质对于联络环节有很大影响,例如产品是否为均质物品(例如棉花),是经过加工的半成品(例如铸件或者塑料配件),还是加工机械或者最终产品,等等。每一类产品都有适应不同的产品特征的购买商。即使产品是均质的,生产者仍然也许不得不为了加入购买商的价值链而改变自己。例如,T恤衫既可以直接送到零售商手里,也可以出售给批发出口商。

总之,低收入国家倾向于出口制造业产品,直接指向**最终消费者**,可见于时装、玩具、鞋、加工食品和家具。在这些领域里,以下这些主要购买商可以被识别出来。

1. 处于最终端的零售商:过去是零售业巨头,例如沃尔玛,还有家乐福(Carrefour),同生产者建立了直接的关系。

2. 独立的从事有限专业的零售商,位于最终消费这些产品的国家。它们变得越来越重要了。在食品行业,这些购买商被称为分类整批购买者(category buyers),

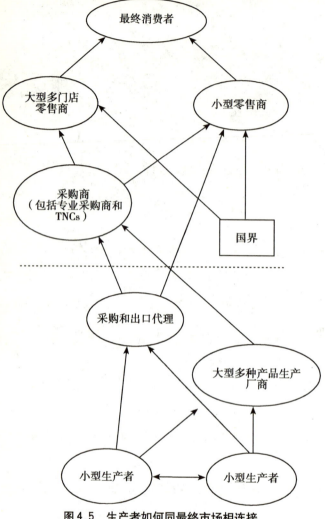

图 4.5　生产者如何同最终市场相连接

它们有能耐在全球搜寻货源,例如苹果或者果汁,它们到世界各地不同的地方去找原料,建立长远关系,以此保证长期的供货来源。这些产品通常会四处传播,有时候传到零售业的巨头（分类整批购买者会被授权进行采购）,如果不属于这种情况,就很可能是在为数极少的几个代销店里出售。

3. 大型国际购买商可能从独立供货商那里搜寻产品，然后标注自己的商标，在机械、电子和汽车行业，这样做被称为"原始设备制造"（original equipment manufacturing）。在有些情况下，提供商标的企业直接从生产者手里购买；在另外的一些情况下，它们通过中间商购买，例如全球家具零售商"宜家"，同它的生产厂家直接谈判，而英国的"自己动手组装"家具店百安居（B&Q）更多从独立的专业购货商手中购买。

4. 一种新的全球购买的形式，同前章所述"三角制造"类型有关。它们通常以中等收入国家为基地，它们的购买行为发生在发展中国家，同时协助那里的生产活动。最终产品的消费总是在另外的地方，一般都是高收入国家。

经手出口**中间产品**（为下一步生产所用的）的，通常是设备或者半成品的专业代理商，例如备件和标准化零件的代理商。这些购买商不同于玩具服装那样的最终消费品之处，是较小的规模和为数有限的供货来源，销售的方向主要是国内市场而不是国际市场。

最后，同上述居住在销售国的购货商不同的是居住在生产国的购货商。它们可能会搜寻购买小量商品（例如咖啡和茶）的国家，或者从大型的企业手中购货，然后销售给消费者所在国家中的分类整批购买者（category buyers）、品牌生产厂家或者零售商。它们的规模很大，以生产国为基地，最近几年在中国和印度变得特别突出，它们得以在最终消费市场所在的国家置业买房，由此建立起不动产方面的联系。

这些不同的购买商类型同我们关注的问题有关吗？回答是肯定的，并且关系重大。这是因为购买者扮演的重要角色：它们把产品从生产者导向消费者，在低工资国家越来越多地加入外部市场的时候，它们再决定经济回报将如何分配。购货商扮演 5 种不同的功能。

1. 为细分的市场的各个角落引导供货

以家具制造为例。它的最终产品可以送往国外市场的多个不同零售网点。其中的一类商店瞄准的客户对价格很敏感（注重），很多人购买组装家具，购货地点是"宜家"那样的大规模的可以打折的商店，或者从庭院用品专业商店购买软木做的庭院家具。向这一类市场供货需要永远高度关注成本，生产利润非常薄，有时候还会亏本。盈利同生产规模密切相关。在家具市场的另外一个端点的情况是，产品出售给只有一个门店或者网点数量很小的专卖店。生产者得到的利润率很高，但是对质量和款式的要求是非常关键的。这两类销售渠道对于它们所在的价值链提出的能力方面的要求是完全不同的。还有一个几乎在每一行业都会找到的类似的故事，在韩国的"现代"组装宝马和在泰国的普罗敦（Proton）组装宝马，在盈利率、执行标准方面都会发生很大差别。在大众化的"沃尔玛"出售的牛仔裤和标上盖普（Gap）商标出售的牛仔裤的回报率和生产本身也是大不相同的。

这样一来，从生产者的角度来看，它所进入的销售渠道反映的不仅是它自身的能力，同时还是购买它产品的最终市场。如果被套在一个对价格特别敏感的市场里，生产者就被定在了一个围绕价格中心运动的轨道上，它必须为此开发相应的动态能力。在相反的情况下，如果它所在的价值链把它引向消费层的款式设计那一端，那么盈利机会和能力开发的方向将会是完全不同的。

132

2. 表达消费者的长期要求

迈克尔·波特在他1990年出版的书中指出,成功的工业发展的关键性因素之一,是在当地找到有档次的买主[1]。然而,即使这样的买主都找到了,不少生产者仍然"听"不见取得成功的关键因素,即消费者的声音,在区分"合格订单"与"赢家订单"特征的市场时也感到很困难。市场正在变得更加细分和多样化,我们在前面已经看到。为了了解市场和"塑造"市场而进行投资,已经是世界上最大和最成功的跨国公司取得成功的关键行动。

如果这样分析是有道理的,那么,远离最终消费市场的生产者,当它们自己国内的消费者的愿望同它们出售到海外市场的要求非常不同的时候,它们会遭受的困难要增加多少呢?这是一个严重的问题,在不同产品的情况下有很多种表现。例如欧洲最大的以质量取胜的咖啡加工企业,伊利(Illy),花钱去培训它们的生产链中的咖啡种植园农民,试图让他们了解是什么东西造就一杯好的咖啡。种咖啡的农民自己并不怎么喝咖啡,就是喝也不太注意去区分好坏。然而伊利公司的竞争优势恰恰是在市场的质量层面。同样,许多高收入的消费主义的国家中随手丢弃用过的商品的那种文化,在低收入国家的穷人眼里是一种恶习(anathema);不断的花样翻新和高度追求产品细节,对于收入很低的工人也并无意义,他们是在供给短缺的市场环境中长大的,那种市场是任何东西都能卖出去的。

一些处于比较发达的国家中的生产者,当它们投资于理解终端市场中成功的关键要素时,也遇到了这种挑战。例如,当韩国的微波炉工业瞄准美国市场的时候,曾经派资

---

[1] Porter (1990).

深研发人员住进美国人家中达数月之久,以了解消费者的品味。后来还把这种经验应用于其他家用消费品的生产之中。这样深入全面的研究,低收入国家中的生产者是做不到的。这些生产者只能从它们的产品的购买者所转达的信息中去了解最终消费品市场的性质。这里的信息在时装业中包括: 今年的流行色会是什么? 或者是有关质量的信息,或者预期今后消费者需求会发生什么变化? 商品购买者扮演的这种传导市场需求的中介功能,是协助低收入国家中的生产者成功打进外部市场的重要功能之一。

3. 识别何种能力是必须的

了解了市场想要什么,只是问题的一个方面。生产者还必须具有如何达到目标的知识。在这里,购买者可帮助识别必须采取的步骤: 如把生产者引向特种生产设备和供货商,警示对存货的管理要更加系统,放弃过时昂贵的质量检验方法 (到生产的末端才检查质量),采用源头质量控制方法,也许可以介绍厂家接触恰当的服务机构以推动技术过渡。

在现代价值链中的一件特别重要的事情,是对于关键质量标准的高度重视。这对于生产者来说,经常构成基本的进入壁垒,达不到这个标准就无法加入全球价值链。在这里都涉及哪些标准呢? 图 4.6 显示,有一些是制造业的工艺标准。例如,要加入主要汽车组装行业的网络,所要求的是零配件生产达到ISO (国际标准机构)对生产工艺质量的认证,或者达到由企业制定的质量要求,例如大众汽车的VDA6标准。其他行业会有不同的要求,在家具行业主要是FSC, 在服装和制鞋行业,主要的标准同童工和劳动条件标准相关。

另外,这些标准还可能涉及产品标注说明。这一点在食品工业中特别重要,对于产品的(质量)标注例如农药残留标注必须同生产过程的标注相匹配,使得零售商在必要的时候能够追溯生产过程的每一个步骤,识别出在哪一点造成农药残留超标。不过产品质量标准问题当然不仅限于食品一个行业。加入汽车组装行业这个高度复杂的价值链,越来越要求加入的厂商达到很高的产品质量标准,例如每百万件零配件供货可以接受的一定的残次品比例,或者送货的频率和灵活性要求。在玩具行业里, 有油漆含铅量规定等。

　　从图4.6可以看到, 质量标准可以是来源于厂商的特别规定(例如大众汽车的VDA6), 可以是行业特别规定(例如家具业的FSC、食品行业的风险分析和关键控制点－HACCP), 还可以是跨行业的(例如控制质量的ISO9000、关于环境的 ISO14000), 这些并不一定都有法律的形式。在一些情况下,关于质量的压力来自价值链内部或者企业内部, 在另外的情况下, 压力可能来自外部团体, 例如政府或者市民社会团体。由市民社会团体推动的一些标准正在得到推广,例如劳动条件标准,正在同那些统治整个行业的大型跨国公司的名牌势力角力。对于生产厂家来说,这些和质量有关的活动要求它们付出很高的代价。有一个中国的工厂曾经报告在一个月中接受了40个消费者／团体的审计活动, 其中既有各种各样的购买厂家, 也有审计机构和非政府组织 ❶。

　　购买者的功能不仅在于一般性地让生产者知晓各种不同的市场和价值链的要求,更重要的是, 购买者帮助生产者识别使得它们满足某种特定标准的能力。购买者还承担一种监督生产者遵守标准的责任,不过现在已经有越来越多的专业性机构在执行这种功能。

---

❶ Porter (1990).

标准分类	产品	食品卫生标准;玩具含铅量标准	第三代移动电话（G3）标准	产品型号统一规定（如欧盟汽车标准）	厂商根据品牌自定标准
	过程	工作场所卫生与安全标准	ISO9000 (质量) SA8000 (劳动)	QS9000 (源于美国的汽车标准), BS5750 (源于英国的质量标准)	VDA6.1 (大众汽车质量标准)
		法律标准	国际通用标准	因地区而异，企业自定	
		编码标识分类			

图4.6　两组标准／规范的决定因子及实例

4.协助生产者技术升级

在警示生产者之外，有部分购买商又向前走了一步，在协助某些供应链中的技术升级方面有积极的表现。在这里，生产者在提高满足市场需求的能力方面得到了有力的帮助。供应链升级最初是在日本的汽车制造业中，特别是在丰田公司里全面系统开展的[1]，现在已经扩展到许多行业并且跨越了国界。

一个有效的价值链工作程序包括7个标准的前后相继的步骤[2]。第一，购买者必须把自己的操作顺序弄明白，在自己的企业中达到它要求对方一定要达到的要求。假如购买者要实现低库存，达到零库存，那么它首先在自己的仓储管理方面就一定要达到同样的标准，这样才能成为它的供货商的仓储控制的积极促进者。例如宜家刻意由自己经营在瑞典的家具生产厂，是因为它认定，如果要成为一个有效的购买者，首先必须成为有效的生产者。第二个步骤，是把供货基地理顺。一般来说，这是指削减供货商的数量，把动态能力好的供货商稳定住,动态能力指的是在变化的环境中开发市场地位的能力。当这一步走出之后，必须向供货商发出一个明确的信息，把要求说明白。这第三个步骤通常比表面上看到的要困难，因为许多购买者"用多种声音说话"，即它们

[1] Cusumano(1995); Womack, Jones and Roos(1990); Hoffman Kaplinsky(1988).

[2] Bessant, Kaplinsky and Lamming (2003).

会向供货方发出自相矛盾的要求。第四，供货者各种各样的行动必须受到监督，当有必要的时候，还需要向它们说明，在众多的供货者中间，它们的相对绩效究竟如何，而且为了达到预定的标准，它们需要采取何种措施。第五，当第一级供货者不能达到这些标准的时候，它们一定要在外来帮助下升级。在这里很可能会涉及同供给有关、作为支持力量的工程师、设计人员、物流专家或者其他有关技术，或者也可以让供给方的人员到购买方的工厂或者办公室去工作和体验。在这里不排除在外部寻找这两方都不掌握的技术。供应链升级的节目单中的第六步要做的，是帮助第一级供应商向它自己的供货者提供同样的服务，只有这样才能使出色的绩效在整个链条中实现全面推广。最后是第七点，这是把最出色的价值链升级同一般普遍绩效区分开来的一点，就是购买者应清楚地看到，它们自己可以从供货者那里学到的东西，同它们可以教给对方的东西是一样多的。

　　上述的购买者推进供货者升级的框架，看起来最适用于生产者驱动的那种价值链。向它们购买产品的，不是最终的零售商，不是出售品牌商品的，而是握有核心技术的厂商，例如汽车组装厂、装备制造厂或者家用电器的组装厂商，甚至是主要电子元器件的生产厂家。不过，事实上还有很多不一样的情况。在不少行业里，出售最终产品的零售商非常活跃地参与到推动供应链升级的活动中去。在季节性很强的罐装水果行业，零售商大户用自己的供应链工作人员频繁造访生产基地，积极地协助降低成本，提高质量，达到产品和加工中各方面的标准 **❶** 。类似的，在家具行业里，在例如南非这样的低收入国家，供货商反映过宜家公司对于它们提供过很多支持以改进加工过程，提高效率。

---

❶ Kaplan and Kaplinsky (1998).

不过，我们在下面的章节将要看到，购货商不是怀着助人为乐之心去帮助供应链升级的。我们不应该这样去设想。只要看看这一件事，购货商在供货者之间造成激烈竞争，它们是同时帮助主要的供货者一起升级的。这个做法把个别供货者由于改进工作而得到的经济租拿走了，或者把经济租从供货者手里转移到购买者手里（如果竞争足够激烈，就转移到消费者手里去）。还有一件事，购买者帮助它们的供货者升级，仅仅是在那些不会危及它们自己的经济租的活动范围内。以家具行业为例，买家要保持自己的产品经济租竞争优势，它们只对生产者改进生产工艺提供帮助，不会去帮助它们提高改进设计、改进产品的能力。在制鞋业可以看到相同的情景 ❶。第三，也是相关的一点，购买者推动供货者升级的方式是"动态"的——有时有所为，有时有所不为。它们会花费很大的力量去把对方推动，然后减少推力，然后在供货者差不多掌握了足够的生产能力，要进入购买者占据的核心领域——其中通常包括设计的当口，它们就会一下子停止。最后，实际上，真正想推动别人升级的购买商是很少的，它们这样做是由于不得已，否则供货者会懈怠，会让整个价值链的效率下滑。它们最希望的状态，是达到能够让它们的供应链自动运转、不用它们费力气的状态。在高收入国家里，近年来当瘦身式生产向各个行业的多个层次中渗透的时候，在许多行业里，供应链管理正在从活跃的状态转向稳定或者收缩。正如我们在本章前面的部分已经看到另一种相似的现象，就是在亚洲许多正在上升的新兴工业国家里，"交钥匙"合同制造正在全球出现。在许多价值链中，购买商大户为它们的供货者制定标准，然后放心地让供货者自己去达标。我们在本书第三部分的分析将要说明，这样的做法，给一些厂

❶ Schmitz and Knorringa (2000).

138

家特别是在非洲和拉丁美洲的国家的供货者造成了特殊的问题,在那里独自实现升级的能力是很缺乏的。

5.搜寻投入要素

购买者能够帮助生产者成功切入外部的全球市场的最后一招,是识别和搜寻到不可缺少的投入要素。通常的情况是,购买者在全球经营,可以利用大范围的联系优势获得廉价的、快速发送的投入品物资,在付款条件上也得到便利和优惠。有的时候,原料价格低廉不一定是生产者的首要考虑因素,而关于不同品质的知识、如何才能获得所需要的原料的信息,才是更重要的、具有战略意义的。购货商在搜寻资源方面扮演的角色,最突出地表现在"三角制造"这种形式中。

4.6 这里不是高科技领域

在第三章里,我们就生产者如何在参与全球化经济的时候维持一个较高收入这个问题,提出了一个分析框架。我们识别了一组经济租,其中有一些属于自然的赋予,有一些外在于生产链,另外的一些则是内在于生产链的。由于技术的进步通常会侵蚀自然性质的资源经济租,并且由于许多外源性经济租被全球性协议和贸易政策分流,我们在本章的关注点因此而集中在内源性经济租这个问题上。这些经济租大体上处于企业或者企业集团、群组的掌控中。我们在本章主要讨论的是这一类经济租是如何获取的。在这里,所要求的条件是对创新的系统的从头至尾的管理,以此创造和获取内源性(内生性)经济租。我们涉及了进行创新管理的四类场所:在单个工厂——企业内部;在比肩而立的企业集群之内;在全球价值链之内;在全球购买者的关系之中。

在创新管理中其实没有多少高深的理念,它不像火箭技术那样的高科技。这是一个由简单的、已知的分步骤合成的一套技术要领,可是这并不意味着它是简单易行的操作。要是这件事情简单而且易行,那么所有的生产者就会全部到达技术的前沿,那样也就根本不会有生产中的经济租了。可是,低收入国家中的生产者,究竟在何种程度上能够吸收创新管理中的经验教训,把它们自己的比较优势转化成竞争优势呢? 在下一章中,我们将要集中讨论三个核心的行业——服装和纺织品、家具、汽车和配件,据此来评估一下低收入国家里的生产者取得了什么样的进步。

140

第五章

三个主要行业的全球性生产扩散

　　本章要讨论的，是在全球扩散的三个主要行业：服装与纺织品，汽车与汽车配件以及家具。在每一个行业中，居住在低收入国家中的生产者都吸取了第四章中所讨论的创新管理经验，都在追求第三章中定义的经济租。它们变得日益外向化，有意识地执行扩大出口的政策。正如我们在前面已经看到的那样，由生产者出售到理论上是充分竞争的市场中的商品数量是缩减的，而进入全球价值链的商品是日益增长的，这些全球价值链基本上掌握在外在于这些生产者的全球型公司手中。通常的"价值链治理"模式是跨越行业的，在其中具有结构化的阻挡创新和控制技术升级的壁垒；另外全球价值链与无处不在的各种各样规定生产者参与方式的标准也日益紧密地结合在一起。还有，我们在前面章节中已经看到，这些价值链可以采用多种不同的形式，甚至在同一个行业中也是如此。在诸如耐克这样的全球品牌产品的生产中，有的生产者只能以"原型设备"的名义出售自己的产品；在同一个行业中，在别的情况下，同样的或者类似的产品会被互不相干的独立的批发商或零售商采购和销售，以无名的"自有品牌"产品的名义摆上货架；最后当然也有发展中国家的生产者以自己的名义出售产品的情况。

　　由于这种高度的多样性，把任何两个价值链放在一起，我们都不能肯定如何才能用正规的方式把它们描述出来（哪一个是常例，哪一个是参照？－译者注），更不要说那些跨越许多行业、许多地域的复杂程度非常高的价值链了。由于这一个原因，以下的讨论要涉及的三个行业，都是以独立个案的方式来讨论的。从每一个个案中提出的题目都是不同的，并且会采用不同的证据和考证方式。在这里，总的目标是描述这三个行业的生产是如何散布到全球经济中去的（特别是进入低收入国家），价值链中的各方如何扮演各自的角色，以及它们升级的能力，它们获取经济租的能力，是如何被自身在价值链中所处的位置所决定的。在每一个行业中，我们还会看到采购的集中化和控制的强化。然而，不论各种价值链如何特殊，参与全球生产体系的回报所据以决定的条件却是相同的。

为什么要挑出服装，家具和汽车这三个行业？服装行业入选的原因是它在工业发展中承担的突出作用。在工业化的早期阶段，服装行业从来都被认定为基本的先行发展行业之一。这个链条的进入的壁垒很低，购买它的产品的人包括了社会上所有的收入阶层；另外，它是一个劳动密集型的行业，虽然生产中要求的知识的成分也在日益增加，其来源是各种不同类型的经济背景的参与者。服装业还是最大的贸易品行业之一，它又是许多国家里快速的出口带动的工业化的发展源泉。而一个"结盟"的服装行业——服装纺织品价值链的一部分——是非常资本化、技能化和规模密集化的，它更倾向于在比较工业化的国家中发展起来。家具工业在许多方面同服装行业相似，但是在生产上存在允许自动化加工的空间，因此中等收入和高收入国家的生产者也在这个行业里竞争。它还非常依赖资源，所以又提高了深加工——附加值工业化的潜力。类似于服装行业，家具工业也是购买者驱动型的价值链。我们要考察的第三个行业，汽车和汽车配件行

142

业，是一个由生产者主导的行业，被11个跨国巨头把持。每一辆汽车中的零部件可以多达5000个以上，所以这个行业不仅包含较高的技术，还有多个密切关联的组装程序。最后，相比于服装和家具行业，汽车这个行业要求的经济规模很大，所以在全球的扩散就不如另外那两个行业那么宽广。

5.1　纺织品和服装业价值链的全球化

提要：纺织品和服装业价值链的全球化

纺织品和服装行业是全球扩散最广的行业，在许多国家的就业和附加值中占据很大的比重，也是制成品出口增长的重要项目。

这个行业受制于许多变动中的因素，以下四点最为重要。

1. 迄今占据主导地位的贸易政策正在发生动荡，进入主要市场的限额下降。

2. 新的零售与物流模式受益于普及的电子技术，为内部规范化的全球价值链提供极大的收益。

3. 易变和强势的终端市场对生产者提出新的要求，进一步加强了内部治理良好的全球价值链的地位。

4. 全球采购正在变得愈益集中化。

在过去的一段时间里，有许多低收入国家曾经一起向高收入国家增加出口，它们付出的代价是牺牲本国的工人；目前的情况是，打入市场的成本更高了，发展中国家发现它们正在强化相互之间（争夺市场）的竞争。这样一来，大批低收入国家持续扩大出口就变得不可操作了。

> 中国正在成为各种各样商品最有效率的生产者。除非能够导入高层次的贸易激励机制来改变(目前的模式),否则中国似乎会把其他低收入国家的生产者排挤出局。中国产品在全球市场的不断进步导致了价格的显著下降。

本案例要提到许多其他行业也涉及的重大主题,但是这些问题在纺织品和服装业尤其突出。这个行业不仅仅越来越受制于贸易,从20世纪90年代中期开始,它日益被整合进全球市场,所走的途径是进入严格管理的价值链。有一组动态的因素在推广这些价值链的过程中发挥了作用:贸易政策,新式零售和物流技术产生的效应,易变的终端市场,日益集中化的采购和零售。全球贸易政策的改变正在酝酿之中,一旦实施,将会导致这个行业在全球的劳动分工发生迅速而巨大的变化,这对于全球收入将如何分配,特别是对于最贫穷的国家来说,其意义是举足轻重的。

图5.1是一张示意图,展示纺织品和服装价值链中的流转阶段。首先是天然的或者合成纤维的生产。下一步是坯布纺织,作为制造材料的原料布。然后原料布被转型和"组装",产品不仅是服装,还有家居用品,如地毯等制成品。这些产品或者被送入下一个生产加工阶段,或者发送到零售商,直接发送或者通过中介的采购。整个过程必须协调一致,各种专业化的投入要素加入进来,每一种专业投入的背后都连带着一条价值链,纺织品-服装链条的各个环节都有这样的专业要素投入进来。如前所述,在这里有一些环节是高度规模化和高度资本化的,在技术上是高度密集的,特别是在纺织品这个链条的末端更是如此。在其他方面的生产者的进入壁垒较少,特别是在时装制造业中更是如此。

144

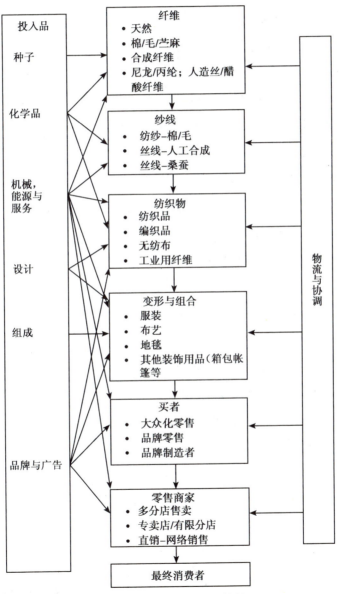

图5.1　纺织品和服装价值链

变化中的贸易政策

　　日本在1950～1960年间从战争中恢复以后，开始了外向扩展，表现为快速增长的服装出口。尽管欧洲和美国当时是充分就业的，劳动市场有严格保护，贸易的增长还是引起了这些国家中工人的抗议，他们感到生活水平因为贸易而受到威胁。关税不足以抵挡来自日本的贸易浪潮。于是制定了"多种纺织品协议"(Multifibre Agreement，MFA)。这个协议规定了数种来自日本的纺织品进口限额，每一种产品的限额各不相同，但是覆盖的范围是很全面的。后来亚洲国家在20世纪60年代和70年代重演了日本的工业战略，随后被更多的国家在20世纪80～90年代模仿，"多种纺织品协议"就随之扩大范围，几乎所有的低收入发展中国家都被收罗，进入了围绕市场进入控制这个中心编织起来的高度复杂的贸易关系网。有了这个如此复杂的贸易关系网好像还不够，更加复杂化的关系以双边贸易协定的方式延伸下去，一方是进口大国之间的贸易同盟，另一方是出口国（或出口区域），协定都是分别签订的。欧洲的贸易趋向是向以往的欧洲殖民地国家提供特别优惠——削减关税，由此制定了"洛美协定"；美国则优待自己在中美洲的邻国，如加勒比国家和墨西哥，最近又增加了非洲国家（美国国内的法律依据是它自己制定的"非洲发展与机遇法案"）。在这一切之上，又有一系列复杂的关税方案，目标是保护价值链中资本密集的部分，把某些生产过程中劳动密集的环节挑选出来，给予减税（即美国的807法案，欧洲的"外向加工贸易"案——Outward-processing trade，OPT）。这些贸易政策使得进口国的生产商受益于国外的廉价劳动力，但是仅限于价值链中的非熟练工作部分。

　　随着所有这些复杂的安排而来的、作为这些贸易政策限

146

147

制而出现的后果，有一些是意料之外的。首先，生产扩展和分散到越来越多的国家中，途径就是它们得到的向主要的市场出口的限额。许多国家不具备比较优势，而这正是纺织品和服装行业工业化生产成功的根本。例如，地处内陆而且极端贫穷的、以农业为主导产业的非洲小国莱索托，在2001年时出口商品的90%以上是纺织品和服装，而它并不出产棉花，也没有纺织工业的历史传统。它的纺织工业所以能够扮演如此重大的经济功能，只是因为它得到了优先进入欧洲和美国市场的待遇。第二，这个出口驱动的直接的推动，来自市场中的一部分主导企业，自己的限额很快用完了，它们十分积极地搜寻用不完限额的国家和企业，找到以后就在当地组织生产。最初只是使用本国的纺织品和原材料。到了1990年，中国香港的服装制造商在毛里求斯等地开办了生产点，韩国和中国台湾的生产者把它们的工厂扩散到了加勒比地区和非洲撒哈拉以南地区。第三，作为这种扩散的直接后果，亚洲纺织品和服装生产企业开始开发全面掌控的能力，即动员和协调整个过程的能力（包括全部生产过程）。中国台湾和中国香港的企业越来越具有向劳动力更低廉的中国大陆发包生产合同的能力。如前所述，这种发展已经导致了那种被格雷菲称为"三角市场网络"的关系，也就是生产的组织和协调在第二国进行，产品向第三国的最终消费者出售。这些以亚洲为基地的主导性厂商发展了自身的能力，进行的是生产能力的交易；它们走过的路线，是从原始设备组装（original equipment assembly，OEA），到原始设备制造（original equipment manufacture，OEM），再到原始设计生产（original design manufacture，ODM），在某些情境下进入了原始品牌生产（original brand manufacture，OBM）。前章的图4.4描述了一幅这样的发展路线图。

然而，要求贸易政策改革的日益增长的压力使得"多种纺织品协议"（MFA）及其他多边贸易协定执行更加严格的约束。到1995年，在世界贸易组织（WTO）内达成了一项

协议，在"纺织品和服装协定"组织（Agreement on Tex-
tiles and Clothing, ATC）的监督下，经过一个10年过渡期
之后废除现行的纺织品限额；在1995年当年限额种类将削
减16%，1998年再减少17%，2002年减少18%，至2005年
1月全部废除。

零售与物流业新技术迫使生产者加入受控价值链

在前一章已经涉及，在下面讨论价值链的部分我们还要
看到，在日本汽车行业里逐步产生出来一个新的生产制度，
时间是在20世纪60～80年代。这个新范式的目标是找寻一
种灵活性，之所以如此，是因为当时日本国内的市场很小，
无法实现当时国际上通行的规模经济规则。这种灵活生产的
一个直接的结果，是引入了小量存货模式（"即时"送达生
产线 - "just-in-time production"），这种做法必然地导致了
全面质量控制［因为没有"万一"（有备无患）这样的缓冲
存货来对付差错］。

"世界品牌制造"所依赖的，最关键的一条就是新的生
产组织方式，其中包括生产的程序、布局、技能和工作方式
中发生的变动。我们在第四章已经看到，这些变革是减少存
货和实现灵活性的前奏。然而要达到真正的有效，这些新的
生产方式的实施还有待引进高性能的电子设备，而且要在整
个价值链中全都这样做。这个变化控制了生产的过程，实现
了更高的质量和更低的成本。例如，电子设备控制的缝纫机
可以在坯布和服装上绣出复杂的花样，成本低廉，采用计算
机进行复杂图形的设计和剪裁不仅节约了劳动力，还把边角
废料占原料总量的比例，从12%减少到5%；在印染中采用
电子技术可以使产品的颜色更加接近预期的质量，并且节约

148

能源，如此等等。这些电子技术的使用降低了成本，加快了生产节奏，也使设备的周转过程加快。然而电子技术的深远影响不仅限于生产过程，在一个日益复杂化的价值链中，越来越多的产品样式和生产单位在其中扩展，电子设备使得自动化的管理延伸到储藏、数据分析和传送等环节。按照地点记录的销售信息又推动了仓储的进货细节管理，以达到供货多样和节约成本。(在电子技术时代之前，在大规模生产的"旧"时代，有人估计普通服装行业的成本中，有多达25%的部分发生在滞销库存和脱销损失之中，顾客想要的款式经常无货，销售机会就此擦肩而过。)

当这些新的生产组织形式、新的电子机械控制技术和数据传输技术被结合到一个内部协调的价值链中的时候，竞争优势带来的效益是空前的。零售商向顾客的要价比过去还低，他们非常及时地把他们已经确认的顾客正在寻找的款式陈列在货架上；他们能够提供比过去多得多的品种，而且质量还比过去更好。这样的一环扣一环的效益，可以解释发展中国家内日益成长起来的生产者的联营化现象，和它们不断地加入在全球进行管理的价值链的行为；这也解释了"三角形"价值链中的链条管理何以会居于如此举足轻重的地位。这个解释还可以印证为什么穷国的"单打独斗"的服装生产商越来越难以向外面的市场销售自己的产品。

多变和强势动态的终端市场迫使生产者加入受控的价值链

灵活性、优质商品和低廉的价格，零售商开发出来的这种服务消费者的能力，是对终端市场的日益复杂化的回应和追随，这些是发生在高收入国家中的情景，我们在第四章已经看到了。战后工业的发展曾经遵循过低成本－大批量销售这种逻辑。现在的原则是另外一种，零售商要满足的是消费者多种多样的需求。毫无疑问，市场的分割依然存在，沃尔玛和范思哲（Versace）的服务对象是截然不同的。然而在许多地方分界点是常常被穿越的。

　　图 5.2 展示的是对最大的十家英国服装采购商的需求（2001 年），这里覆盖了服装市场的多个层面。显而易见，成本是所有商家成功的主要因素，但是与此同时，购买者还看

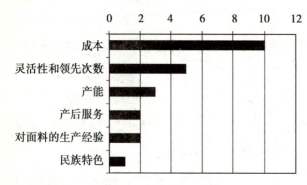

**图 5.2　英国最大的十家服装采购商在服装市场
成功的要素，2001 年**
资料来源：数据取自吉本（Gibbon）2002。

重灵活性，迅速快捷的新款发布以及生产能力，还有（略为排后）产品提交之后的服务、生产的专业经验、面料的仿真水平，以及劳工待遇－环境标准。这些关键性的成功要素所发生的变化就是问题的实质所在。在将来，其中的某些因素，例如劳工待遇环境标准可能会变得更加重要。这个问题的意义在于，在全球生产网络下，留给独立生产者的空间更小了。现在，以跨越部门／链条的灵活性去回应市场所要求的组织能力比过去更高，在满足消费者对新产品和质量的需求的同时，还要全面和持续地从整个供应链中削减成本。给小型生产者留下的空间更小了。吉本（Gibbon）采访 12 家英国大型采购商时，发现 8 家已经大量削减了供货者数量，只有两家增加了供货者数量。这样一来，如果不能加入到这些相互协调的供应链中去的话，发展中国家的生产者会越来越达不到

150

向外部的高收入国家的市场出售产品所必须满足的条件。

采购与零售业的集中化

我们在第六章将要看到，在几乎所有的采购市场里都表现出集中化的大趋势。当然集中化的程度、速度和性质在各地各国各个市场都有所不同，然而在美国和欧洲的市场里，在纺织品和服装的供应链系统内是可以看出一系列共同的趋向的。

从根本上讲，有三种主要类型的购买者出现在我们视野中。第一类是大批量销售的，如美国的沃尔玛和Kmart，英国的阿思达（Asda）、苔思寇（Tesco）、不列颠家用品店（British Home Stores and Marks）、斯宾塞（Spencer），此外还有发展势头强劲的网上销售与邮购。它们服务于相互分割的市场，但是不妨碍它们具有以下的共同点：首先它们各自在对价格敏感的商品系列中实现专业分工，通常使用自己的商标。

第二类购买商是出售品牌商品的，自己开零售店或者在别的类似的品牌销售店中出售（偶尔也会在自主品牌专售店里售卖）。我们可以开列出如下的名单：美国的有 Liz Claiborne、Donna Karan、Ralph Lauren、Tommy Hilfiger、盖普（The Gap）；英国的Next；法国的 Decathlon and Pimkie，德国的 Escada，西班牙的 Zara 以及 Mango，等等。

最后一种，是从来都生产自己品牌商品的名气很大的制造商，如Levi Strauss、Philips—Van Heusen 等，它们现在也越来越多地同独立的供应链联合，当然那些都是控制程度非常高的、通常是三角形的供应链，采购、管理和生产分别在三个国家进行。

所有这些市场的共同的特征，是它们在零售业中的集中程度[1]。例如，

---

[1] 本章所引关于美国、德国、法国和日本的数据来自 Gereffi and Mededovic (2003)；关于英国的数据来自 Gibbon (2002)。

■ 在美国，从1987年到1991年，五家最大的供应链所占市场份额从35%上升到45%，而到1995年它们的市场份额上升到了68%，另外的30个供应链占据了30%的市场。换一句话说，就是30家服装业零售巨头把全美国的服装业市场几乎全都覆盖了。其中沃尔玛和Kmart占据了压倒优势，销售数量达到总量的25%。

■ 在德国，1992年5家零售商（C&A、Quelle、Metro/Kaufhof、Kardsadt，以及Otto）占据服装市场的28%。

■ 在英国，最大的5家零售商2000年占据市场份额的32%，最大的10家零售商占据的市场份额达42%。

■ 在法国和意大利，从1980年以后独立的零售商衰落了，专业化的供应链和委托销售网络、网上销售得到大发展。

■ 在日本，时装百货店（例如Seibu and Isetan）曾经的主导地位被专业化的服装零售商挑战，竞争的手段是价格较低的进口商品。

在服装行业里，成败的关键要素虽然日益复杂化，然而零售商的巨大购买能力对于生产者施加了额外的压力，迫使它们同全球的价值链联营。这同时也提升了三角中介在这些行业的作用，它们在购买者同生产链能力之间，在进入北美、欧洲和日本的限额之间找寻平衡。

演变中的产地分布

在全球生产平台上，有四种力量同时存在：受到限制的贸易，灵活的生产和零售体系，充满活力的易变的市场，集

152

中化的采购巨头；而这个生产平台的特征，是异质的产能，如上所述，还有一点，就是异质的成本结构。在纺织品和服装业的末端，即成衣部分，劳动成本是一项重要内容。从下表5.1 可以看到一点，即从总体上说，亚洲的生产厂商支付的劳动成本低于中美洲、加勒比地区、环欧洲国家，甚至低于非洲的主要出口国。

表5.1 还显示，中国的劳动成本很低，但是不低于南亚或者印度尼西亚。不过劳动成本只是服装的成本要素之一（在一个规模、资本、技术密集的供应链中，劳动成本的重要性会递减），中国的成本优势还表现在它的基础设施上。中国受益于这些成本优势因素，这些优势因素造成补充效益，因而达到了成功的国际采购商要求的基本水准，中国的日益增长的全面竞争力开始显现。在纺织品行业，中国向全球的出口所占的市场份额1990年为6.9%，到2002年增加了一倍，达到13.5%；在成衣方面的业绩翻了一番有余，同一期间从8.9%上升到20.6%（见表5.2）。其他的低收入国家也在进步，但是没有谁能够同中国在全球市场上如此大规模的进展一争高下。这里有一个十分醒目的事例同中国的成功有一定关联，即美国的采购商将一些原来在墨西哥的玛奎拉多纳（Maquiladora）经济特区的订单转移到中国。从2000年到2002年，墨西哥向美国的纺织品出口减少了8.9亿美元，中国向美国的出口增长了8.4亿美元。在服装方面，这两个数字分别为11.1亿美元和14.1亿美元❶。在墨西哥有这样的说法："听得见巨大的抽水机把工作岗位吸到中国去的声音"，这不是没有原因的。

墨西哥的故事是一个警示，它指示了一种趋势，任何一个低收入的、出口纺织品和服装的国家都有可能受到它的影响。中国前进的力量虽然是强大的，但是在一个执行纺

---

❶ 根据世界贸易组织（2004）的数据计算。

表5.1　服装行业2002年按小时计的工人工资（包括福利支付）

		小时工资（美元）
中国		0.66～0.68*
南亚		
	孟加拉	0.39
	印度	0.38
	巴基斯坦	0.41
	斯里兰卡	0.48
东南亚		
	印度尼西亚	0.27
	马来西亚	1.41
	菲律宾	0.76
	泰国	0.91
墨西哥		2.45
加勒比海与中美洲		
	哥斯达黎加	2.70
	多米尼加共和国	1.65
	萨尔瓦多	1.58
	危地马拉	1.49
	海地	0.49
	洪都拉斯	1.48
	尼加拉瓜	0.92
非洲		
	毛里求斯	1.25
	南非	1.38
环欧洲		
	埃及	0.77
	约旦	0.87

* 中国工资所指为东部沿海以外地区。
资料来源：根据美国国际贸易委员会（USITC）的数据整理。

织品和服装协定的全球市场上被掣肘，这里到处都有限额。这意味着无论中国的生产者如何有效率，他们向某些大市场出口是受到严格约束的。当进口约束放松后，中国的竞争力将会进一步增长。如图5.3所示，在美国市场上4个主要商品项目中，中国的份额急剧扩大，这些项目的限额已经被取消了（此处不是指差别关税的区别，差别关税仍然存在）。在服装类的5个主要项目中，由于在2002 年限额被取消（项目编码为：239，350/650，349/649，670，331/631），中国向美国的出口产品价

154

格分别下降了50%、40%、15%、60%、50% [1]。在2002年美国取消了29类服装产品的限额，在这里中国的市场份额从9%上升到65%，平均价格下降达到48% [2]。

美国国际贸易委员会在2004年进行了一项关于全球纺织品和服装业竞争力的调查，提出了一份全面的关于发展趋势的研究，包括一系列由工业方面的专家撰写的国家个案。

表5.2　全球纺织品出口份额，1980，2000，2002（%）

	1980	2000	2002
纺织品			
欧盟	15.0	14.5	15.2
中国	4.6	6.9	13.5
美国	6.8	4.8	7.0
韩国	4.0	5.8	7.0
中国台湾	3.2	5.9	6.3
日本	9.3	5.6	4.0
印度	2.4	2.1	3.7
服装			
欧盟（内部）	10.4	10.5	8.3
中国	4.0	8.9	20.6
土耳其	0.3	3.1	4.0
墨西哥	0.0	0.5	3.9
美国	3.1	2.4	3.0
印度	1.7	2.3	2.8
孟加拉	0.0	0.6	2.1

资料来源：世界贸易组织（2004）。

这份研究的结论是，中国可以成为美国多数进口商（大型时装公司和零售商）可供选择的供货者，因为中国"具备了生产几乎所有类别的纺织品和时装的能力，可以涵盖任何一种档次，在价格上具有竞争力"。中国的劳动力成本低廉，是低劳动成本和高生产率的组合，高品质和低投入成本的组合。关于服装的质量，"按照行业标准，中国的产品在任何质量档次和价格水平上，在大多数服装成衣业和合成纤维

---

[1] Fernando (2003).

[2] *Financial Time*, 2004年7月21日。

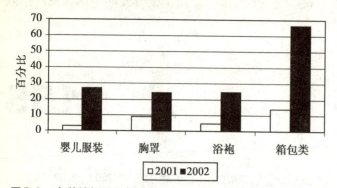

图5.3　多种纺织品限额（MFA）取消后美国进口商品中中国所
占份额，2001～2002年

资料来源：美国国际贸易委员会（USITC，2004）。

材料生产方面均达到最优"[1]。

中国从20世纪90年代中期以来纺织品和服装出口高潮所依据的环境和条件，同20世纪80年代和90年代进入全球市场时的准入条件大不相同。在较早的时期，低收入国家这样的出口增长是以高收入国家中的国内生产者的牺牲为代价的，排挤的是进口国当地的生产。这意味着众多低收入国家的生产者可能同时向美国和欧洲扩大出口，因此对于这些参与者来说，这是一场大家都能赢的游戏。现在主要的进口－消费国的国内生产已经衰败，于是一个或者几个低收入国家出口的扩大，伤害的就是另外的低收入出口国的利益了：现在这是一场发展中国家之间的零和博弈。

高收入国家的国内服装业和纺织品行业在世纪之交已经衰败。欧盟进口服装的比例在1995年达到46.5%，2000年为62.5%。英国进口服装在2002年达到84.6%，其中中国的份额1965年为1.2%，1988年为3.2%，2000年为12.4%。在美国，国内生产的服装比例在1992年为49%，1999年仅为12%[2]。随着"纺织品和服装协定"（ATC）推行，高收入国家的国内生产会进一步蒸发。这样一来，美国国际贸易

● 这两句引述分别出自美国国际贸易委员会（USITC，2004，xi and xii）。

❷ 英国和欧盟的数据来自Gibbon（2002），美国的数据来自Gereffi and Mededovic（2003）。

156

157

委员会的结论是，当给予非洲和加勒比海地区的优惠限额也取消的时候，在那里为美国的市场而进行的生产将会被全部排挤掉，其中的主要力量是中国的出口商，在大批量和中低档门类商品中将会表现得非常突出；对于非洲和加勒比海地区的出口导向的服装行业来说，那将是一场灾难。

5.2　家具生产价值链的全球化

> **综述：家具生产价值链的全球化**
>
> 　　家具行业在地理上的分布是很分散的，规模也很大，无论从全球生产还是贸易来看都是如此。广泛多样的机械化技术使得高收入和低收入国家的生产者都能够生存。
>
> 　　竞争在这个行业中已有扩大，相伴随的是价格的下跌。中国目前是第三大全球出口国，墨西哥第六，波兰第七。本行业最终产品的价格在过去十年期间内是下降的，在其主要产品类别中，朝向"世界价格"移动的趋向十分明显。
>
> 　　全球家具的零售和采购日益集中化。这个趋势对于生产者的创新和升级有很大影响。采购商的表现是允许生产者改进加工和提高效率，但是不与生产者分享品牌"租"和零售中的剩余经济"租"。事实上，采购商积极地鼓励生产者相互竞争，由此压低了来自于生产的经济租。

　　与纺织品和服装行业一样，家具业也是一个基础行业。家具是人们一开始得到货币收入就要购买的商品之一；尽管在高收入阶层中，家具是一种收入无弹性物品（即：对于家具的需求取决于收入中一个单独的预算部分的增加，而不是同全部收入成比例的增长）。家具行业中有很多档次，包括非常昂贵的商品。对于许多中等收入的家庭来说，即使是在高收入国家里,家具市场的竞争通常不是家具同另一种家具的竞争,而是所要购买的其他耐用消费品如汽车同家具的竞争。从这个意义上说,家具市场更加像是汽车那样的高价门票市场,而不同于服装那样的市场。在英国,2000年购买家具的支出在所有耐用消费品支出中占到18%,相比于自1990年以来的十年,支出比例有显著的增长 **❶**。家具行业吸引低收入国家的生产者的另外一个原因,是它对于资源的依赖。这个因素为许多位于亚热带和热带的发展中国家提供了一个增加价值的机会,同时使它们有可能把自然资源的比较优势资本化;在那里树木生长的速度比在温带国家中快得多。

图5.4 描述了一幅木制家具的价值链图。这个链条起始于种子和农用化学品(这一点正在走向研究密集型),在某些地方还包括林地灌溉用水的控制。然后,原木被送到锯木厂。木材经过加工,要消耗胶水,零配件和组装件,成为四大类家具—办公室家具、厨房家具、卧室家具和餐厅家具。这些成品到达零售商手中,通过的是几个主要采购渠道,即专业化的采购、批发和由零售商直接控制的生产厂家。在这个链条中的各个阶段上,生产过程由来自机械、能源和专业化供应商的服务支持。

从20世纪80年代初期开始,家具成为大宗贸易品,销售的全球化被三种相互作用的发展趋势所推动。首先是组装家具的出现,这种类型的家具以组装板件的方式包装运输,装运成本较低,然后在消费国组装成为成品(越来越多的由最终购买者自己组装)。这种组装板件产品反映的是一种新的设计,使用的是新的复合材料,如预制木件、胶合板、密度板等。这些发展又为采用机械化生产提供了条

❶ Readman (2004).

158

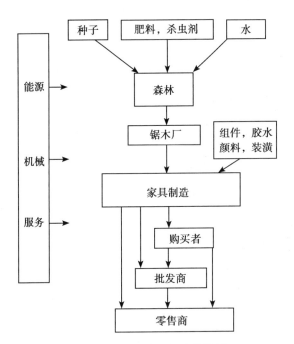

件；在1960～1995年期间，欧洲的工业成本中的工资成本从50%下降到28%[1]。这种技术还使得地处偏远的生产者得到加入的机会，因为运输变得更便宜。板件组装家具技术的发展中兼容了成熟的款式设计和物流，它同高收入的消费市场里愈益集中的零售业之间的关系，是相互促进和互为因果的。

在英国，拥有多个分支商场的零售业控制了35%～40%的销售，其中4个最大的商家占有的市场份额达到21%。在德国，零售商和生

图5.4 木制家具行业价值链

产商的大多数都同控制了市场份额60%的采购集团Einkaufsverbände有业务往来[2]。

在《国际贸易分类标准》（SITC）的三位数分类表上，2001年在141个制造业产品门类中，家具业是第18位最大的出口行业，全球贸易总额达到618亿美元[3]。在低技术的传统产品部门中家具业是第二位，贸易总额只低于时装（1530亿美元），高于

---

[1] Readman (2004).

[2] 同上。

[3] 国际贸易分类标准 (Standard International Trade Classification，SITC)，用于全球贸易的分类。计算所依据的数据来自 www.unctad.org。

制鞋（367亿美元）、玩具和运动用品（345亿美元）。它的国际贸易增长率在1988～2001年间达到169%，高于所有其他制造业产品的平均增长率（126%），超过玩具和运动用品（106%）和鞋（63%）而高居于榜首。

这个部门的特征之一，是它的贸易涉及比纺织品和服装业、汽车和汽车配件还要多的国家。在这里有关的因素不仅仅是家具业的产品，还有原材料和生产技术选择的范围，正如我们已经看到的那样，家具行业比服装业更加适宜机械化。

家具行业里的第二种显著的趋势是激烈的价格竞争。表5.3展示了这里所说的几种趋势。从这里可以看到，欧盟进口的家具在1988～2001年期间呈现高度分散（采用6位数均质分类法，以两年滑动平均价格表示，以去除波动因素）。

该表包括了市场份额超过欧盟销售额1%的所有国家。这一组数据表达了几种趋势。首先，激烈的竞争正在所有的产品门类中压低价格。第二，来自不同国家的11种产品价格的标准差中有7种在缩小，显示了一种朝向"世界价格"移动的趋势。第三，全球生产能力的高度扩散，表现为在欧盟销售达到1%市场份额的国家数量上升，在11种商品门类中只有两种例外。最后，我们可以看到一种总体的趋势，在所有的商品门类中，低收入生产者的参与增加了很多。事实上，如果回到表5.3的市场份额（表5.3依据的是欧盟的进口），在十个最大的出口者中，20世纪80年代只有一个（南斯拉夫）属于低收入国家（见表5.4）。在2001年，中国已经成长为第三大出口国，墨西哥第六，波兰作为欧洲收入较

160

表5.3　家具单价变动趋势和欧盟木制家具进口来源国家数量
（两年滑动平均，千美元／吨，　市场份额高于1%的国家，1988，2001 年）

	平均价格 (美元1000/公吨)		平均单价 (% 变动)	单价标准差		出口国家总数		低收入出口国总数	
	1988~ 1989	2000~ 2001	1989~ 2001	1988~ 1989	2000~ 2001	1989	2001	1989*	2001**
厨房家具	3.63	2.51	−31%	4.26	1.83	15	14	2	4
卧室家具	2.34	1.94	−17%	2.36	1.74	18	25	6	11
带装潢和 木框的座椅	7.38	4.42	−40%	4.03	3.16	19	26	6	12
带木框的 座椅	3.26	3.06	−6%	2.77	4.44	24	31	10	18
木质办公 家具	3.13	2.51	−20%	4.23	2.16	19	19	5	6
木质办公家 具(高度 ≤ 80cm)	4.41	2.68	−39%	3.84	2.41	19	25	3	7
木质办公室 橱柜(高度> 80cm)	4.09	3.09	−24%	1.76	1.90	14	18	1	6
木质办公家 具(高度> 80cm)	3.52	2.88	−18%	2.48	2.50	17	20	2	4
木质家具 (餐室客厅)	3.26	2.07	−37%	3.32	1.99	20	35	6	18
木质家具 (店铺)	5.31	4.73	−11%	2.51	4.64	14	23	1	7
其他木质 家具	2.90	2.19	−25%	2.47	2.44	23	31	8	16
所有木质家 具(平均)	2.72	2.17	−36%			28	48	11	28

* 包括华沙条约国。

** 包括中、东欧国家。

资料来源: 卡普林斯基和理德曼（2004），数据计算根据欧盟统计（COMEXT）数据库资料。

表5.4　全球最大十家家具出口国（地区）
（1980，1990，2001年）

	1980		1990		2001
意大利	20.2	意大利	18.8	意大利	14.0
德国	19.0	德国	16.3	德国	9.2
比利时和卢森堡	6.7	美国	6.4	中国	8.2
法国	6.0	法国	5.9	美国	7.9
英国	5.2	中国台湾	4.8	加拿大	7.7
美国	4.8	丹麦	4.7	墨西哥	5.4
瑞典	4.7	比利时和卢森堡	4.6	波兰	4.1
丹麦	4.1	加拿大	4.4	法国	3.8
荷兰	3.2	荷兰	3.4	丹麦	3.2
南斯拉夫	2.8	英国	3.4	比利时	2.0
总计	76.7		72.7		66.4

资料来源：www.intracen.org。

低的国家，位居全球出口贸易排行榜第七。从表5.4中还可以看到的一点是，最大的4个出口国所占据的欧盟市场份额在逐年下降，1980年为51.9%，1990年为47.4%，2001年为39.3%。

由谁来决定家具价值链中的升级能力？

我们在前面的章节中已经看到，分析价值链给我们提供了一个新的途径来审视升级换代的过程，从而理解全球化的分配格局是如何形成的。如果生产者想要逃脱全球竞争的压力，升级就是它最实质性的行动，这样它将能够产生并且获取经济租，这是收入持续的源泉。在分析价值链的时候，我们的视野超过了升级这个层面；我们不再是只注视单个厂商**内部**升级和价值链升级这样的事件。在这样做的时候，我们可以看到发生在厂商**之间**的过程和产品的升级（这样就拓宽了传统的"核心竞争力"文献中关于厂商**之间**的过程的讨论和产品升级的讨论）；而且，在这里还识别出功能升级的重要

162

性这个问题，也就是说，从一个链条中的某一个环节上升到一个高一级的环节——例如，从用零配件组装上升到整个生产过程，或者从生产－加工上升到设计开发。从总体上来说，我们在后面的章节还要看到，生产性环节在大部分（如果不是所有的）价值链－供应链中，越来越屈从于全球性竞争，由此经济租也越来越多地出自设计、品牌和营销这样的环节。

我们在第四章中就看到了，采购者在连接生产和最终消费市场方面扮演了重要的角色，还经常地直接或者间接地协助生产者实现升级。但是，由于采购者也需要保护他们自己的经济租源泉，他们很有理由在帮助生产者升级的时候，不触及产生经济租的能力，不让生产者危及采购者自身追求的经济租。通过家具业的供应链－价值链的个案，我们能够把主要的大型采购商集团的决策路线图、把它们如何左右生产者升级能力的情景描绘出来。

图5.4拆开了家具行业的价值链，从中我们可以识别主要进口国的三类采购商。最大的、最有活力的是开设多家销售点的零售商，它们的采购量非常大，而且是从生产者这样的源头就直接开始购买／提货，只有很少的例外。对于他们来说，价格和批量是成功与否的关键要素，是他们决策的首要考虑因素。第二类是专业化的进口代理商，他们也是倾向于直接同家具生产者交易，他们采购的批量较小，向更多注重设计款式而不太考虑价格的消费者出售。最后一类是那些正在消失的零售商，它们只开单一的专卖店或数量很少的零售连锁店，通常从进口代理商手中或者从批发商处采购，销售的市场注重的是样式和设计。

那么，这些不同类型的采购商外包出去的经营项目是什么，他们自己垄断的经营项目又是什么呢？

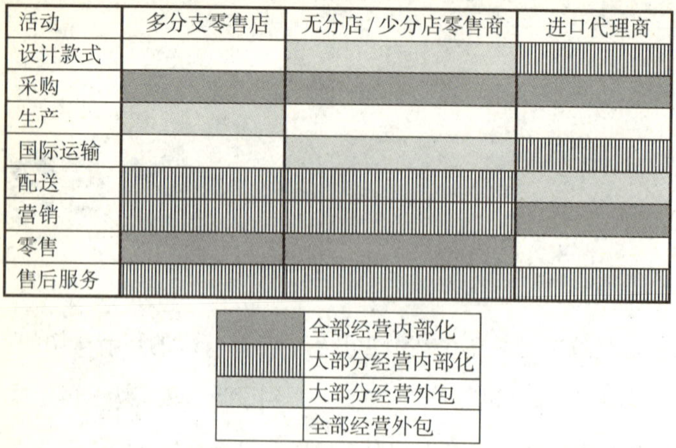

活动	多分支零售店	无分店/少分店零售商	进口代理商
设计款式			
采购			
生产			
国际运输			
配送			
营销			
零售			
售后服务			

全部经营内部化
大部分经营内部化
大部分经营外包
全部经营外包

图5.5　英国各类采购商价值链中外包活动分级

资料来源：根据卡普林斯基，莫理斯和理德曼(2002)的研究。

图5.5描述这三类采购商的分类和搜寻决策，以英国为例。深色的区域代表完全内部化，垂直线区域表示基本上内部化，浅灰色区域表示基本上外包，空白区域表示完全外包。

从上表可以看出，采购是关键因素，在拥有零售网点的地方，零售也是关键因素；这两点定义了采购商的核心竞争力。也许令人惊奇的是，这些采购商预期并且允许生产者在款式设计和国际运输方面在一定条件限制下独立行动，它们也允许当地的物流系统插手，参与采购、营销，并进行售后服务。这些采购商显然不认为自己的优势能力是在家具的生产层面，只有宜家（IKEA）是一大另类：它一直在经营几个属于自己的加工厂，它坚信如果不了解生产中发生的问题就当不了明智的销售商。

我们观察到，家具行业的一个特点是穷国富国都从事生产。这样，当采购商愈益倾向于外包部分经营的时候，他们向穷国外包何种经营活动，向富国外包何种经营活动呢？可以说，他们全都倾向于向穷国外包家具的制造－生产（见图5.6）。然而，只有很小的零售商预期并且允许设计活动在低

164

收入国家中进行，所以这些购买商是"款式接受者"而不是"款式制定者"。从总体上说，只有那些无分店/少分店的零售商和进口代理商打算将更多的价值链环节设立在低收入国家，在这里有许多这样的环节可能支持较高的收入（例如款式设计和物流控制等）。不过我们已经在前面看到，这些小规模的零售商和进口代理商正在被排挤出去，原因是零售市场正在经历的一体化，这种一体化正在所有的主要进口国中发生。

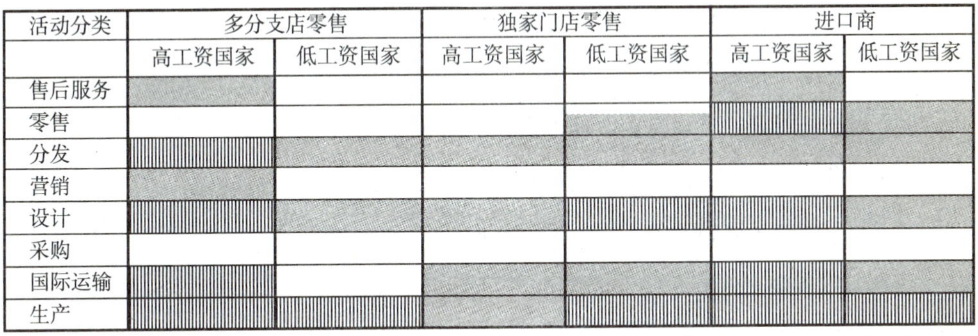

活动分类	多分支店零售		独家门店零售		进口商	
	高工资国家	低工资国家	高工资国家	低工资国家	高工资国家	低工资国家
售后服务	▒				▒	
零售				▒	▒	
分发	▦					
营销	▒					
设计	▦			▦		▦
采购	▒					
国际运输	▦			▦		▦
生产	▦	▒	▦	▒	▦	▒

图 5.6　英国采购商外包经营活动分布

注：上图中，垂直线框表示：主要依赖厂家，灰色框：部分依赖厂家，无色框：不依赖厂家。
资料来源：根据卡普林斯基，莫里斯和理德曼(2002)的研究。

　　这样看起来，家具生产价值链中正在发生的功能重新定位，尤其是当买方市场持续地进行一体化的时候，对于低收入国家没有提供什么希望。生产者是可以开辟新业务的，他们甚至受到鼓励去开辟新业务，但是那些都是进入壁垒很低的业务，主要是生产加工环节，我们已经看到，在全球贸易中参与生产加工的厂商越来越多了。那么采购商能向生产者提供何种有关工艺和产品升级的支持呢？我们在第四章中看到的是，采购商制定质量标准、价格、发送目标并且对执行的过程进行监督，通过这些手段来向生产者发出明确的信息，培训供货者，为生产的扩大提供融资手段，同生产者直接合作以提升他们

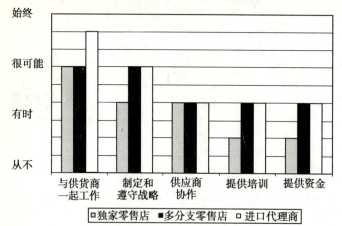

图5.7 英国采购商在推动供货者工艺升级中采取的行动

资料来源：根据卡普林斯基，莫里斯和理德曼 (2002) 的研究。

的操作规格，还动用自己的供应链来支持生产者。

　　图5.7从英国主要购买商的立场出发，看他们向生产者提供了何种帮助。在通常情况下，无分店/少量分店的零售商让生产者自行其是，自食其力，他们自己的行动仅仅限于对加工能力的空泛议论。他们偶尔会对生产商提出加工目标的要求，动手解决一些特殊的问题。可是他们从来不对生产者进行培训或者融资以利于生产和出口。然而大规模和专业化的进口代理商、经营连锁商店购货商却对供货者提供详细的操作过程方面的帮助，有时候会进行培训，参与融资。进口代理商比连锁店购货商更多地为生产者在加工工艺升级方面近距离地提供支持。

　　很明显，购货商不太愿意在产品的升级方面提供援手，部分的原因是这样会侵犯到他们自身的能力，侵蚀他们的经济租（见图5.8）。有时候有的购货商在产品开发方面帮助供货者，但是总是在次要、个别的方面。例如宜家的供货商报告说，宜家（公司）频繁地提供了激励并且支持生产者提高生产加工效率，可是他们得到公司允许在涉及款式设计方面

166

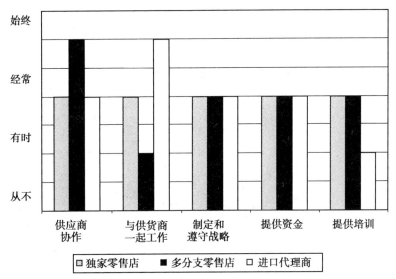

图5.8 英国采购商在推动供货者产品升级中如何行动

资料来源：根据卡普林斯基，莫里斯和理德曼(2002)的研究。

做出的那些变动，仅仅有利于提高加工效率，对改变产品的外观几乎没有作用。

在巴西的皮鞋制造业中，我们听到了同样的故事。在那里，美国的大买家在推进生产效率方面扮演了关键的角色，由他们设计样式，在巴西由聚集在赛诺斯（Sinos）山谷的大批生产企业进行生产。当这些企业在20世纪80年代末达到了一定的规模和技术水平的时候，美国的买主就把他们的设计要求送到中国去，也在那里积极地推进皮鞋生产的加工效率。于是巴西生产者的收入下降了 ❶ 。在制鞋工业里，尤其是像设计技术非常重要的皮鞋和运动鞋部门（后者日益成为高科技部门），经济租更多地集中在设计领

---

❶ Schmitz (1999).

域。在这里，生产方面的经济租的受益者主要是住在欧洲（特别是意大利）和美国的人们。

5.3 汽车价值链的全球化

> **提要：汽车和配件价值链的全球化**
>
> 全球汽车和配件行业的年周转额超过5000亿美元，是世界上增加值和贸易量最大的行业之一。美国、欧洲和日本始终是这个行业的领军者。
>
> 由于以下几个方面的发展，这个行业的地理布局正在发生改变。
>
> 1.规模经济继续提高，在知识密集和设计部门更加显著；
>
> 2.生产技术和产品设计日趋复杂化；
>
> 3.整个行业由11个扩展到世界各地的巨型集团掌控；
>
> 4.市场在低收入国家中更快地拓展；
>
> 5.多个低收入和经济增长较快的国家已经将本行业设定为工业发展目标。
>
> 最近几年来，汽车行业生产和出口的增长主要来自于低收入和经济增长较快的国家，它们在全球的市场份额飞快上升。从前的外围生产者实现了制造工艺升级，从而提高了整个行业的生产能力。然而在这个价值链中的大多数设计和知识密集的部分仍然掌握在跨国公司手中，通常都是在高收入国家里。定价的压力非常大，多数零配件供应者每年都面临降价的挑战。
>
> 在中国，汽车市场的扩大和生产能力增长表现得特别突出，中国在全球的生产和贸易的份额也在相应地增加。

168

在20世纪的早期,从汽车制造业中孕育和催生了大规模生产的理念和范式。随后的一个世纪中,主要工业化国家中的汽车和相关行业成为国内制造业的主导部门。有人估计,在2000年,全球组装直接雇用的人数达到400万人,间接有关的供货部门雇用人数达到

表5.5　汽车产品占制造业产品贸易额百分比2003年(%)

	出口	进口
全球	13.2	13.2
北美	17.0	20.8
拉丁美洲	18.0	12.4
西欧	14.4	13.9
中东欧,波罗的海国家,独联体*	12.9	12.9
非洲	6.5	11.9
中东	3.1	13.7
亚洲	9.1	4.8
澳洲,日本,新西兰	23.3	8.4
亚洲其他国家和地区	2.9	3.4

*独联体:Commonwealth of Independent States,CIS,成立于1991年。目前的成员国包括:阿塞拜疆,亚美尼亚,白俄罗斯,格鲁吉亚,哈萨克斯坦,吉尔吉斯斯坦,摩尔多瓦,俄罗斯,塔吉克斯坦,土库曼斯坦,乌兹别克斯坦和乌克兰。见:http://www.cisstat.com/eng/cis.htm (译者注)。
资料来源:WTO (2004)。

900万~1000万人[1]。汽车和零配件产出值超过5000亿美元。随着"汽车社会"的扩大,汽车行业的生产日益整合进入全球价值链,这个行业在全球贸易中成为主导部门。如表5.5所示,2002年全球汽车贸易在制造业产品贸易中的份额超过13%,在北美和欧洲的份额还要更高。

汽车行业价值链的基本状态如图5.9所示。这个链条的关键元素和主要驱动力是设计、组装和最终产品销售。统领这个行业的11个跨国公司,在多个大陆运作:通用汽车公司/大宇(Daewoo),福特/马自达(美国母公司),大众/斯柯达/Seat,雷诺(Renault)/日产(Nissan),标致—雪铁龙(Peugeot—Citroën),戴姆勒—克莱斯勒(Daimler—Chrysler),

---

[1] Dicken (2003:355).

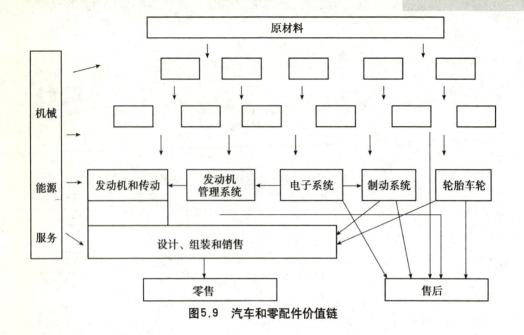

图5.9　汽车和零配件价值链

宝马（BMW）和菲亚特（Fiat）（欧洲母公司），在亚洲，有丰田和本田（日本母公司），现代（韩国）〔还有许多辅助性的组装公司——三菱和铃木（日本），Proton（马来西亚），上海汽车（中国），塔塔（Tata）（印度），等等，不过这些目前还属于外围的公司〕。

在这里，处于统治地位的五家公司是：通用、丰田、福特、大众和戴姆勒－克莱斯勒，合计占据了全球53%以上的份额。它们相互持股，在技术上也有密切的关联。

处在这些巨型跨国生产者之下的，是第一级的供货商和次级系统整合机构，它们中很多也是大型的企业，并且有自己归属的全球价值链，例如Delta和伟世通（Visteon），曾经分别从属于通用和福特公司；德国的博世（Bosch），日本的电装（Denso），爱信精机（Aisen Seiki）。处在第一级供货商之下的，依次是第二级和第三级供货商，以及规模巨大的原

170

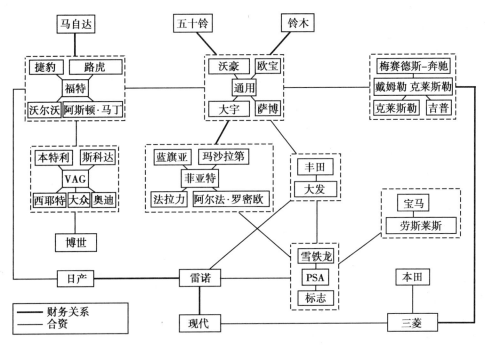

图 5.10　全球汽车价值链中的首要盟友
资料来源：迪恩（Dicken）(2003)。

材料如钢铁和铝的生产者。为整个汽车行业提供服务的能源和机械维护厂商难以数计。最终市场由零售部门和非常大规模的售后服务系统组成（售后服务价值占到全部配件的 20% 以上）。

这个行业的重要特点，就是日本的丰田公司 20 世纪 70 年代重组原料基地的事件所讲述的故事：降低成本。这个体系中，每年所有的供货商必做的事情，就是在提高产品质量的同时降低成本，或者不提高成本。例如在线路控制的部分，英国的供货商在 2001

年以前把生产转移到成本较低的东欧国家去之前，每年需要降低成本7%，同时还要实现17%的车型改造周转率（新的车型可进一步降低成本）。

我们在本章的聚焦点是汽车行业向全球扩散的驱动力量，是某些中等收入国家所表现出来的追赶全球前沿的那种能力。因此在下面的讨论中，我们将把注意力限制在相关的领域，而不去看同样有意思的汽车行业的其他细节。

汽车行业全球化的根本性因素

汽车和汽车配件行业实现全球化的根本原因始终是不间断的规模经济扩大，推动着生产者去创造市场或者打开越来越大的市场。在20世纪的大部分时间里，根据业内的通识，在生产过程中成本曲线的底点是组装整车达到年产25万辆，发动机达到年产40万~50万台。日本1959年的全部需求量为25万辆；在中国和印度，20世纪90代中期之后总需求才超过25万辆；在这种背景下，规模经济就显得格外重要。到了20世纪末，有一些规模经济的要求发生了变化，这是由于灵活生产的新流程意味着成本曲线可以通过一厂生产多种车型达到最低点（"混合车型组装"），或者由第一级供货商先行进行部分组装而改变成本曲线。这种改变并不是规模经济的终结，而是它的变形，这是因为随着组装中灵活性的提高，满足不同消费者的多种需求的能力也提高了。市场的分割（这是我们在前面的章节中看的到广泛存在于各个领域中的现象），生产的规模经济被产出的组合经济制衡，变数（不同的多个"平台"）和变数之中的变数（同一个平台上的大量组合），以及在更加发达的形式中，大规模地生产个性化的产品——按照订单生产以满足每一个消费者的需要。如果

172

说规模经济曾经导致了越来越大的工厂，那么组合经济将会造成越来越大的企业、厂商（或者企业的结盟）。

汽车行业全球化的根本因素的第二点，在于这个行业的技术复杂程度永远不断地提高。巨大的生产规模，极为复杂的产品，以及汽车本身具有的收入弹性特点（与食品的特点相反，对汽车的需求增长在比例上大于收入增长的比例）；所有这些因素使得汽车行业成为对新技术进行大量投资的角斗场。自从20世纪初亨利·福特在汽车行业采用装配流水线以来，新的生产技术不断被引入。最近几十年中采用的新技术措施包括新的焊接技术，以电子技术为基础的弹性自动化技术，以及在混合的车型组装中采用高度复杂的信息处理技术，而每一辆汽车都是用5000个以上的零件装配起来的。当这个行业的发展要求车体更轻、更省燃料、更能经受撞击的时候，材料技术也随之进步了，在更多地使用铝质材料和塑料的同时，在生产过程中相关的加工技术也改变了。特别是当电控技术发展起来以后，作为最终产品的汽车变得更加复杂化。在引擎的监控和管理、制动系统和对车体的控制工具化过程中，汽车上增加了一个自成体系的、独立的电子系统，追随着远距离通信技术的发展，汽车变成了更广大的信息系统中的一个单元，使用全球定位系统，可以进行遥控诊断。

这些技术上的进步推动了组装企业的规模扩大，同时也促进了第一级零部件供应商走向专业化，提高技术水平。现在他们可以提供用部分零件组装起来的模块：组装好的制动系统代替了闸片，仪表盘模块代替了单个的仪表元件。第一级零部件供应商就这样形成了一个有利于他们自己的全球价值链，他们现在常被称作"半级"供应商，以表现他们的技术能力、他们的规模和相对于组装企业的权力。这种变化在本行业中日益导向"全球配送（global sourcing）"，即组装企业与一两个"半级"零配件供货商达成协议，要求后者满足前者在全球范围内所需要的供货,把商定的货物和半成品送达后者所有的工厂。

第三个,也是最后一个促进汽车行业全球化的要素,是低收入国家和新近获得发展的国家,广泛地采取了推动汽车行业发展的产业战略。在进口替代的高潮中,非常多的国家采用了鼓励组装业发展的政策。例如,就连只有1500万人口、汽车需求量只有15000辆的肯尼亚,也在20世纪70年采取了这种政策,建立了三个装配厂,每一个装配厂都和多个汽车公司签约生产。然而到20世纪80~90年代,推动组装业的许多因素发生了变化,可是相当数量的中等收入国家如巴西、马来西亚、泰国、土耳其、南非,以及低收入的大国如中国和印度,还是保持了为促进汽车行业和零部件生产而制定的政策。

汽车行业和零部件生产部门中的集中化、中心化和反中心化

在上述推进全球化因素的作用下,汽车行业表现出集中化、中心化和反中心化的趋向。集中化的表现是组装生产合并到少数网络化的企业中去（见图5.10）。合并不仅仅发生在组装业。零部件供应商的数量大大减少,随之而来的是企业的规模扩大,集中化程度提高。在北美,零部件供货商的数量从1990年的3万家下降到2000年的1万家,预计在2010年会进一步下降到3000到4000家。标致－雪铁龙把自己的供货商总数从900家削减到400家,宝马的供货商从1400家缩减到600家 ❶。在2000年时,在全球的年销售额超过100亿美元的零部件供货商有8家,客户分布在很多国家中,其中有6家是美国的公司,一家是日本的,另外一家是德国的。

❶ Global Production Networks in Europe and East Asia GPN (2003).

175

决定地理分布的第二个原因，是即时供货式的生产模式带来的生产中心化后果。我们在前面简要阐述过，在最近20年中，大量的新生产组织形态发展起来并且到处扩展。个性化产品使具有弹性的灵活组装生产在最终产品市场里具有竞争优势，但这种生产方式要求供货商做到紧密配合、即时送货到生产现场。这样一来，组装生产的地理分布越来越靠近供货商，出现了汽车生产带现象（auto complexes）。全球配送将组装企业和"半级"以及第一级供货商捆绑在一起，辅之以被称为"跟随者"的那些供货商。

企业群集的汽车生产方式的确有利于严格控制的生产体系，但是与此同时，这个行业不断地被自己大量过剩的生产能力所困扰：在2003年，欧洲的生产能力过剩30%，美国过剩25%。于是大家都试图压缩成本，部分压力通过组装厂转到零件供货商身上和价值链上层的企业，另外就是把生产转移到低成本国家里去。这是一种反中心的趋向，应对的是实行"即时供货到生产现场"的中心化带来的压力，带有很强的地域性特征。墨西哥（在一定程度上还有巴西）供货给美国，中东欧和南非供货给欧洲，泰国和中国供货给日本。低收入国家和中等收入国家为了工业化而采取的政策是要促进汽车行业的加工和组装，实现出口汽车和汽车配件。这种政策当然会更加强"反中心"趋势。

最后有一种全球性"反中心"趋势（但它自身具有内部中心化趋向），原因是组装厂商想打入迅速发展的市场。高收入国家中的汽车市场基本上是更新换代的市场（当然这里面有实质性的产品升级因素）。从1990到1997年，这个市场的年度增长率只有0.1%。相比之下，同期内新兴国家中的市场发展迅速，汽车拥有量的年增长率为7% [1]。汽车组装企业和零件供应商受到吸引，大量进入中国、印度和东欧的充满活力的市场。

---

[1] Humphrey (2001).

全球化与追赶

　　虽然汽车最早是在欧洲生产的,然而大规模生产方式和大规模的市场都始于美国。直到 1950 年，美国不仅在本土生产出占全球产量80%的成品,还在欧洲和世界其他地方的汽车生产中拥有相当的部分。当欧洲从第二次世界大战的废墟中站起来以后,欧洲的工业开始上升,迅速地瓦解了北美的主导地位,但是仍然以欧洲为立足点,在几乎所有的实例中都是从欧洲的生产基地出发,去参与世界市场。下一个轮到日本,从 20 世纪 70 年代到 80 年代,日本的汽车生产以料想不到的速度崛起,由于这种速度而引发的贸易摩擦迫使日本的汽车企业去构建全球生产网络,以对抗美国对手。它们就从美国开始,然后走向欧洲,后来又打入了巴西、亚洲和其他地区。从图 5.11 可以看出，从 1980 年以后，最显著的发展趋势是在美国、欧洲和日本之外的汽车生产的全球化。特别值得提出的是,中国和印度的汽车生产以非常高的速度增长。从 1998 年到 2003 年，全球生产局势最大的变化是美国的份额下降了 3.6%，欧盟的份额下降了 2.7%，中国的份额上升了 3.4%，韩国的份额上升了 2.3%，印度的份额上升了 1.1%。由于在中国和印度原来的实物基数较小，它们在这 5 年中的实际增长率是惊人的：中国是 398%，印度是 224%。仅在 2003 年中国的产出就增长了 78%。

　　汽车生产在全球已经如此扩散,但是还没有反映在全球贸易模式的相应改变中,尽管有迹象表明这样的变化可能会发生。如表 5.6 所示，一组收入显著低于美国、欧洲和日本的中等收入国家，正在开始进入全球汽车和零配件市场。这个趋势很可能会持续下去,主要的原因同在其他行业中的情况相似,而且在这个行业，特别是在美国和欧洲，大量产能过剩导致了很高的生产成本。

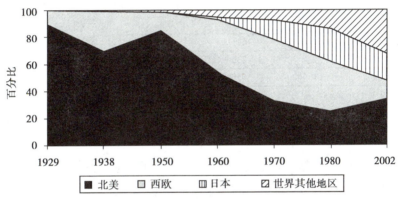

图 5.11　全球汽车生产地理分布，1929～2002 年

资料来源：根据 www.oica.net 和奥茨胡勒等（Altshuler et al，1984）数据计算。

　　汽车全球市场份额在生产和出口两个方面发生的改变，基本的原因是一些中等收入和低收入国家中产能的迅速增加，平行于其他一些行业中正在发生的生产能力的增长。为了阐述这里的追赶所达到的程度和政府在其中所扮演的角色，我们把南非汽车工业从 20 世纪 90 年代以来的演进做一个分析，南非的汽车出口在 2002 年已经排到世界第 15 位，已经经历了从 1995 年到 2002 年的 7 个快速增长年份（在这里欧盟的西欧部分当成一个国家计算）。

南非汽车行业产能增长

　　南非的汽车工业始于 20 世纪 30 年代。直到 60 年代才达到值得一提的生产规模，推动发展的力量，来源于自己满足国内需求的一项政策。随后，特别是在 20 世纪 80 年代，针对种族隔离而实行的国际禁运导致了一种僵硬的心态。在这期间，在 20 世纪 90 年以

表5.6 全球汽车和零配件出口新近参与国, 1990, 1995, 2002

（单位：1000美元）

	1990	1995	2002
墨西哥	4708	14258	30909
韩国	2301	9166	17300
捷克共和国		1502	6403
匈牙利	648	659	5983
波兰	374	996	5192
巴西	2034	2955	4979
土耳其	53	642	3160
泰国	108	486	2878
斯洛伐克		344	2805
中国		621	2677
南非		730	2402
全球出口总额	18960	456430	620920

资料来源：WTO（2004）。

前，决策做得很糟糕，如地方生产的产品以重量计算，不以价值计算（在汽车走向轻型和节能模式的时代，这是何等怪异的选择），几乎没有人考虑出口，没有人注意到需要集中生产某些车型以提高规模经济。制定于20世纪90年代的"机动车工业发展规划"，表明政策方向发生了急剧的变动。除去一些小型的经济激励以外，最根本的内容是鼓励出口和减少汽车型号，扩大规模经济。对装配企业放开了进口零配件数量的限制，只要它们能够达到进出口平衡就行。特别关键的是，装配企业可以从零配件供货商手中购买出口配额，这样就同时激励了零配件出口和整车的出口。

出口和增产的激励得到了政策的支持，但是为了达到这个目标，这个行业还需要通过系统规划来实现全行业的快速升级。南非的汽车行业受助于出口豪华车型的组装厂商的需求，其中有宝马3系列，奔驰C系列，大众高尔夫4型（Golf 4），福特引擎厂和丰田等。它们还受助于政府改进和提高

179

生产的政策，这从一系列"标准俱乐部"的发展中可见一斑。

表5.7 汽车零配件行业的学习和比较优势，1998～2001 年

成功要素	绩效指标	N	1998	1999	2000	2001	进步程度 1998/9～2001(%)	西欧 N=14	新兴国家 N=12
成本控制	全部存货（日）	32	62.6	54.3	47.6	42.0	32.8	31.2	38.6
	原料（日）	32	32.3	27.9	25.2	21.8	32.7	17.2	19.2
	半成品（日）	32	12.4	8.9	8.1	8.2	34.3	5.3	8.6
	成品（日）	32	17.8	17.5	14.3	12.1	32.0	8.6	9.5
质量	顾客退货率（ppm）*	23	3270	2638	1406	124	62.0	549	624
	内部不合格率（%）	25		4.9	4.2	3.9	20.7	1.9	3.5
	供货商退货率（ppm）[a]	21		21989	14637	18518	16.0	8319	13213
发送	提前量（日）	17		17.9	19.1	17.9	9.9	16.8	12.0
	供货商及时全额取货物（%）	23		78.7	82.1	82.2	4.5	92.2	92.3
	顾客按时全额收到订货（%）	25		92.2	92.8	92.7	0.6	96.1	93.5
创新能力	研发开支（%）	24	1.64	1.70	1.67	2.12	29.5	1.83	2.90

*：ppm 指"个数/每百万件"。
资料来源：巴恩斯(Barns)，卡普林斯基和莫利斯(2004)。

表5.7用衡量生产的几个参数来显示追赶的程度：学习路径和南非零配件厂商与国际上的竞争者之间的距离。引导这个行业的三项关键的绩效指标是：成本、质量和发送。该表中的标准化了的数据反映的就是上述三项指标。数据来源于同32家南非汽车零部件厂商的长达4年之久的深入的互动关系，按时间顺序纪录了改进生产的过程的数据。其中2001年有26个国际厂家样本可对照，可惜的是这组数据没有时间序列。这两组样本数据是分解成下一级指标后进行对照的。对照组数据被拆分，用来评估南非的零配件厂商的绩效，与新老竞争对手对比。

这些数据表达了支持南非汽车行业出口的生产能力的进步。所有的指标都显示，除了送货及时可靠这一点以外，南非的汽车行业在其他所有的方面取得的进步都是很显著的。尽管如此，整个国家零配件行业在很多方面离开国际前沿还有距离；它的前、上级供货商的绩效同国际前沿很接近，其中一个显著的特征是行业尾端的长度。虽然研发投资规模在南非零部件行业提高了很多，同国际水平相比也很强势，然而这个现象会导致误解，因为研发投入的开支大部分用于零配件本土化这种次要的改进。

令人惊奇的是，南非的汽车行业的出口没有以损害国内消费者为代价；那是一种经常可以听到的对于积极的工业政策的批评。汽车的质量较高，没有内销和外销的分别。确实，在 J.D.Power 工业基础质量排行表上，以美国 2002 年标准（每100辆整车的不合格率）衡量，南非生产的宝马（BMW）整车排名第二，仅在日本丰田的田原市（Tahara）工厂之后。更重要的是，剔除了各种税费之后，南非生产的汽车价格相比于其他在欧洲销售的同类汽车并不贵，可能还要更便宜一点（见表5.8）。

表5.8　南非与英国欧盟汽车价格比较，2002年
（扣除进口税和增值税）

	英国销售价（英镑）		加价率	
	英国产	南非产	英国产	欧盟平均
高尔夫4型	10064	9163	12.4	11.1
丰田卡罗拉	9318	7612	16.5	20.6
奔驰	16496	12673	21.2	1.3
宝马	16603	12070	25.5	12.5

资料来源：巴恩斯，卡普林斯基和莫利斯（2004）。

从以上对汽车行业和零配件全球化的简要回顾中，我们可以看到的是，在20世纪后期，这个行业确实是越来越全

181

球化了。最初是最终产品市场的转移，从美国转到欧洲和世界其他地方。随之而来的是这个行业重心的移动，先是在1960～1970年移到了欧洲，然后在1980～1990年到了日本。当世纪之交临近时，全球化的模式发生了新的更加显著的变化。主要的市场扩大发生在新兴国家，由此导致的结果是汽车生产在全球的扩散。与此同时，全球工业日益过剩的产能对于价格的压力越来越大，进一步强化了生产向低成本的特定生产区域扩散的趋势。汽车行业本身的复杂性和规模经济的要求，决定了它的扩散程度会低于纺织、服装、家具和许多其他行业。但是，在整个20世纪中曾经被几个主导国家控制的汽车行业，已经不能排除后来者分享了。这个变化是举足轻重的。

5.4　纺织品服装、家具和汽车：对未来的警示

我们在本章回顾了三个关键的行业在全球扩展的历程。纺织品和服装是低收入国家、特别是最低收入的那一组国家中主要的出口行业链；家具行业从20世纪80年代初期以来，迅速成长为在各个不同收入组的国家中都大量进行生产和出口交易的一个产业部门，与这两个买方拉动的行业不同的是汽车行业，它是由跨国生产者驱动的。汽车行业同时还是在高收入、中高收入国家中的制造业中的主导行业，在低收入大国如中国和印度也是如此。

从这三个行业的发展经验中，共同的结论是什么？首先，除了汽车行业以外，全球的生产能力发生了大扩散，遍及各国。第二，贸易在每一个行业都变得越来越重要，贸易增长的速度远远超过生产增长的速度。第三，在贸易的发展中，甚至在汽车行业里，参与的国家数量大增，其中包括后来参与的众多低收入国家。第四，在以上三个部门中，都有证据表明购买集中化，在服装和家具行业中有零售和专业化的采购商，在汽车行业

有组装线和"半级"零配件供货商。第五，尽管实物形态的生产和贸易扩大，无形的款式设计、命名、营销业务却保留在高收入国家，至少可以说这些无形的业务随着企业的产权留在了高收入国家。第六，由于价值链的复杂性，链条的主管部门获得了至关重要的功能：它们是网络的协调者，决定在系统内如何分配责任，决定链条内各个部分是否要升级，以何种形式、何种顺序升级。第七，在所有三个行业中，特别是在服装行业，随着主要进口国削减配额，价格的竞争都在扩大。最后，笼罩在所有个案之上的，是中国的日益强大。在纺织品和服装行业，"多种纺织品协议"取消了，中国会变成多数全球采购商都想要去的地方；在家具行业，中国已经成为全球第三大出口国，而在1990年中国还仅仅位居第十九位（1980年没有出口记录）；在汽车行业，中国的增长速度更是令人瞠目结舌。

我们研究这三个行业的目的究竟何在？也许我们描述的经验会支持全球化中的贫困是"支流－残差"的观点？因为我们看到，在每一个行业中都有低收入国家的生产者参与到全球市场中去。但是，如果数据不是覆盖全局的，这样的结论将难以成立，而且我们还必须看到，整体并不是部分的加总。从生产和贸易向全球扩散的研究中，既不能推出收入分配更加分散化的结论，也不可推论这样的增长路径有可能持续下去，会推广到更多的低收入国家中去，或者有可能在别的行业中实现。

但是，对于全球的生产、贸易和分配的所有分析，差不多都停留在这种个案研究的层面；对单个的企业、国家所做的细节研究，把按照某种标准分组的国家和行业做的一点个案式研究，像变戏法一样提升到全球层面，这样的研究已经

183

太多了。所以毫不奇怪，为什么世界银行等机构会把全球化不仅仅看成是不可阻挡的发展趋势，而且还认为这个过程会一视同仁地惠顾所有的参与者。

　　在第三部分，我们将要说明，从单个行业得出的结论不能被推广到宏观层面上去。在**某些**行业中的**某些**生产者获得了不容置疑的进步，不能借此推论**大多数**行业中的**大多数**生产者由此而受益。这样看起来，要坚持全球化中的贫困是支流－残差的观点是非常困难的。相反，我们将要看到的是，贫困是全球化的重要内容，是经济全球化的直接后果。

GLOBALIZATION, POVERTY & INEQUALITY

第三部分

全球化中的失败者

第三部分

全球化中的失败者

我们在第二章中看到，像中国那样经济快速增长配合出口规模扩大的情景，的确会对减少绝对贫困产生很重要的影响（尽管不平等的加剧还是无法避免的）。本书在第二部分建立了一个理论框架来阐述这个过程。要获得经济租，必须有能力确定经济租的所在和进行有效的创新管理，这是使收入增长持续下去并且减轻贫困的根本。我们在第五章中还表明，至少以我们分析过的三个重要的行业为例，很多低收入国家都尽力积极参与了全球生产和贸易。中国在这三个行业中都非常成功。所有这三个行业中的价格竞争都愈演愈烈，但我们还是可以描绘出一幅大体上乐观的图景。

通常的情况是，经济学家们用所谓的局部均衡分析来做预期，得到的就是这种乐观结果。他们并没有计入所有相互作用的因素。从局部均衡分析得到的结果，很可能与纳入了所有相互作用因素的一般均衡分析得到的结果不同。以咖啡为例，当全球市场价格有利于扩大生产的时候，一个农场甚至一个国家增加产量都是合理的；产量的增加几乎不会影响全球咖啡的价格。这是一幅局部均衡图景的画面。但是，如果所有的农民和每一个可以种咖啡的国家都增加生产——一般均衡分析覆盖的世界——全球市场就会堆满了商品，价格就会下跌。大家全都受损。这是我们在第三章中所分析的20世纪90年代后期发生的事件。

经济学家将这个咖啡实例称为"以偏概全之谬误(fallacy of composition)"。对于单个生产者来说是合情合理的决定,在全体生产者都如此决策的时候,就失去了逻辑的合理性。在这里,我们必须回顾一下第五章研究过的案例。在每一个行业中都有一部分生产者,在全球化中表现出色——中国的纺织品和服装行业;中国、墨西哥和波兰的家具行业;以及墨西哥、东欧、巴西、中国、泰国和南非的汽车及配件行业等。这些正向的经验究竟应该归纳和提升到何种程度?如果在全球化中赢家的成功恰好得益于同一条道路上的失败者的失败,那么这里的得失就无法计算了。

第三部分讨论这个"以偏概全"的问题,即可能存在的"加总计算的谬误"问题。这里需要一种完全不同的方法论,我们的研究方法需要整体覆盖有关行业、整体观察有关生产者的表现和经历,不能只挑出几个有成功经验的行业和国家来研究。在第六章,我们通过考察1万种以上制造业产品的价格变动,以及不同类型的低收入国家的出口对价格变动的回应方式,来进行这种整体式的分析。通过这样的价格分析,我们要表明,特殊条件下的全球化的成功经验是不能被推而广之的。接下去,第七章以中国对世界经济越来越大的影响为中心内容,从理论上对这个判断作出一个解释。我们认为,中国的成功(还有其他一些亚洲国家不那么突出的成功),把另外许多低收入的生产者从全球化可能的获利机会中挤出去了。这是全球生产能力全面过剩的直接后果。

第八章梳理从上述研究结论中推出的几个结果,以此对全书做一个总结。我们已经看到,正在恶化的不平等和贫困,已经威胁到全球化的可持续发展。这对适用于世界各地生产者的政策设计也提出了重大的挑战。对于那些能够比竞争对手更好地把握创新过程的生产者来说，全球化会给他们很多机会。这是一条很多亚洲国家走得很成功的路径，其中特别是中国在近期有出色的表现。但是，对于未能有建树的国家，包括不少高收入国家，特别是非洲和拉丁美洲的大多数国家来说，全球化的结果看起来更加难以确定。它们也许不得不重新考虑，究竟在何种程度上介入到全球化的经济中去，才是最好的。

第六章

如何计算得失？进退维谷的全球化

我对于全球化的观点，在观察南非谢普斯通港的一家家具厂的时候（参见第一章）达到了一个转折。不过怀疑的种子早在数年前就已经种下了。1996 年我扩建了在英国的房子，用作我妻子的心理咨询诊室。出于某种说不清的因缘，我注意到账单上一个很小的细节，一个硬松木马桶座圈的价格。当时的价格是 24.99 英镑，还是厂家折扣价格。然而不久以后，我在一家类似的商店里看到了几乎一模一样的马桶座圈，使我惊讶的是，它的价格仅为 18.99 英镑。从那以后，出于一个经济学家的冥顽不化的思维方式，我以硬松木马桶座圈价格为坐标进行观察，发现了很多家具价格的下降令人惊奇，来源地也在发生变化。现在，带有黄铜配饰、有品牌包装的相同的硬木马桶座圈的价格已经不足 9 英镑了。最近，在修改本书最后一稿的时候，我买了一块电子手表（我经常丢失手表），是日本的知名品牌 Lorus（与著名的精工品牌使用相同的电子元件；精工牌手表价格在 50 英镑以上）。这种手表原本是在日本生产的，而现在由中国制造。加上一起购买的十盘四小时录像带（也是中国制造），我一共花了 7.99 英镑。

如果我们尝试一下，把马桶座圈、手表、录像带以及第五章所分析的三种行业的全球销售经验，用来总结其他行业的运作，会看到怎样的情况呢？纺织服装业、家具业、汽车和配件业本身还可以再细分为各不相同的、有销售环节的下游部门，而每一个部门又都有各自的特点。把这些情况都考虑进去，又会是怎样的一种情景呢？

6.1节的起点，是上述三个行业的全球性生产扩张确实反映了整个制造业的情况。我们有不容置疑的、全面的证据来表明，低收入国家在全球工业生产和贸易中占有的份额越来越大。然而，随之而来的还有一种变化——全球采购势力更加集中化（参见6.2节）。这两种发展情况交错在一起出现，而且紧密地联系在一起（参见6.3节）。那些投身于经济全球化的生产商，被夹在不断扩大的产能和采购势力日益集中化这两个硬性约束所造成的狭小的空隙之中。结果是价格一路下跌和利润空间不断缩小（参见6.4节）。正是中国从开始加入全球经济到深入参与的整个过程，可以在相当大的程度上解释这样一种变化（参见6.5节）。印度和亚洲其他人口众多、教育水平较高的国家融入经济全球化的事实向我们预示，这个激烈竞争的世界是不会改辙的，竞争只会愈演愈烈。

6.1　硬约束之一：产能扩张

在介绍全球制造业生产和贸易的趋势以前，我们有必要先给出一个"健康预警"。这里对全球生产份额的计算是以联合国工业发展组织收集的信息为基础的，而这些信息是由各个国家提供的。首先以本国的价格和货币为单位计算产出价值，然后使用通行的汇率转换成美元，以便进行国际间比较。然而，正如我们在第二章关于收入分配的讨论中所看到的，这种转换方式由于没有考虑各国间购买力的差异而很可能导致失真。与"比较收入法"不同，在使用以美元为基准

192

的购买力评价方法的情况下，我们并没有一个被普遍接受的衡量方法，可以用来评价跨国制造业产品的相对价值。这会导致那些由于存在广泛的关税保护，使得国内制造业产品价格高于全球价格的国家，对于制造业增加值（MVA）估价过高。在使用与衡量全球出口有关的数据时，还存在第二个注意事项。各个国家提供的数据是每一种产品类别的出口总值数据。但是，正如我们在第一章中所看到的，现阶段全球化经济的一个关键特点就是贸易日益趋向"垂直分工"，即生产过程被分解成几部分，然后打包发往全世界。举个例子，在1990年初的多米尼加共和国，一只"鞋"的平均出口增加值不足0.3美元；这是因为，与其说多米尼加的厂商在出口鞋子，不如说他们在出口劳动力，只要将从外国进口的原料缝制在一起，再用进口的材料、纸和盒子包装好就可以了。然而，在国际贸易的统计数字中，鞋子出口的单位价值不是这0.3美元的增加值，而是最终产品的总价值，大约15美元。这种垂直分工正在不断发展。从1980年到1998年，中国的出口份额即呈现这种贸易模式，从14.9%增长到了22.6%，印度从7.3%增长到了11%[1]。这种垂直化导致的不对称性，使得我们在比较不同国家之间和不同时间段的出口表现时，必须要非常的小心谨慎。

制造业增加值

> **提要：制造业生产和贸易的主要趋势**
>
> 制造业增加值
>
> 制造业增加值正在散布全球，在发展中国家的份额从1975年到2000年间翻了一

---

[1] Martin (2003).

番,已经非常接近实现25%这个"利马目标(Lima target)"。在全球市场中发展中国家的制造业增加值份额实现快速提高,主要得益于东亚地区,特别是中国的出色表现。但是,拉丁美洲(不包括墨西哥)、加勒比海地区,以及非洲撒哈拉沙漠以南地区的市场份额显著降低了,从全球范围内和发展中世界来看,都是如此。

制造业出口

制造业出口在发展中国家增长非常迅速,到2000年,制造业出口已经占到这些国家全部商品出口的70%以上。甚至在非洲撒哈拉沙漠以南地区、中东和北非地区,制造业的出口也超过了农产品。但是,随着时间的推移,制造业出口越来越集中到为数不多的几个发展中国家里。中国由于在全球制造业产品贸易份额和发展中国家制造业产品出口两方面的显著作用,再一次受到特别的关注。

分行业的出口

从行业角度来看,发展中国家的对外贸易正发生着普遍而深刻的转变——从资源型制造业生产转向低技术产品。高技术产品出口增长也非常迅速,尽管有可能其中大部分是高科技产品中的劳动密集部分和技术含量低的加工部分。

1975年联合国工业发展组织第二次全体大会通过了利马计划。它的主要目标是从1975年至2000年,发展中国家的全球生产净增值份额从12.6%增加到25%,增加一倍。这个目标在当时显得有些离谱(就像在世纪之交提出的千禧年发展目标一样不可思议:到2015年,把世界绝对贫困人口比例降低至原来的一半——参见第二章)。工业化的发达国家已经经历了数百年的工业发展，诸如法国、德国这样的国家，他们在19世纪历时数十年才实现了全球制造业增加值份额的增长。而利马计划却打算在短短20年内使发展中国家所占的份额翻倍。正像我们在前面一章中看到的，发展中国家制造业生产能力的增长，不仅仅局限于劳动力密集型产业，也发生在汽车及配件这样的关键产业中。这几个行业与另外许多行业相应的发展加起来，到2000年时，发展中国家在全球制造产业中所占的份额提高到24%，利马计划的目标基本上实现了（参见图6.1）。

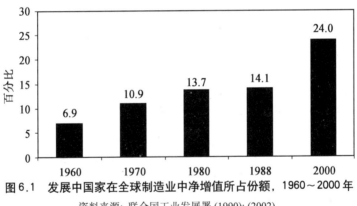

图6.1　发展中国家在全球制造业中净增值所占份额，1960～2000年

资料来源：联合国工业发展署 (1990); (2002)。

这种产能增长天然是不均等分布的，因为会受到不同国家的类型（如人均收入水平）、地理位置和行业特点影响。表6.1显示了从1985年到1998年产出结构分布的变化，其中考虑到了收入群体和地理位置的差异。从收入分组来看，低收入的发展中国家是主要的获利者，它们在全球制造业产量中所占的份额从6.5%增加至8.1%。但是，这完全是中印两国工业的快速发展的结果。除了这两个国家以外，只有中高收入国家的全球制造业产量份额是上升的，并且增加比例比中国和印度要小。从地理位置上看，拉丁美洲、加勒比海地区以及非洲撒哈拉沙漠以南地区，在全球和发展中国家两方面所占的份额都在显著减少。与此相反，中国的上升是急剧的，中国制造业增加值的份额在全球制造业增加值中从1.4%增加到7.0%；在发展中国家的制造业增加值中从10.2%增加到29.3%。

表6.1　1985年和1998年制造业增加值全球份额

	世界份额		发展中国家份额	
按收入群体分类	**1985**	**1998**	**1985**	**1998**
中高收入国家	9.0	9.9	46.8	45.7
中低收入国家	3.7	3.7	19.4	17.2
低收入国家	6.5	8.1	33.8	37.1
低收入国家（不包括中国、印度）	0.9	0.6	4.7	2.9
最不发达国家	0.2	0.2	0.7	0.6
按地理位置分类	**1985**	**1998**	**1985**	**1998**
东亚	4.1	13.9	29.2	57.7
中国	1.4	7.0	10.2	29.3
南亚	0.8	1.8	5.9	7.3
拉丁美洲和加勒比海地区	6.7	5.2	46.9	21.8
撒哈拉以南非洲	1.0	0.8	7.1	3.4
中东、北非和土耳其	1.5	2.4	10.8	9.8

数据来源：根据联合国工业发展组织（UNIDO）（2002）数据计算。

最后，如果我们将各种行业分为资源依赖型、低技术含量型和中高技术含量型几类，则全球生产的主要变化如下：

■ 在资源依赖型行业中，1981年至2000年间，全球份额的主要变化发生在东亚地区（从4.8%增长到13.9%）以及其中的中国（从1.5%增长到7.5%）。

■ 在低技术含量行业中，主要的受益者也是东亚（从5.9%增长到14.8%）和中国（从2.0%增长到7.2%）；而拉丁美洲和加勒比海地区所占的全球份额从7.1%下降到了4.1%。

■ 在中高技术行业中，东亚的份额增长（从3.2%增长到13.6%）和中国（从1.3%增长到6.8%）的模式类似。

贸易

当我们细察发展中国家参与全球贸易情况的时候，从它们的全球出口份额中，也会发现类似的情景。《利马宣言》并没有为发展中国家提出制造业产品贸易明确的份额目标。但值得注意的是，这种（出口）增长甚至比制造业增加值的增长还要显著——从1975年的6.3%增长到了2000年的27%，特别是在20世纪90年代，贸易的增长极为迅速。制造业不断参与到全球贸易当中，发展中国家的出口结构从整体上开始发生转变——制造业份额提高，农产品份额相对稳定，同时资源份额降低。到2000年，所有发展中国家70%以上的商品贸易发生在制造行业（参见图6.2）。只有中东、北非和非洲撒哈拉

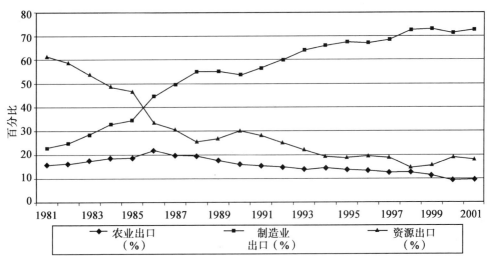

图6.2　发展中国家各行业出口比例，1981～2001年

数据来源：W.马丁（W. Martin），私人交谈记录。

以南地区是另类。那里的制造业出口额约占全部商品出口额的30%，这个比例虽然超过了农产品出口，但比矿产资源出口还是低很多。（服务出口的趋势也在不断加强，但这些不属于本书的主旨。相似的趋势终究显现出来了——参见第八章。）

表6.2　1985～1998年制造业出口份额

	世界份额		发展中国家份额	
按收入分组	**1985**	**1998**	**1985**	**1998**
中高收入国家	11.5	14.5	73.6	62.2
中低收入国家	2.7	3.8	17.4	16.2
低收入国家	1.4	5.0	9.0	21.6
低收入国家（不包括中国、印度）	0.4	0.5	2.7	2.0
最不发达国家	0.1	0.1	0.7	0.6
按地理位置分类	**1985**	**1998**	**1985**	**1998**
东亚	6.8	18.4	51.9	68.7
中国	1.0	6.5	7.6	24.0
南亚	0.6	1.1	4.6	4.1
拉丁美洲和加勒比海地区	3.2	5.1	24.5	19.0
墨西哥	0.5	2.9	3.8	10.9
撒哈拉以南非洲	0.7	0.6	5.6	2.3
中东、北非和土耳其	1.8	1.6	13.4	6.0

数据来源：联合国工业发展组织（2002）。

　　看看出口贸易的地理分布，我们注意到一种熟悉的模式（见表6.2）。在按照收入水平分组时，低收入国家的份额增长最多。从1985年到1998年，低收入国家的全球制造业出口份额从1.4%增长到5.0%；发展中国家份额从9.0%增长到21.6%。但实际上，这都是中国和印度的制造业出口快速增长的结果。从1985年到2001年，中国在发展中国家制造业出口中所占份额，从7.6%增长到24%。从地域上看，东亚份额增长迅猛；而拉丁美洲（不包括墨西哥）、撒哈拉以南非洲、中东以及北非的份额却减少了。最后，从技术密集程度来看（参见图6.3），资源依赖型制造业出口份额锐减，同时低技术含量的制造业份额增加。此外，高技术制造业出口份额也有增加。但是，其中大部分可能只是随着贸易"垂直分工"而来的高技术产品的零部件出口（例如高技术产品中低技术的组装工序）。

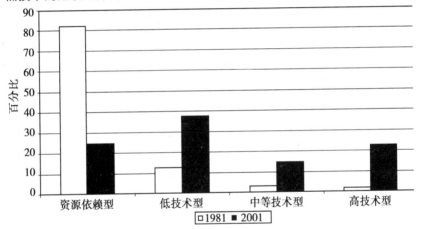

图6.3　1991年和2000年发展中国家出口结构

数据来源：W.马丁，私人交谈记录。

6.2　硬约束之二：采购日益集中化

摘要：全球采购的主要趋势

服装、家具和汽车配件行业

在每一个行业中都有确实的详细证据表明，高收入国家中的主要市场正在发生高度的和不断强化的集中化，具体表现为日益集中的大规模采购。

食品零售和食品制造业

美国集中化的进展非常快，在欧洲更是如此。在欧盟国家中，5家最大的企业在意大利、希腊和葡萄牙就占有全部零售业近一半的份额；在奥地利、荷兰和瑞典，5个最大企业占有工业品销售市场的90%以上。

食品零售业的集中化同生产部门的集中化比肩而行。在欧盟，3家横跨9个国家、17个行业的巨型企业占据了全部生产总量的68%。

零售业以外的集中化

很多穷国的生产商是将产品卖给专业化的采购商，而不是位于终端的零售商。尽管证据比较有限，但仍然可以看出专业化采购商的集中化也在推进之中。

不同于垄断的商业寡头竞争

不断推进中的全球采购集中化，不会导致经济学理论预期的垄断价格和超额利润。也许正相反，零售业正在变得越来越具有竞争性。其后果是全球采购商会不断竞争以搜寻成本最低的生产者（对送货时间、产品质量等要求十分苛刻）。这一切合起来构成压在穷国出口厂商头上的无情的成本重压。

我们在第五章考察了三个行业的全球化走向的实质，这三个行业是穷国制造业产品扩大出口的根基。在每一个行业中，我们都有证据表明，全球采购势力正在愈益集中化。这些趋势可以简要归纳如下：

■ 在美国服装行业，五大零售商把它们的最终市场份额从1987年的35%提高到1991年的68%。在英国和德国，采购巨头的集中化略逊一筹，但是最大的5家零售企业仍然占据约三分之一的最终市场份

200

额；在法国、意大利和日本，大型的连锁经营正在不断消灭独立经营的零售商。

■　在家具行业也看到相似的市场集中化行为。在英国，连锁零售商握有的市场份额达到 40% 以上；在德国，一个集团公司及其加盟商就控制了最终市场份额的 60%。

■　在汽车行业，采购商已经集中并巩固了它们的供货基地。从 1990 年到 2000 年，北美的汽车配件供应商家的数目已经减少了三分之二，预计在 2010 年以前还有三分之二的现存供应商会消失。在过去的十年中，欧洲的主要采购商削减了一半供货基地。其后果是"半级"巨型零配件供货商的大发展（参见第五章）。八大汽车配件供应商中的每一个在全球的营业额都超过 100 亿美元。

在这三个行业以外，情况又是怎样的呢？遗憾的是，有关在全球搜寻货源的购买巨头大规模集中化的细节证据难以获得，我们只能根据不完整的资料来分析全球经济中的这个无处不在的问题。食品零售业是一个经营范围不断扩展的行业，它的主打经营项目是食品，现在又在经营"卖得很快的消费品"，如美容化妆品、清洁剂、非品牌（大路）药品、玩具和日常服装等。这些商品在基本家庭收入中占据一个显著的比例，其中全球进货的商品也在逐渐增多。例如，近年来在主要消费国家，鲜果蔬菜已经从本地供货变成一个全球性采购供货的产业。很多加工食品也从国外进口，特别是那些愈益时尚的"民族风味美食"。这些零售连锁店里出售的廉价玩具和服装几乎都是从低收入国家进口的。

让我们先看美国的情况。从图 6.4 我们可以看到，在 1992 年到 2000 年之间，零售行业存在着日益集中的现象。在这 8 年中，5 家最大连锁企业的市场份额从 26.6% 增长到 42.9%。然而与欧洲单个国家的情况（见图 6.5）相比，美国这个巨大市场的集中程度就相形见绌了。这 5 家最大的厂商在欧洲 15 国的销售份额的中位值高于 80%；在其中的3个国家里（荷兰，瑞典，奥地利），它们的份额更是达到了90%以上。有很多因素可以对这种行业整合作出解释❶，其中一部分因素与市场条件有关，比如市场需要同时具备加工食品和未加工食品，需要为时间观念强的消费者提供"一站式购物"所需要的各式各样的商品。这种整合也反映了通过集中管理、批量运输和配送以及库存管理而形成的规模经济。但我们关注的是"销售模式"，与此相关的因素是，这种销售模式赋予零售商巨大的议价能力。这种议价能力往往直接迫使供应商降低价格；或者，通过一种间接途径转化为价格压力，比如将促销成本和库存压力转移给供应商去承担。

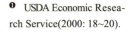

❶ USDA Economic Research Service(2000: 18~20).

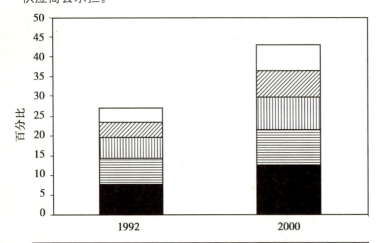

图6.4　美国食品杂货零售业集中化：五大企业所占市场份额
1992～2000年

数据来源：雷格利（Wrigley，2002）。

　　2000年，英国的"垄断与合并委员会"(Monopolies and Mergers Commission)分析了上述情况，对超级市场的进货惯例做法进行了调查。该委员会关注的事实之一是定价，它在报告中列举了挤压供应商利润空间的一些做法，其中包括：要

202

203

求供应商付费或者做出让步来换取使用超市内货架空间的权力,以及迫使供货商以不公平的比例承担风险 (比如, 当某个供货商提供的商品没有达到预期利润的时候, 要求供应商给与补偿; 或者, 销售方在市场预测失误或者改变订单而发生损失时, 拒绝赔付供货商的损失); 其他情况还有, 购买方要求新供货商或有意向的供货者承担他们旅行和考察的费用, 以及要求供货商从指定厂商处购买产品, 或接受运输、包装和贴牌等服务。

　　面对零售商日益强大的势力, 为这些食品零售连锁店供货的制造行业也发生了类似的整合过程。表 6.3 显示了欧洲食品制造行业的集中化程度, 数据覆盖了 9 个国家、17 种不同产品, 主要看三大企业的产品市场份额。总体上, 三大企业在欧洲 9 国的大多数行业中所占的产品份额超过了三分之二, 只有在两个行业的平均份额未能达到 50%, 而三大企业在 6 个行业中的份额平均超过了总数的四分之三。

　　从这里我们观察到, 在高收入国家里, 存在着食品零售行业采购商不断整合的趋势; 与之相对应的是, 生产领域的集中程度也增加了。在很多情况下, 这些生产商和零售商直接从发展中国家进货。比较典型的例子就是沃尔玛, 它已经快速成长为世界最大的零售商 (确切地讲, 是全世界最大的企业), 2003 年销售额超过了 2500 亿美元。沃尔玛成立于 1962 年, 自 1995 年以来, 它已经成为美国最大的零售企业。1991 年沃尔玛开始拓展海外市场, 到了 2003 年, 它已经在 9 个国家进行经营, 并成为在英国的第三大零售企业。沃尔玛的竞争力关键在于其无所不包的商品品种和低廉的价格。为了进一步推进这个目标, 沃尔玛已经将大部分的进货来源转移至中国。2003 年, 它直接从中国进口了价值 150 亿美元的产品, 只此一项即占了美国自中国进口贸易总额的 11% ❶。

---

❶《财富》2004 年 3 月刊: 44。

表6.3　20世纪90年代末欧洲食品加工行业中三大企业的集中化程度

（％市场份额）

产品	爱尔兰	芬兰	瑞典	丹麦	意大利	法国	西班牙	英国	德国	平均值
婴儿食品	98	100	100	99	96	93*	54	78	86	91
罐装汤	100	85	75	91	50	84	-	79	41*	87
冰淇淋	-	84	85	90	73*	52	84	45	72	76
酸乳酪	69	83*	90	99*	36	67	73	50	76	70
巧克力糖	95	74	-	39	93	61	79	74	-	74
宠物食品	98	80	84	40	64*	73	53	77	87	79
早餐谷类食品	92	-	52	70	88	70	82	65	67	73
茶	96	90	63	64	80	82	62	52	55	72
小食品	72	70*	80	78	71	50	56	73	48	68
碳酸饮料	85	50	62	-	60	69	79	55	60*	71
意大利面条	83	97	82	61	51	57	65	37	49	65
带包装面包	85	44	47	59	80	70	96	58*	9	59
饼干	83	73	51	44	55	61	53	42	50	58
鱼罐头	-	70	72	49	68	43*	33	43*	-	55
矿泉水	-	100	74	70	37	-	31	14	22	50
果汁	-	70	50	65*	62	26	38	35	46	48
罐装蔬菜	-	68	47	50	36	29	-	-	-	47
平均值	9	79	69	69	67	63	1	56	5	68

*星号代表2个企业的集中化率。
资料来源：科特李尔（Cotterill，1999）。

我们在其他国家的零售企业案例中,也可以发现类似的全球采购和价格压力现象。举个例子,英国最为成功的服装零售商之一,通过以下策略来重建自己的市场份额: 增加供货商的数量来加剧供货商彼此之间的竞争; 改变进口服装的主要供货来源国家; 跳过中介直接与外国生产厂商洽谈 (特别是在中国); 最重要的一点, 是引进了一种叫做"交替询价"的做法。首先寻得一家供货商的报价, 然后找到另一家企业杀低价格,接下来回到原来那家供货商,逼迫它进一步降价。

　　但是, 就像我们在第五章所看到的, 贫穷国家的制造商并不总是直接与他们的产品零售商联系, 而经常是通过中介进行交易。在这里我们也可以看到采购集团的合并与集中

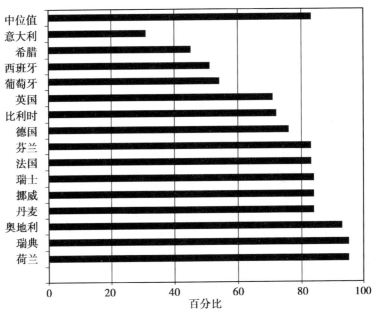

图 6.5　欧洲 5 家最大日用品零售企业市场份额，2000 年

数据来源：尼尔森（AC Nielson），转引自贝尔（Bell，2003）。

化，只是更加隐蔽罢了。通过继续分析食品价值链（尽管有些偏离制造行业），我们发现在咖啡价值链中存在类似的整合过程。图6.6显示了欧洲咖啡加工行业集中程度的快速上升。从1995年到1998年，五大制造商的市场份额从21.5%增长到58.4%，增加了一倍还要多；此表也显示全球采购业的不断集中，尽管集中的速度比较慢，集中水平也比较低。这种集中化发生在全球咖啡价格急剧下降的时期（参见第三章），而这正是生产力提高与采购商集中化二者同时作用的直接后果。

　　但是，这种专业化的采购商利用他们所具有的集中购买能力压低全球价格的情况，

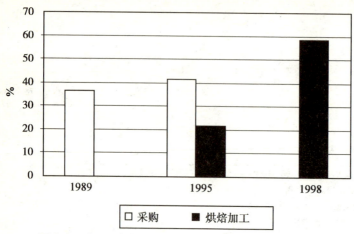

图6.6　欧洲5大咖啡烘焙加工与全球采购企业集中率，1989～1998年

资料来源：卡普林斯基和菲特 (Kaplinsky & Fitter,2004)。

并不只发生在食品行业。以制鞋行业为例，巴西一家本地的大型采购商通过与玖熙（玖熙 – Nine West 最初也是一家贸易商，在美国建立了自己的连锁店，继而发展至欧洲结成一种特殊的、非常有效的纽带关系，在巴西对美国鞋类出口的快速增长中扮演了一个重要的角色[❶]。玖熙进军零售业后越来越重视价格。起初，它通过巴西的交易中介要求巴西供应商降低价格。当这样做不能奏效的时候，它就从1990年开始，鼓励麾下的巴西商家向中国派出关键职员，把越来越大比例的进口转移到中国去。巴西的采购中介在帮助巴西供应商提高的过程中，掌握了一些商品开发的技巧（参见第四章中讲到的过程），有些时候他们会将这些技巧传授给中国供应商，帮助他们提高生产力，然后再压低价格。

　　这样，我们见证了在过去的十年中发生的同步推进的两件事情：在很多行业中采购势力日益集中化的同时，竞争也日益加剧。这也许会使自由市场经济的推崇者感到一点迷惑，因为多年以来，产业组织理论的拿手戏，是研究"市场

❶ Schmitz (1999).

206

结构"（产业的集中度）和"市场行为"（产业竞争力）之间的关联，关联的表现就是集中化产生的垄断压力。集中化的结果，从理论上讲，将会形成垄断和由此带来的超额利润。但是，我们在这里所描绘的过程，并不是一般意义上的垄断，而是大型采购商的寡头垄断采购（cliyopsony），是一小撮采购商巨头相互之间的殊死竞争。这些越来越大的厂商不断从他们自身的规模经济中获益——在大规模采购的情况下更是如此。但是，这种规模经济，反映了市场份额上升与全球业务扩展这样一个二重的过程。例如，上文提到的美国食品与日用品零售业的集中化，并没有相应的大城市里的市场集中化与之对应。从1992年到1998年，四大企业在美国全国范围内的集中度从16.9%增长到28.8%，而在100个大城市中同比增长率仅为3.7%❶。换句话说，大多数这类集中化的发生，不是由于一个市场的成长，而是出于大手笔运作。从全球零售市场也可以观察到相似的情况，如沃尔玛、苔思寇、阿霍尔德（Ahold）、家乐福，这些商业巨头的市场份额和采购能力同时增长，他们在全球市场的份额不断扩大，在他们已有市场中的份额同时也在增加。

6.3　两种硬约束❷

　　在全球经济中，产能增长所带来的约束，与全球购买力集中所造成的强力约束之间，到底存在什么样的联系呢？它们是大约同一时间出现的两种独立现象，还是其中一个导致了另一个的出现？如果它们之间有因果关系，那么哪一个是因，哪一个是果？

---

❶ USDA Economic Research Service (2000：18～22).

❷ 这一节中的大部分资料来自 Hamilton，Feenstra and Petrovic（2004），以及 Hamilton and Feenstra（to be published）。

对于那些在发展中国家对高收入国家的出口贸易中表现出色的亚洲出口厂商，人们习惯于将他们的成功，归因于他们所在国家的经济活力。在韩国和日本，生产突飞猛进增长的原因，有时候被归结为大型的家族式企业的现代企业家精神的驱动。韩国的三星和现代，日本的大型"联营公司 (keiretsu)"（如三菱和东芝）都是这一类实例。巨型企业跨越多个行业，超越制造业，进入服务业，全面推进自身的全球化地位（如索尼公司）。除此以外，还有一种在中国台湾最为显著的类型，就是由一群小企业推动一个行业的发展，而这些小企业通常与大企业保持合作的关系。

无论坚持市场引领经济增长的理论家怎样反对，在上述所有实例的背后，都有国家在其中为提升产能而扮演至关重要的角色。国家的作用在中国和印度表现得尤其明显，在韩国、马来西亚和中国台湾也是如此。而在亚洲的一些国家和整个拉丁美洲（尤其是墨西哥和加勒比海地区），生产能力的提高，是跨国公司区位决策的结果。在某些情况下，跨国公司首要的初始目标是打入地方市场，然后成长起来，转而为出口生产；另一些则是从一开始就建立子公司，并且以供应全球市场为基本目标。

上面关于发展中国家产能增长的描述，都属于"供给方的解释"，只是形式各不相同。与此不同的另一种观点（需求方推动），认为解释这种生产高涨的主要原因应该在需求一方，在采购日益集中化的美国经济中表现得比较显著。尽管美国多数制造行业于二战之初就已经高度集中化，但是零售业的集中化却是始于20世纪50~60年代，并在70年代加速发展。沃尔玛、Kmart和伍尔沃斯（Woolworths）以及盖普公司（Gap），玩具城（Toys-R-Us）和极限（The Limited）等零售企业，都创建于1970到1981年之间。这种销售模式后来被称为"瘦身式零售"，是建立在产品和程序的标准化基础上的大批量廉价销售方式。这种销售模式需要具有低价格和大批量采购的能力。从20世纪60年代开始，这些美国零售商开始从韩国和中国台湾进货，交易最初是通过日本的大型贸易货栈进行的。有证据显示，现存韩国和中国台湾的各种出口基地的起源，都同美国采购商经营的少数几种产品贸易有关联：一开始只有很少的几个商家，经营很少的几种项目。在20世纪70年代，占韩国向美国出口将近一半的商品额，占中国台湾输美25%的商品价值，都集中在10种（7位数分类编码）商品中。尽管这种产品集中的程度在80年代初期有所下降，但在80年代后半期再次提高，并在90年代中一直增长。到了2000年，前10种（10位数分类编码）产品已经占到韩国和中国台湾向美国出口商品总量的30%以上。到了20世纪90年代［广场协议（Plaza Accord）导致美元贬值后，中国政治风波后的推进改革］，美国大型零售企业、折扣店及其他采购商开始将许多采购订单移至中国。

因此，对于全球生产力的增长，存在着两种完全相反的解释。第一种解释站在供给一方，认为企业家的推动和国家的支持是增长的原因；第二种解释重视由集中化的采购势力而产生的培育作用，这种作用刺激和拉动亚洲国家（以及墨西哥、中美洲和加勒比海地区）扩大生产。

哪一种解释是正确的呢？辨别哪一种意见正确是否有意义？对于第一个问题，我们也许可以这样回答：这两种观点，反映的是两种互相促进的发展变化，每一个方面，都有自己独立的原因。但更重要的一点是，没有哪一种发展是可以独立进行的，至少就现在已经达到的程度而言。如果没有这些国际采购商的需求，外向型生产规模就会显著缩小；相反，如果没有低成本国家的大平台式的生产者，那些零售商的市场控制力量也会受限。

对于第二个问题（辨别哪一种意见正确是否有意义）的回答是，鉴于我们所要研究的是全球化生产系统中价格被"挤压"这个问题，讨论两种解释性观点孰是孰非，并没有意义。实际的问题，在于产能增长所带来的硬性约束，集中化的采购造成的硬性约束，这两个方面的难题事实上存在，而且还在变得越来越严重。无论怎样解释其中的原因，全世界的生产者所得到的价格，受到这两个硬性约束条件的挤压，是无法改变的现实。

6.4 进退维谷——价格和收入受到挤压

提要：全球价格和制造行业贸易条件的趋势

制造业产品出口价格

全球制造业产品贸易价格在经历了一段快速稳定的增长之后，进入20世纪80年代，价格增长速度逐渐放慢。80年代末期以后，从总体上看，制造业产品的价格开始下降。在1988年至2001年之间（我们得到的这个时间段的数据质量较高），收入越低的群体，遭遇的价格下跌的趋势越严重；但是中国制造的产品价格下降趋势甚至超过最低收入组国家。与此相似的是，技术含量越低，价格可能下跌得越厉害（出乎意料的是，资源依赖型产品的价格不如技术含量低的产品价格那样趋向于下降）。另外，在技术密集度不同的行业里，似乎出口国的收入越低，价格就越容易下跌。

制造业产品的贸易条件

发展中国家制造业产品出口价格从整体上相比于高收入国家已经下降。这里反映出来的，是发展中国家制造业产品的易货贸易条件的全面和持续的恶化，即出口的制造业产品价格下降速度，超过了进口的制造业产品价格的下降速度。这种情况正发生于发展中国家同欧盟、美国和日本的贸易之中。其中，遭受贸易条件恶化负面影响较小的，是东亚新近工业化的国家。

在6.1节，我们展示了在全球制造业经济中，生产能力是怎样扩大的——越来越多的制造商正在扩大产能，与此同时发生了重大的全球性生产和出口的地理转移。在6.2节，我们记述了在很多行业中存在着的采购势力日益集中化的现象。发展中国家的生产者，正是在这个形势中进行着生产和出口。这两种相互平行、相互补充的力量，对参与经济全球化的生产商正施加越来越大的竞争压力。这种竞争的压力，表现在发展中国家出口商所面对的价格压力和易货贸易条件这两个方面。

制造业产品的价格压力

从总体上讲，全球经济中的价格在20世纪60年代到70年代之间有所提高。在一些发展中国家的特例中，这种提高表现为恶性通货膨胀，年通货膨胀率可达数千个百分点。但是通货膨胀压力并不局限于发展中国家，欧洲和北美的一些工业化国家年度价格增长率也会超过10%；而且在英国和意大利等国家，价格上涨率会超过20%。但是到了20世纪80年代后半期，特别是整个90年代，出现了一个物价受控的趋势。千禧年前夕，大部分工业化国家每年的通货膨胀率已经下降到3%以下。日本是一个例外，90年代末的问题是物价紧缩（价格下降）而非物价膨胀。因此，在研究全球制造业贸易价格压力的变化过程时，我们需要记住，价格膨胀减轻，其中的因素不仅有全球制造业生产和贸易中的竞争压力变动，还有政府为了稳定经济环境制定的补充性宏观经济政策。

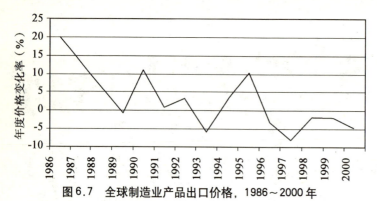

图6.7　全球制造业产品出口价格，1986～2000 年

数据来源：国际货币基金组织（IMF），世界经济展望数据库（World Economic Outlook Database），2003 年 9 月。

图6.7显示世界制造业出口价格的总体趋势。该图描述了 1986 年到 2000 年间价格的年度变化率。我们可以看到，价格总体的走向是持续和普遍的下降，并且从1996年开始，制造业产品的综合价格是逐年下降的。然而，这组来自国际货币基金组织（IMF）的汇总数据的缺点，是缺少从内部运行视角来观察的价格波动。因此对这些趋势进行分解是很重要的。这里我们用欧盟的进口贸易数据代表全球贸易来作一个分析，将这些价格数据分解为国家和行业数据，据此分析全球生产和贸易的地理分布变动，这同6.1节中采用的办法是一样的。

全世界的贸易都是被分类并归入细目编码系统的，每一种贸易品都有一个惟一编码加以记录。在对贸易进行分析时，对细节的要求越高，所需的产品编码也就越长。联合国商品贸易（COMTRADE）数据库是贸易历史数据的主要来源之一，它提供5个等级的分类细目——《国际贸易标准分类》（SITC）一、二、三、四、五位数等级，每一个等级可再分为更具体的细目。然而，用联合国商品贸易数据库的数据来分析价格（价格是以交易金额除以交易数量来定义的）发生

了一个问题，那就是在分解到三位数这一级时，会失去数据的共通性。如在家具贸易中
(SITC 82)，在四位数编码这一级上，大多数国家的报告以"吨"计量，而中国则用"套"
作为单位。而美国的贸易数据中，一部分四位数级的贸易项目的数据只有金额，没有数
量。与联合国商品贸易数据库不同，欧盟使用《商品名称及编码协调系统》(Harmonized
System of Commodity Description and Coding，简称HS) 来记录进出口数据。这个《协
调系统》将贸易划分到非常详细的等级——有时可以达到八位数——而且用来计量贸易
量的单位也是统一的。该系统的每一等级包含更加细分的数据——在制造行业中，包含
71 种两位数编码的产品，1008 种四位数编码的产品，4587 种六位数编码的产品，以及
10512 种八位数编码的产品目录（八位编码数据对于分析国家之间的贸易用处不大，原
因是在八位数分级上有一些国家使用了不同的编码来记录同一种商品，而二、三、六位
数的分级编码目录是完全通用的）。

　　如果打算对单位价格进行详细的分析，《协调系统》是一个更加可用的数据库。细
节很重要，因为综合程度越高，就越看不出价格变化的细微趋势。我们可以在各个数据
分级层次上分别做分析，来检验一下，为了识别出价格的走向，需要把贸易数据分解到
何种程度才可行。采用延伸的迪克－富勒单根检验法 (ADF，Augmented Dickey-Fuller)，
我们检验了 1988～2001 年的数据，结果是，价格发生的波动，随数据的细分层次的提
高而被更多地识别出来。当用两位数、四位数和六位数编码的分级数据时，识别出来的
发生价格变化的部门，分别为总数的 17%，32% 和 40%。由此可见，欧盟的高度细化
的制造业进口数据库，作为一个替代手段来分析全球制造业的价格趋势，是非常有用
的。但这个数据库也存在两个缺点。首先，由于要求所有国家都统一使用"协调系统"，
所以该数据库中的贸易数据只能追溯到 1988 年。第二，2001 年以前，欧盟各国使用各

自的货币，我们不得不将它们转换为一个统一的货币单位。我们选择了美元,因为几乎所有的欧盟贸易模式分析也都使用美元。欧盟数据中2000年以前的数字通过欧洲货币单位(ECU)转换为美元，2001年和以后都使用欧元。

这些数据显示了什么呢？有一些成熟的计算方法可以帮助我们跟踪贸易产品的单位价格。首先最值得一提的计算方法就是延伸的"迪克－富勒"单根检验法，它可以判断某种价格变化的趋势；然后采用卡尔曼滤波器(kalman filter, KF)测定价格变化的方向和比率。但是上述两种测试方法有一个问题，它们对于年内价格波动非常敏感，所以需要较长时间的序列数据才能判断一种趋势。考虑到这个原因，我们在分析世界制造业产品价格变化时，将起始年份（1988年）和结束年份（2001年）进口到欧盟的主要贸易品价格进行比较。（在工作中，为了避免受到价格超常波动的干扰，我们将1988～1999年平均值与2000～2001年平均值作了比较。）我们通过记录价格负增长的行业所占的比例，来确定哪一类国家和产品最容易受到价格压力的影响。这个方法只是一把"钝刀"，但是鉴于联合国商品贸易数据和《商品名称及编码协调系统》的局限性，这个办法至少是对高度细分的产品价格变化过程追踪分析"弊端最小"的方式。

图6.8表达了按收入水平划分的四类主要国家向欧盟出口制造业产品的情况。图中把中国单列，因为中国是一个格外充满活力的全球贸易参与者。从图中我们可以清晰地看到，一个国家的人均收入越低，它的产品的价格就越趋于下降。值得注意的是，中国出口产品价格的下降似乎比低收入组的国家还要显著。

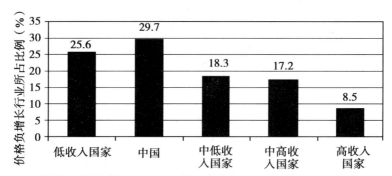

图 6.8　价格负增长行业所占比例（按国家分类），1988/1999～2000/2001 年

　　然而，按国家分组比较，不一定是表达生产商易于遭受不断增长的价格压力的最好方法。另一种方法，是观察不同类型产品的价格表现。这里我们的假定是，最容易受价格压力影响的产品，是从 "创新租"（第三、四章所讲）中获益最少的产品。因此，在图 6.9 中，我们观察价格变化趋势与行业科技密集程度的关系。按照联合国工业发展组织的分类方法，在 6.1 节中我们曾经用这种分类方法分析过全球贸易的结构变化，并对两千种以上以六位数编码的产品价格趋势进行了研究。下图显示的是，产品的技术密集程度越低，它们的价格越有可能降低。值得注意的一点是，资源依赖型产品（比如精炼植物油等）比制造业产品价格降低幅度更小；前者以国内的初级产品为原料，后者则以进口零部件为原料，而且越来越多地显示出贸易的垂直专业化特点。

　　有关价格变动趋势的最后一个问题是：按照技术密集程度分类的产品，其价格变动的走向，是否同出口国家所属的收入分组有关？这个提问，把图 6.8 和图 6.9 所依据的两类因素结合在一起。从图 6.10 中可以看出：在每一个分组中，出口国的人均收入越低，产品价格降低的可能性就越大。在中国，除了高技术行业以外，其他行业的产品

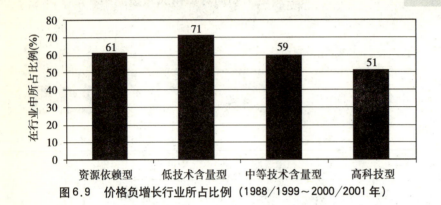

图6.9 价格负增长行业所占比例（1988/1999～2000/2001年）

价格都不太会降落到另外的低收入国家以下，但是十分可
能会低于中低收入国家、中高收入国家和高收入国家，这
个相对意义上的"价格行为"表现得相当稳定。

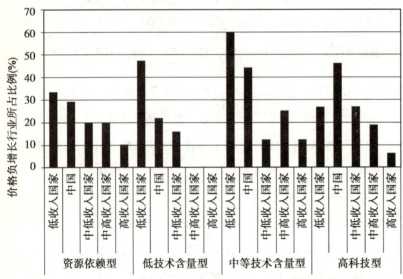

图6.10 按技术密集程度和国家收入分组－价格下降的行业比例
1988～1999／2000～2001年

　　我们从所有这些数据分析中可以得到的结论是什么呢？
在前面几章中我们讨论过，收入持续增长的关键在于生产者
是否有创造并获取经济租的能力。随着全球化的深入发展，
生产者承受的压力越来越大，由此产生的对收入的压力也越

216

来越大。

这种压力的表达之一，就是对价格的挤压：如果成本不能比价格下降得更快，收入就受到了威胁，于是生产者会发现，他们得到的实际收入或者相对收入总是在降低（这是我们在第二章中考虑过的一个问题）。分析全球制造业出口价格的波动行为，打开了一扇很重要的解释这种压力的窗口；但是这个窗口云雾缭绕、视线不明，因为在很多情况下（比如电子类）成本确实比产品价格下降得更快。不过，相当大的数据分析规模——产品属于两千种行业以上——为穿透这个模糊前景提供了一定保证。在这样的基础上，我们可以说，从总体上看，收入越低的国家，越有可能面对严峻的价格竞争；而且出口产品的技术密集程度越低，所面临的价格压力可能越大。那些出口中低技术含量产品的低收入国家最有可能在这种竞争压力下受到伤害。

但是，这个证据还不充分，还不足以导出低收入国家和低技术含量产品出口商在全球化中受损的结论。他们的出口回报确实会降低，但同时他们也是进口者，作为制造业进口产品的消费者，他们也会因进口价格下降而受益。换句话说，尽管我们对价格问题提出了有力的见解，但道理还只讲了一半。我们现在必须集中讨论本书的主题——低收入国家生产者的贸易条件。

制造业者面临的贸易条件

> **提要：贸易条件的走向**
>
> 制造业者面临的综合贸易条件
>
> 相比于高收入国家的制造业出口价格和知识密集型服务行业的价格，发展中国家出口的制造业产品价格总体上下降了——1985 年以后更是发生了剧烈下跌。

发展中国家的易货贸易条件

发展中国家在与欧盟、美国和日本的贸易中,易货贸易条件(即实际发生的制造业出口商品的价格与实际进口的制造业商品价格的比较)恶化了。亚洲的发展中国家在同欧盟和日本(有可用的数据)的交易中,贸易条件恶化的情况略轻于其他地区。

我们在第三章讲述过2500万咖啡种植者的不太成功的经历。除去咖啡主产区遭受天灾时偶尔出现的价格上涨以外,从20世纪60年代中期开始,咖啡价格一路下跌。与此同时它们进口的制造业产品的价格不断上涨,结果是这些国家咖啡种植者实际的购买力(易货贸易条件)急剧下降——在1964年至2000年这个时间段内,下降的幅度超过了54%。其中1977年至2000年,咖啡价格跌入最低谷时,下降程度达到83%;仅在1995年至2000年之间就下降了25%。正是因为咖啡和其他初级产品贸易条件的恶化,使得战后大多数贫穷国家将发展制造业定为目标,到了80年代后半期,更进一步走向制造业出口。

上面的图6.7展示给我们的情景是,当20世纪快结束的时候,制造业产品价格总体上也开始下降。但是,我们在6.1节中也看到,产品价格的下降在不同类型的国家(确切说是不同类型产品)是不均衡的。那么,对于贫穷国家来说,价格的不均衡变动在总体上造成了什么呢?图6.11从一个不严格的近似值开始,对比了发展中国家与高收入国家制造业出口产品的价格表现。图中曲线的依据为综合数据,因此不能表达行业内差别,而且也不能代表贫穷国家的真实的贸易条件,因为这不是它们的进口价格和出口价格的比

218

较，而只是它们的制造业的出口总值与高收入国家相比之下的价格表现。作为一个"引子"，图6.11为后面有关发展中国家制造业贸易条件的更加细致的分析，提供了一个重要的背景。从

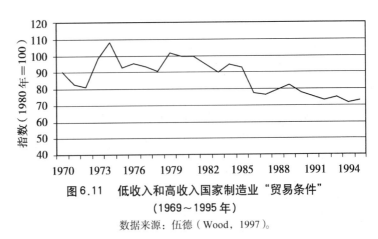

图6.11 低收入和高收入国家制造业"贸易条件"
(1969～1995 年)
数据来源：伍德（Wood，1997）。

图中可以看到，从20世纪70年代后的最高点（1974年）至1995年，这些低收入的出口者的贸易条件（粗略定义）下降了大约三分之一；从1985年中国开始成规模进入全球制造产品市场至1995年之间，又下降了21%。

计算贫穷国家的易货贸易条件的工作，必须依据它们真实的制造业进出口情况，这里出现了三个棘手问题。第一，对象国家数量非常多，即使按照地域划分来区分它们的表现，计算时也还是没有做贸易加权（trade-weighted）。这样，中国的制造业进出口单位价格所产生的影响，和别的贫穷国家得到的权重是相同的，而不论人口数量相差多大。第二，我们对于单位价格的分析，是以相当综合的贸易分级编码数据为基础的，大多数是在两位数分级编码水平上。这就是说，如果使用《商品名称及编码协调系统》（数据库中的HS61项目（服装服饰，编织勾织品），其中的HS6111（婴儿服装服饰，编织勾织品，不包括帽子）和HS6112（休闲运动服、滑雪服和泳装，编织勾织品）的单位价格是不能区分的。（在更加细分的编码中，HS61120和HS61130都有婴儿服装服饰，只是前者

是棉制品，后者是化纤原料制品。）第三，在6.1节中分析欧盟进口货物的单位价格时，已经遇到过"标尺"的问题，那就是对多国贸易作比较时使用何种货币单位，因为交易事实上是用很多种货币结算的。用美元作计算货币单位是几乎所有的关于贸易条件的研究都遵循的惯例。由于以上原因，这里对发展中国家制造业贸易条件的研究只能是粗略的估计。

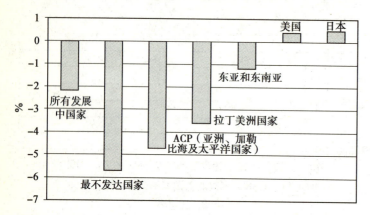

图6.12 相对于欧盟的制造业产品贸易条件，（1979~1994年%）
数据来源：梅泽尔斯，帕拉斯卡斯和克劳 (1998)。

❶ Maizels，Palaskas and Crowe (1998); Maizels (1999); Maizels (2003).

梅泽尔斯在评估这种制造业贸易条件时，分别做过三项研究,把贫穷国家进出口两方面的情况都考虑进去了❶。第一项研究是发展中国家对欧盟的贸易条件；第二项主要是这些国家与美国的贸易；最近的一项研究是它们对日本的贸易条件。在对欧盟的研究中，他把1979至1994年间，欧盟与一系列发展中国家（分组）的贸易条件，同对美国和对日本的贸易条件进行了比较，研究的范围包括了非制造品和制造业产品。在所有的情景中，对欧盟出口的非贸易品的贸易条件都不如制造业产品的贸易条件好。由于我们的兴趣是制造业，所以这里只涉及制造业产品的贸易条件的比较结果。即，将这些国家对欧盟出口的制造业产品的价

220

格表现与它们从欧盟进口的价格进行比较。图6.12给出了比较结果。我们可以清楚地看到，在这一时期美国和日本对欧盟的贸易条件是有所改善的。

相反，所有的发展中国家总体遭遇的是制造业贸易条件逐年下降2.2%的过程（可与制造业产品／日用品贸易条件年变动率−4.2%相对照）。其中，最不发达国家的制造业贸易条件恶化最为严重（年变动率为−5.7%），东亚和东南亚下降幅度最小（年变动率−1.2%）。

对发展中国家同美国之间的贸易条件分析，也发现了类似的情景。以1981年为基年，到1997年时它们对美国的贸易条件总计下降12%，在20世纪80年代中期发生过急剧恶化。然而，高收入国家对美国的制造业贸易条件同期上升了16%。换句话说，当发展中国家的制造业出口商相对降低了对美国的出口价格的时候，欧盟和日本的出口商却在相对提高向美国出口物品的价格。在对美国的贸易条件的研究中，没有将发展中国家按不同类型分组进行评价，但在接下来对日本的研究中，他采用了这种评估方法。

梅泽尔斯选取了9个亚洲国家和地区（中国、中国香港、印度尼西亚、韩国、马来西亚、菲律宾、新加坡、中国台湾和泰国）以及欧盟和美国，计算它们在1981至2000年间对日本的贸易条件变化情况。结果显示，低收入和高收入两组国家对日本的制造业产品贸易条件都有所下降。到了分析截至年，低收入国家贸易条件降低了20.7%，高收入国家降低了13.6%。

6.5   中国推进参与全球经济是否是价格下跌和贸易条件恶化的原因

提要：中国与全球经济

中国经济1990年以来的迅猛增长与1985年以来加入全球化经济有密切关联。这种增长反映了历史上空前的投资率和为提高生产率的持久创新这两个因素的结合。

中国已经成长为主要的制造业产品出口国，在低收入国家向高收入国家出口的产品中占有一个相当大的、不断增长的份额。

中国在美国市场的成功与贸易顺差的不断增加同时发生。

在本章的前几节中，我们已经向读者展示过，相对贫困的国家和低技术产品的生产者，是如何在日益激化的生产竞争、采购势力日益集中化这两大硬性约束条件的夹缝中挣扎的。我们也观察到，在20世纪90年代的经济发展模式中扮演了极其重要角色的美国采购商，在搜寻和外包布局方面，如何将大部分进货渠道转移到中国大陆，舍弃了香港、韩国、新加坡和中国台湾，这是具有决定意义的转变。现在我们要看一下，中国目前在全球化的生产和采购系统中扮演的角色是如何发展而来的，并且在全球化的生产和消费格局中，中国是怎样开始在收益分配方面扮演起重要角色来的。

近年来中国经济的增长速度是非同寻常的。从1990年至2002年，年增长率达到9.7%；[1]到2001年，中国GDP占全球GDP的比例已升至12.1%，人均GDP达到全球平均的人均GDP的58%（上述数据已经考虑了中国货币的购买力因素）[2]。经济扩张的背后是汹涌的投资浪潮——到2001年，

[1] 世界银行，世界发展指标（2003）。

[2] Young Rok Cheong and Geng Xiao (2003).

222

223

中国每年投资占GDP的比例几乎达到40%，这个比例是其他低收入国家的两倍（参见图6.13）。韩国1976年的人均收入与2003年的中国（按购买力平价计算）相当，但当时韩国年投资额占GDP的比例只有26%。这些投资大部分来自海外，外国投资者大量涌入，他们将中国看做全球经济的一个生产平台。在1998年和1999年，中国吸收了流向发展中国家的全部直接外资投资中的23%；这个比例在2002年更提高到33%；如果把中国香港地区所占的份额也算在内（香港的许多外国直接投资是到大陆去搞生产的），那么在流向发展中国家的外国直接投资总额中，中国所占比例可能高达30%～41%。[1] 当然，中国经济的快速增长并不仅仅由于高投资率，它也是许多行业和多种类型的企业中生产率显著提高的反映，特别是20世纪90年代外资企业生产率的迅速提高（见图6.14）。

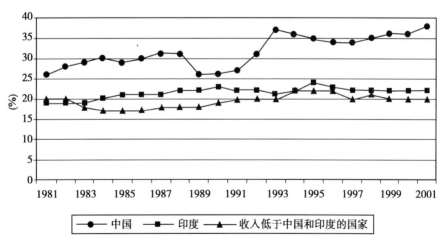

图6.13　中国、印度及其他发展中国家投资占GDP比例，1980～2001年（%）
数据来源：马诺莱和马丁（Manole and Martin，2003）。

---

[1] 据联合国贸易与发展会议（UNCTAD）计算，世界投资报告（2003）。

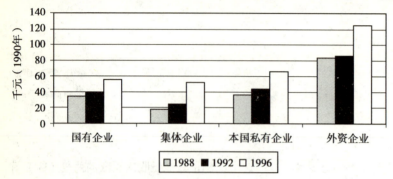

图 6.14　中国不同类型企业的生产率增长，1988、1992 及 1996 年
（1990 年不变价格）

数据来源：杰佛逊等（Jefferson et al.,2000）。

伴随着这样的产能增长，中国在 20 世纪 80 年代中期隆重进入全球市场。直到 1985 年前，中国的出口格局一直是很稳定的——其中制造业产品约占一半，另外一半是自然资源产品和农产品的出口平分。但是 1985 年以后制造业出口大增，只经过了很短的时间，制造业产品就占了中国出口的主导地位。1991 年制造业出口几乎占到全部出口的 90%。20 世纪 90 年代期间，特别是 1994 年废除了汇率双轨制以后，中国制造业出口增长得更快：从 1997 年到 2002 年的五年间，制造业出口额翻了一番。相比之下，实现出口额倍增，德国在同样处于出口增长高峰的 60 年代用去了 10 年时间，日本在 70 年代用去了 7 年的时间。到 2002 年，中国的出口额占所有发展中国家出口总额的 20% 以上；到了 2003 年，中国已经成为仅次于美国、日本和德国的世界第四大出口国。

中国的出口增长是建立在激烈的价格竞争、日趋完善的生产过程和较好的产品质量基础之上的。❶ 20 世纪 80 年代中期以后，伴随着中国出口增长的是贸易条件的显著恶化，下降幅度达到大约 25%。这种下降在对日本、欧盟和美国的贸

❶ 据 2004 年对德国 70 家金属制品企业所做的一项调查显示，该行业中 40% 的被调查对象认为东欧产品不如德国产品质量好，而只有 17% 的对象认为中国的同类产品不如德国产品质量好（《金融时代》2004 年 8 月 23 日）

易中比对发展中国家的贸易更为剧烈，它是出口产品价格的下跌（参见6.3节）和低价值新产品的生产二者的综合，特别是由于中国快速地加入了高技术电子产品的低技术部分的组装工序。[●] 这个模式的发展速度很快，中国高科技产品的出口额1999年为250亿美元，到2001年就增加了一倍多，达到580亿美元。[❷] 下面文框6.5提示了一些相关企业的规模和城市的情况。

文框6.5 中国的全球出口平台

■ 地处珠江三角洲的顺德被称为世界微波炉之都。全球微波炉产量的40%出自当地的一家巨型企业。

■ 深圳制造了全球70%的复印机和80%的人造圣诞树。

■ 东莞一家生产跑鞋的工厂有八万工人在做工。

■ 中山市被称为"世界电子照明工业之乡"。

■ 宝成集团（Pou Chen）拥有两家制鞋厂，雇用工人11万，年产一亿双鞋。

■ 伟创力（Flextronics，新加坡企业）在中国的Xbox游戏机制造厂在一年内将员工人数增加一倍，达到12000人。1999年，只有5%到10%的供应商为当地商家，到2003年已有50%到70%生产资料取自中国本土。

数据来源：Roberts and Kynge（2003）。

[●] 郑和赵（2002）。

[❷] 刘（2002）。

所有这一切，使中国在很多行业的全球市场上占据了主导地位，特别是我们在第四章和第五章中讨论过的被采购巨头操纵的行业中更是如此；这些都是最贫穷国家扩大出口的目标行业。表6.4中的数字显示在与发展中国家有关系的主要行业中，中国对美国、日本和欧盟的出口达到了何种程度。

从1980年到2002年，中国出口占美国制造业产品进口总额（其中包括很多并非中国大量生产和出口的商品）的比例从近于零增长到14%。在采购巨头控制的消费品行业中，由于没有进口配额限制，中国产品所占的进口份额增长更迅速，在对日本和美国的贸易中尤其显著。在鞋类、玩具和体育用品方面，中国没有受到进口配额的限制，已经占到了美国和日本三分之二以上的进口产品份额，以及美国旅游用品进口总量的三分之二。在服装和纺织品行业，中国的进展至今还受到进口配额的限制，但是，正如我们在第五章中看到的，进口配额即将被废除，可以预见中国将会成为这两个行业的新的供货来源。

美国与中国大陆和"大中华区"（包括中国大陆、中国

表 6.4 欧盟、日本和美国从中国进口的商品份额
（1995～2002 年）

	欧盟		日本		美国	
	1995	2002	1995	2002	1995	2002
所有制造业产品	2.2	4.0	5.3	6.8	7.6	13.8
纺织品	2.5	4.6	31.3	47.5	11.6	15.8
服装	7.9	11.5	56.6	78.1	14.9	15.1
其他消费品	6.4	9.5	19.7	31.6	25.5	36.5
鞋	6.7	9.7	47.3	67.4	52.3	68.2
旅游用品	40.4	45.1	32.9	45.2	47.4	64.2
玩具和体育用品	26.0	35.8	26.4	63.5	48.4	66.6
家具	7.0	6.2			11.2	34.0

数据来源：世界贸易组织（2004）。

香港地区和中国台湾地区）之间的贸易赤字的规模，是中国占美国的进口比例的重要程度的指标。图6.15表明，这个贸易赤字指标从1995年开始激增，到2002年，美国与中国大陆和大中华区的贸易赤字分别达到1030亿美元和1140亿美元。这里需要指出的一点是，在更早的时期，中国向美国的许多出口是间接的，这就是我们在第五章和第六章中讨论过的"三角形制造网络"。从20世纪90年代以后，美国原来从该区域进口的货物中直接来自中国的比例迅速上升。

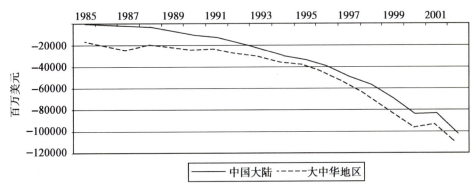

图6.15　美国对中国大陆及大中华区（中国大陆、中国香港地区和中国台湾地区）经常项目赤字（1985～2001年）

数据来源：数据来自蒋和肖（Cheong and Xiao），2003。

总之，本章讨论的，是对低工资国家里的制造业出口者的收入进行挤压的势力。存在着两种硬性的约束，即全球范围内不断增加的产能，和全球采购商不断的集中化形成的势力。这会使低收入国家的制造业出口价格被压得很低，即使生产者有可能在制造业产品的进口价格下降时获益，结果还是这些穷国的出口厂商对世界主要消费地区的贸易条件恶化。造成这种价格压力的一个主要原因，就是中国在全球制造业市场的地位快速提高。在我们对全球的收入和分配的思考中，使我们感到忧虑的，不仅是这种对价格的重压的程度，更是它将来的走向。我们在本章看到的一切，预示在 21 世纪最初的几十年中，情况只会继续恶化下去。

但是，为了全球化，是否真的有必要让穷国遭受如此阴暗的命运？全世界产能的增长，是否不必走向同等规模的全球消费扩张，是否有可能借此拯救低收入国家中的出口商，免于遭受价格崩溃的伤害？

这些问题我们在下一章中讨论。

第七章

得失能够相抵吗

如前文所述，世界范围内的产能扩大和全球性采购势力的集中化相结合，给制造业产品的价格，尤其是来自低收入国家以及低技术产品的价格，造成了严重的和持久的压力。我们很可能会推断，这种情景会挤压制造业生产者的利润空间和他们的收入。但是，情况不一定如此。我们将要看到这样的一种情况：价格下降了，利润和收入反而上升了。换句话说，尽管价格下降本身会使一些生产者面临困难，但是，实际情况的复杂性远远超过设想。

我们在第六章已经看到，理解价格下降这个问题的要点，在于这样的一个事实，即制造商不仅仅出售他们自己的产品，他们同时也是产品、半成品和原材料的购买者。但是，即使有了投入品和产品的价格相比而得到的相对价格，我们仍然解释不了价格将如何影响收入和分配。这是因为，除了投入品和产品的价格，我们还必须掌握投入量和产出量，掌握生产过程中的效率变化。对于全球总供给的讨论，还必须与全球总需求结合在一起。

为了分析这些问题，我们首先简单回顾一下贸易条件理论（见7.1节），该理论为评价全球专业化分工的总体结果提供了重要的背景。接下来，我们讨论一些可能会深化制造业的生产和交易的全球化过程的主要因素，从这个视角看，这种深化还是有可能导致双赢的（见7.2节）。我们要讨论有关"互利"的理论假设和分析，从这里入手，然后提出一些支持性的证据。在7.3节中，我们质疑这个双赢结局，我们所做的，是把抽象的理论假设放在21世纪之初的现实世界中，把焦点聚在真实的情景上加以研究。我们得到的结论是不乐观的。虽然全球经济的运行可能有利于某些制造商，但这种运行，不会造福于大多数其他生产者。在这种情况下，实质性的贫困与不平等，就成为全球化过程的直接产品，同全球化相连接了。世界范围内的产能过剩和低消费能力的约束，直接导致了这个后果，甚至会导致实际收入朝向零点的下跌（a race-to-the-bottom）。

7.1　简单回顾贸易条件理论

> **提要：贸易条件**
>
> 　　贸易条件表达为出口和进口的相对价格，包括三个部分。
>
> ■ 实物的易货贸易条件：以进口商品价格和出口商品价格来表达。
>
> ■ 贸易的收入条件：对进出口商品的数量和价格两个因素进行计算；当对产品的需求增加的比例超过价格的下降比例时，此情景就表现为贸易的收入条件的上升。因此，当实物的易货贸易条件恶化的时候，进口的能力仍然有可能加强。
>
> ■ 贸易的生产要素条件：不仅反映价格，还反映要素生产力。要素生产力的提高幅度可能超过产品价格的下降幅度，这样在实物的易货贸易条件恶化的时候，收入仍然提高。

230

231

价格下降本身不一定是坏事：消费品的低价格使消费者受益，相对而言提高了他们的收入。当价格下降来自于生产成本降低和生产力提高的时候，生产者的收入不一定受损害。评价价格下降对收益影响的关键是**相对性**：即一国出口产品的价格**相对于**进口产品的价格下降了多少？生产者的销售价格**相对于**生产过程中投入品的价格下降了多少？生产者的销售价格**相对于**生产力提高带来的成本降低下降了多少？这些就是在20世纪50年代初期，普莱比希（Prebisch）和辛格（Singer）第一次提出贸易条件恶化这个问题时所涉及的事件。他们担忧的，是由于价格下降对国家之间的收入分配所发生的影响，特别是对贫穷国家的损害。（根据教科书上的理论，价格下降问题只适用于分析一个国家**内部**的生产和贸易。）我们在第三章中提到过，他们力争的主要观点是，发展中国家的出口价格与进口价格**相比较**，发生了全面的、持续的下降；他们还就贸易条件为何不利于发展中国家的生产者，特别是不利于生产农产品、金属和矿石等初级产品的生产者，提出了5点解释。[1]

第一，这是因为很多（出口）产品同时也是（进口商品的）生产要素，因此，作为投入品的初级产品降价，对生产厂商和产品购买者的意义是不同的。以制造电话所使用的铜为例，如果铜的成本占最终产品总成本的10%，那么，如果铜的价格（初级产品出口者的价格）下降一半，所导致的电话（进口商品）价格下降的幅度只有5%。

第二，辛格和普莱比希还提出，当收入提高的时候，对低收入国家制造的产品需求量会上升，但上升幅度会低于对高技术产品的需求量。此外，人们对于低技术产品和初级产品的需求，具有更高的价格敏感性。因此，除非发生了不成比例的大幅度降价，对

---

[1] Prebisch (1950)；Singer (1950).

低收入国家出口产品的需求量才会增加。

第三,低收入国家出口的很多商品都有人工合成的替代品,因此对这些商品的需求量也会下降。实例之一,是用于汽车轮胎的合成橡胶的发展替代了天然橡胶。

第四,在讨论创新和"技术"经济租(technology rents)时,我们需要回顾第三章的内容。低收入国家通常生产进入壁垒较低的产品,相比于那些制作工序复杂、具有较高技术含量的产品,它们在价格和利润上容易受到更大的挤压。

第五,高收入国家的产品,更多是在成本-加价的基础上定价的。有工会组织的劳工力量存在,意味着价格下降在高收入国家受到的阻力比在贫困国家要多得多;在贫困国家中庞大的"劳动后备军"加剧了竞争,更有可能导致工资下降,所以这些国家的产品价格就更容易下跌。

从以上这一组推理中,普莱比希和辛格的观点表达得很清楚,发展中国家遭受的相对价格的下降,具有出于两组因素结合而形成的背景环境:一方面是给定的产品(需求特点、技术含量),另一方面是给定的国家特点(工资和价格构成的决定要素)。

辛格和普莱比希提出的最后一个解释十分重要,因为它与7.3节中关于全球化有输有赢的结局的讨论有关。他们认为,低收入国家贸易条件恶化的决定因素,可以在低收入和高收入国家各自的劳动力市场的特性中找到答案。他们本来计划用比较低收入国家出口商品价格和进口商品价格来证实这一点,但是无法克服数据困难。因此,他们转而选择日用品(注:低收入国家的出口商品)与制成品(注:高收入国家的出口商品)的贸易条件相比较,后来这个模式成为大量

232

233

的分析相对价格变化的实证讨论的一个中心点 ❶。

在不同类型商品的相对价格变化的讨论中,隐含着一种针对贸易条件的多角度的分析。第六章中提到的"**实物的易货贸易条件**",就是对出口商品与进口商品的单位价格进行比较——为了进口一千克肥料需要出口多少千克的咖啡?但如果一个国家的易货贸易条件下降,导致对咖啡的需求大量增加,又会出现什么情况呢?这可能是因为咖啡价格下降刺激了需求,也可能是因为它的价格具有竞争力,扫荡了某一个国外市场。在这种情况下,我们不仅需要注意出口商品的单位价格,还要考察商品的出口数量。在这里,出口商品降价可能与需求数量的上升相连,如果"**贸易的收入条件**"改善了,即使相对价格下降,出口国的总收入仍然会增加。第三,贸易条件分类还包括"**贸易的要素条件**",指的是生产中投入的不同要素带来的收入——工人得到工资,资本家得到利润。这个指标通常是反映生产效率的。劳动或资本的生产率提高的速度可能超过产品价格的下降,因而在产品价格下降的情况下,工资和利润可能反而上升。

从以上分析中我们可以看出,产品价格的下降对收入分配的影响——包括一国内部和国与国之间——是多种事件的复杂结果,这里的因素有:价格下降的幅度、不同类型产品的需求特点、由降低成本来提高生产率的模式,还有由价格下降导致的需求增长的幅度。要想评述以上所有这些因素是不太可能的,而且这些因素在不同的产品间(特别是当我们使用第六章提到的非常精确的八位数和十位数的产品编码时),在不同国家之间也各不相同。有鉴于此,我们只把一部分对当前产生重要影响的事件提出来加以考察。先看会使得全球专业化达到乐观结局的因素 (7.2节),这是本书第二部分的讨论内容。

---

❶ Sapsford and Chen 多次发表过对这些争论的综述(1998)。

然后，我们进一步分析那些会造成不太乐观的结局的因素
(7.3节)，这是本章讨论的主题。

7.2 双赢：得失可以相抵

提要：双赢的全球化结局

有几种被强力推崇的观点，主张全球化使所有的人提高了收入，依据的前提条件是，世界范围内的专业化分工，配合全球市场的规模，极大地有利于生产率的提高。生产者利用分级的比较优势，跨越国界实现专业化，然后进行交易，并且获利。这种收益通过以下几种方式产生：

- 生产能力的迅速扩散，为许多生产厂商从全球化生产和交易中获利提供了机会。

- 第六章观察到的国际"易货贸易条件"的恶化，被需求的增加和"贸易的收入条件"的改善所抵消。

- 全球消费者受益于价格下降，受益于质优价廉的消费品。

- 中国和亚洲其他地区出口制造业的扩展，把一部分低收入的生产厂商挤出了产品市场，但也大大提高了对食品和工业原材料的需求。

我们设想有一个足够富裕的社会，可以为成员提供有收入的工作、接受高等教育的机会和正式的退休计划；我们看一看其中的一个自食其力的家庭经历的生命周期。在任何一个时间段，家庭成员中总有人能够就业和挣钱，也有年幼、体弱、上学或者年老而不能就业者。通过分工和转移收入，所有成员的需求都得到满足。工作的人用收入抚养孩子、照

234

235

顾病人、赡养老人，这是因为他们自己过去从转移收入中获益，而在将来也要成为家庭的内部转移收入的受益者。如果把这种模式从家庭范围推广到家庭以外的世界，我们可以设想，专业化分工配合以转移收入，会造成一种互利的情景。

这个简单的模型，表达了我们对全球化双赢境界的思考：利益如何产生，如何达到使所有的参与者都受益。当代经济学创始人之一亚当·斯密在《国富论》中讨论专业化分工的好处时，提出了一个理论。他说："劳动生产力上最大的改进，以及运用劳动时所表现的更高的熟练、技巧和判断力，似乎完全是分工的结果"[1]。在扣针制造业的案例中，亚当·斯密对纯手工作坊（每个工人平均每天生产不到20个扣针）与采用专业化分工和机械化生产的工厂（每个工人每天可以生产2000个扣针）进行了著名的对比分析。他认为，有利于生产力增进的劳动分工包括三个因素：第一，劳动者对工作任务的熟练程度和分工程度；第二，分工使得工人在完成多项工作时，不必在工具更换上浪费时间；第三，机械制造的分工为那些生产机械化工具的资本货物公司带来了发展机会。

劳动分工的必然结果是市场的发展，在这个市场中，产品可以自由买卖。当然这个观点也是亚当·斯密经济增长模型的核心；众所周知，斯密认为市场如同"一只看不见的手"，可以协调个人需要和社会福利二者之间的关系。对于斯密来说，市场和分工的关系中最关键的是市场规模——"分工起因于交换能力，分工的程度，因此总要受市场广狭的限制"[2]。市场越大，分工的机会就越多，生产力也就越高。相比于今天的情景，对固定设备和研发工作的投入规模之大，决定了只有全球市场可以为实现劳动分工的成

---

[1] Smith (1776: 13).

[2] 同上（31）。

果提供足够的空间。

亚当.斯密首先提出国际贸易是经济发展中的一个重要因素。150 年之后，大卫·李嘉图（David Ricardo）对国与国之间的专业化生产和劳动分工进行了更细致的考察。李嘉图证明国际贸易可以达到互利，他用的是葡萄牙和英格兰之间交易棉布和葡萄酒的著名假设。他假定葡萄牙和英格兰两国酿酒分别需要90和120个工时，而织布分别需要80和100个工时。

	葡萄酒	棉布
葡萄牙	90	80
英格兰	120	100

这些数字显示，葡萄牙在生产等量的酒（葡萄牙90个工时，英格兰120个工时）和布匹（葡萄牙80个工时，英格兰100个工时）两方面，都拥有**绝对优势**。而酿酒又比织布的相对生产效率更高，因此而具有**相对优势**。换句话说，尽管葡萄牙生产这两种商品的效率都高于英格兰，但是在与英格兰相比较时，酿酒还是比织布更合算。因此李嘉图认为，如果葡萄牙专门酿酒而英格兰专门织布，然后进行交易，两国可以都受益。

劳动分工和国家之间遵照比较优势实行专业化生产，这两者的结合，为全球化的互利性提供了一种学理上的逻辑。但是在这个理论中包含了一个重大的前提，即"所有的市场都能出清"，所有的产出都能毫无阻碍地消费掉。李嘉图把这个观点讲得很明确，他援引了18世纪法国经济学家萨伊（Jean—Baptiste Say）的著作，萨伊认为供给会自行创造需求。在一个劳动分工发达的经济中，任何人获得商品和服务的手段都具有生产等量的商品和服务的能力。生产不仅会增加实物的供给，还通过支付生产要素成本，创造出购买这些物品

236

的需求。在国内贸易和国际贸易中都通用"产品支付产品"这个原则，这就是萨伊市场定律的核心 ❶ 。

　　建构全球化和专业分工互利结局的最后一块砖头，就是"动态比较优势"，就是要求企业和国家从低技术和高劳动密集型行业向高技术－高资本密集的产业升级。在日本帝国主义扩张的20世纪30年代，日本经济学家赤松要（Akamastu）曾以"雁行模式"的动态轨迹描述所谓的"大东亚共荣圈"。在更晚近一点的时候，巴拉萨提出的梯级理论，描述了一个逐级上升的过程：日本和第一梯级工业化国家由于工资上涨和进入更高的技术领域而上升，留出的空间被第二梯级新兴工业国家填补 ❷ 。

　　有什么根据可以证明全球化会有双赢结局呢？我们有相当数量的成功国家（主要在亚洲）从全球化中获益（见第一章）。随后，我们利用第六章分析全球价格时提到的问题，来说明价格波动也许真的是全球产品市场交易深化过程的反映，是实现互利所需要的。我们从观察收入的新增加部分开始，这种增加是进口的投入品和进口消费品的价格下降带来的。接下来我们分析贸易的收入条件方面的证据，最后考察中国（和其他高经济活力国家）经济增长对世界原材料需求的影响，并且得出结论。

质优价廉产品的实用性

　　一个国家的出口对于另一个国家而言就是进口。产品价格下降、出口商收益减少的反面，是进口商因为购买价格降低而提高了收入。全球化推进的一个表现，是减少或消

---

❶ 这是布劳格对萨伊的归纳，见 Blaug (1985: 149)。

❷ Balassa (1989).

除进口障碍，其中的一种就是限制贸易数量的贸易壁垒，包括非关税配额限制，另一些则是加在价格之上的进口关税。最近几十年来，世界上发生过一轮又一轮贸易改革，涉及的大量国家中，有许多是曾经实施进口限制政策以保护本地生产者的低收入的发展中国家。

消除贸易壁垒，意味着有更多商品可供消费者选择，价格比从前更低，质量也好得多。穷人使用的许多基本消费品价格迅速降低（第六章）。消费者不仅能买到价廉物美的服装、鞋子和建筑材料，还能买到价格较低的机器设备、原材料和其他生产要素。回顾一下第五章里对三大出口部门的分析，如果以汽车组装为基础产业的南非不能进口零部件，就无法实现出口的扩张。同样，世界各地许多国家出口家具，依赖的是更多质优价廉的木材、胶水、布料和染料，对于服装业来说，增加出口也是因为可以获得世界一流的廉价纺织原料。所有这些投入品进口价格的下降，已经成为驱动全球性通货膨胀率下降的主要原因，这一点在第六章中也都谈过了。

改善贸易的收入条件

在第六章中我们还看到，发展中国家与欧盟、美国和日本之间的易货贸易条件已经恶化。换句话说，发展中国家出口到高收入国家的产品价格相对于它们从高收入国家进口的商品价格下降了。但是需要比较一下发展中国家贸易数量的增长速度和易货贸易条件的恶化速度：经过一段时间以后，这些国家的贸易收入条件是否得到改善？进口能力是否提高了？图7.1提供了同美国和日本有关的情况（遗憾的是没有发展中国家与欧盟的交易数据）。从这里看得很明显，尽管

238

相对价格不断下降，发展中国家快速扩大出口规模的结果是，提高了同大国贸易而获得的收入总额。发展中国家对美国的贸易出口总额一直在上升，1995年至1996年的出口额是1982年至1985年的5倍。发展中国家对日本的贸易，从1982~1985年与1996~2000年的比较中可以看到，贸易额增长幅度小于对美国贸易增长的幅度，增幅大约为300%。

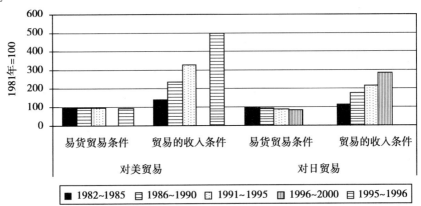

图7.1　发展中国家与美国、日本的易货贸易条件和贸易的收入条件，
1982~1996年（1981年=100）*
*指数低于100表明相对价格（出口/进口）下降（易货贸易条件）和进口能力下降（贸易的收入条件）；相反，高于100的指数表明相对价格上升（易货贸易条件）和进口能力提高（收入贸易条件）。
资料来源：摘自梅泽尔斯（1999，2003）。

　　对这一结果有两点要提起注意，我们在下一章中还会谈到。首先，对美国的贸易数据，综合了所有发展中国家的情况；而对日本的贸易数据，覆盖面仅限于亚洲地区的发展中国家。对所有发展中国家，或者所有发展中国家分组，贸易的收入条件是否得到改善，不能从这些数据中显示出来。其次，出口规模的扩大当然也包括将本国资源用于出口生产。倘若把这些资源直接投资于生产其他产品，或者为不同的市场（包括国内市场）

而生产, 所得到的收入提高速度有可能会更快 (**译者注: 在发展中国家, 资源的影子成本有时候很高, 这是资源的不合理使用导致的结果; 如果不把资源用于生产出口商品而是用于为国内的消费而生产, 这部分资源的使用可能更为有效**)。然而, 我们有根据说, **至少从总体上看, 制造品出口价格的下降, 还没有导致出口收入额下降这样的后果。**

中国不仅仅是境外市场中的竞争者

在第六章中, 我们记述了制造品出口特别是发展中国家的制造品出口面临的价格压力, 我们还提出, 这种压力与中国制造品出口的大量增加紧密相关, 或者说是由此而引起。不过, 制造业的本义就是从投入原材料到产成品的转化——以汽车为例, 零部件数量超过 5000 个, 每个零件的生产都需要投入各种原材料和半成品。20 世纪的后二十年, 全球价值链的发展导致了零部件在世界范围内的大规模交易和增长, 几乎每一个国家都强化了出口产品所使用的原料的进口。以中国为例, 出口利润用于直接进口原料的比例, 从 1980 年的 8% 上升到 1998 年的 12%; 同一时期中, 直接和间接进口 (用于国内原材料生产过程的进口商品) 从 15% 增加到 23%。❶

因此, 随着为国内外市场而生产的产品数量的迅速扩大, 中国成为其他国家出口商品的巨大市场也就不足为奇了。在很多时候, 中国也进口制造产品, 特别是从日本进口资本货物。除此之外, 我们在下一章中还要看到, 中国出口的家用电器产品中, 有很多是组装东亚地区的零部件。如果从更大的全球经济视角来看, 中国采购商品、半成品, 对全球经济产生的影响是特别突出的。

❶ Martin and Manole (2003)。

240

以普通金属产品为例，中国的进口需求受到三个因素的推动。第一，国内居民对家用消费品和汽车需求量的增加（在第五章中看到，这种需求的增长非常引人注目）。第二，公共部门和私营部门中基础设施投资大量增加，对普通金属的需求特别大。第三，中国出口的很多商品都是金属制造品。因此，中国对主要金属（铝、铜、铁矿石、镍、钢和锌）的需求从1993年占世界总需求的7%～10%增加到2003年的20%～25%。其中对钢铁的需求从1990年不足全球总量的10%，提高到2003年的25%，数量相当于日本的3倍，并且高于欧盟和美国（二者的需求量都接近20%）。从2000年至2003年，中国对铝、钢铁、镍和铜的需求增长量分别占世界总需求增长量的76%、95%、99%和100%。如图7.2所示，预计未来这些普通金属的使用量可能还会更大，部分原因是这些原材料的人均消费量相对较低（图7.1）。要记住的是，中国的人口占世界总人口的20%以上，随着收入的提高，同世界上的其他国家一样，中国扩大消费矿产资源是不可避免的，所以中国对矿产资源的进口需求还会继续增长。

这种对矿物产品进口的渴望在食品部门也可看到。可利用土地减少（工业化发展的必然结果）和农业生产率停滞不前，使中国进口食品愈来愈多。在2004年上半年，中国的食品贸易逆差达到37亿美元，其中进口粮食410万吨。有人预计这一项贸易逆差今后将继续高涨——到2007年，仅粮食一项的贸易入超预计将达到4000万吨 [1]。

中国对矿物材料和食品输入的渴望施加于全球经济的作用，可以用全球海运装载能力的短缺程度做指标来衡量。如图7.3中所示，从2001年开始海运费率逐渐攀高。铁矿石和粮食的运费分别超出1973年和1995年最高值的两倍以上（未经通胀率调整）。原因

---

[1] *Financial Times*，2004年8月23日。

图7.2 中国占世界普通金属需求的实际份额和预计份额，1950～2010 年

资料来源：麦格理(Macquarie)金属和矿石研究，私人交谈记录（2004）。

表7.1 中国对普通金属需求增长的规模，1955～2003 年

	人均数（单位：千克）			人均GDP
	铝	铜	钢	（美元，1995年）
日本				
1955 年	0.6	1.2	80	5559
1975 年	10.5	7.4	599	21869
韩国				
1975 年	1.0	1.3	84	2891
1995 年	15.0	8.1	827	10841
中国				
1990 年	0.7	0.6	59	342
1999 年	2.3	1.2	108	756
2002 年	3.3	2.0	160	933
2003 年	4.0	2.4	200	1103

资料来源：麦格理(Macquarie) 金属和矿石的研究，私人交谈记录（2004）。

242

何在？有一位船具商（ship—chandler）的感觉是："中国对铁矿石、钢和大豆的需求，毫无疑问是远洋散装商品运费率打破纪录的主要原因"❶。

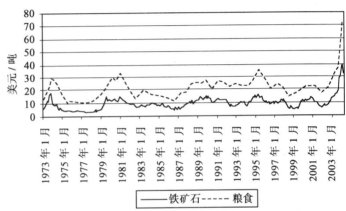

图 7.3　货物运输费率，1973～2003 年

资料来源：船具商私人交谈记录。

7.3　有输有赢：得失无法相抵

> **提要：有输有赢的全球化结局**
>
> 　　判断全球化会达到双赢结局，必须以以下三个假设全部成立为前提：充分就业；资本不流动；资源足够充裕以允许失败者进行重组和实现追赶。
>
> 　　但是，这里的每一个假设要成立，都是有问题的。
>
> ■　即使是成功者如中国，工业生产能力的大规模扩张也在减少就业机会。在美国和英国，就业还没有成为政策性问题，原因是，它们的贸易逆差迄今为止今还能够促使它们扩大就业，包括非贸易的劳动密集型服务业就业。由于中国、印度和其他低收入国家中拥有数量巨大的劳动后备大军，预计这些国家的中长期

---

❶ Tom Cutler and Clarksons，私人交谈记录。

> 就业问题会变得越来越严重。
>
> ■ 资本具有高流动性和逐利性,已经形成向亚洲国家特别是中国登陆的形势。
>
> ■ 低收入国家可用以追赶高收入国家和亚洲的资源,不仅总体上在减少并且还在流向有利于美欧地缘战略利益的那些国家。
>
> 　产能的结构性过剩加剧,受教育程度日益提高的劳动力不断过剩,使得全球化的经济不能达到专业化分工和贸易可能实现的双赢结局。"出口乐观派"犯了一个"以偏赅全"的错误。

　　我们在7.2节开头回顾了一种双赢的全球化理论。大卫·李嘉图在1817年以亚当·斯密的专业化分工、贸易和规模经济的见解为基础,提出了一个专业化分工条件下进行贸易的双方都受益的理论框架。但是,这个理论包含了三个至关重要的假设,这三个假设是达到双赢结局的前提,它们不仅支持了李嘉图的理论模型,还反映了他那个时代的全球化的实际结果。

　　第一个假设是进口国与出口国都实现了充分就业。如果不是这样,那么任何一个国家在具有比较优势的领域进行专业化生产,就没有意义了,特别是当某个国家在多个产品的生产方面都具有绝对优势的时候(比如李嘉图关于酒和棉布生产的经典故事)。换句话说,在李嘉图的例子中,如果葡萄牙拥有足够的资源生产酒和布以满足国内需要,那么由它自己生产这两样物品是更加合理的,不必出口酒到英国去交换棉布。(问题:在当今世界中,如果中国或高收入国家自身拥有足够的资源并能够更有效地生产,他们为什么还能通

244

245

过从非洲购买产品获利呢？）第二个关键的假设是资本的流动性。李嘉图认为，如果资本（和掌握了技术的企业家资源）可以自由流动，还有一个像葡萄牙这样的在所有生产领域都拥有闲置资源和绝对优势的国家，那么对英国的资本家和两国的消费者都更为有利的情景，毫无疑问应该是在葡萄牙生产酒和布，英国为织布而投入的资本和劳动应转移到葡萄牙去 **❶**。换句话说，不仅在葡萄牙生产所有的产品都很值得，如果英国的资本家在葡萄牙进行生产，然后向英国出口，将会实现更高的利润率。（只要有可能，今天的跨国公司和全球采购巨头都会向成本最低的地区大规模转移，不论这个地方有多远）。关于第三个假设，虽然李嘉图的讨论不很明确，但巴拉萨等人关于动态比较优势的探讨非常有助于说明，达到双赢结果的全球化的一个必要条件，就是在帮助生产厂商从一种生产活动变换到另一种的时候，必须进行收入的转移。（目前，随着全球范围内的外包关系的迅速变化，生产厂商在转向新流程、新产品、新功能和新领域的时候，是需要帮助的。）

我们能找到什么证据，来考察以上三个假设在当前全球化经济中是否成立？这三个假设如果不成立，将会如何影响源于生产全球化和贸易全球化的分配结果呢？

质疑充分就业假设

李嘉图的比较优势理论是以萨伊的充分就业假设为基础的。劳动力市场会"出清"的假设曾被凯恩斯宏观经济政策证实，凯恩斯理论在20世纪30年代经济危机之后曾经统领一时，一直到21世纪还在维持其主导地位。凯恩斯是从他所处时代的失业现象出发

---

❶ Ricardo (1817: 136).

提问题的。但是他所依据的理论框架，只是把失业看成是对于充分就业状态的暂时偏离。他认为萨伊定律（萨伊的假设）——供给能够自动创造需求——是正确的，但是供给与需求之间经常会出现脱节，需要政府进行积极的干预来解决问题。

然而，关于劳动力市场的理论，除了凯恩斯的趋向充分就业（或者回归充分就业——译者注）的假定之外，还有一种"劳动后备军"理论，认为根本的长期趋势是劳动力过剩。这种理论写在马尔萨斯和马克思的经典经济学著作中。特别是马克思认为，由于在技术的发展中，劳动力的节约同产出的增长不成比例，增产的速度比对劳动力需求的增长快得多。劳动剩余的经济，也是20世纪最著名的发展经济学家之一威廉·阿瑟·刘易斯(W.A.Lewis)思考的核心问题。刘易斯认为在大多数发展中国家存在着二元经济——有一个接近充分就业的现代化部门，还有一个存在大量隐蔽性失业的部门，在第二个部门里，人们以非常低的劳动生产率（经常是零）从事各种各样的工作。刘易斯相信，经过一段时间之后，现代化部门将逐渐从低生产率部门吸收劳动力，并且在长期中也会出现朝向充分就业的那种趋势。他认为这种趋势已经在富裕国家实现，这些国家由于劳动力短缺，可以或者鼓励移民（这在政治上很难实现），或者出口资本到劳动力长期过剩的国家去："当过剩的劳动力消失后，我们的封闭经济模型将不复存在。（不过）在现实世界中，劳动力短缺的国家周围总是存在劳动力充裕的国家……那些国家的劳动力成本只是勉强糊口的工资而已[1]。刘易斯对蔗糖业的分析表明，尽管生产率持续提高，但由于劳动后备军的存在，蔗糖业工人的工资从1870年到1954年间没有增加。刘易斯

[1] Lewis (1954: 435).

246

247

还有一个结论值得我们重视——他认为他的理论模型仅适用于非技术性工人，因为技术工人在富裕国家和贫穷国家都是稀缺的。

总之，与新古典主义和凯恩斯理论相反的，是另外一种关于经济发展的学说，这种学说认为，由于劳动后备军的存在，经济发展的核心趋势就是结构性失业。在一个封闭的经济中，某一个劳动力市场上可能会发生就业困难（短缺——译者注）。但是，一旦全球壁垒消除，那么劳动力的迁移可以补充劳动力不足的国家，或者从劳动力过剩的国家进口产品，也会达到同样的结果。这两种情形的后果是相同的，一部分人的收入会下降，即所有那些同剩余的劳动力争夺工作机会的人们会受损。这里的原因可能是一度紧张的（供不应求的）劳动力市场工资下降了，也可能是全球过剩的劳动力蓄水池漫堤，而导致了普遍失业。

我们认为，这就是现阶段全球化的真实情况，它的全部后果在不久将会呈现出一个严重的问题，但是目前还只是在富裕国家中被贸易赤字掩盖着，那就是仅允许劳动力被吸收到富裕国家的非贸易服务部门。此外，由于中国、印度和其他地区存在着的大量可支持全球生产网络的剩余劳动力，在全球中长期就业形势和工资水平面前正在出现的，就是全球劳动后备大军的幽灵。

让我们首先在较晚近的时期中寻找一下证据。近期内全球制造业的产出和贸易的大扩张，竟然是一个无就业增长的经济增长过程。更有甚者，我们将要看到，这几乎可以说是一个消灭工作岗位的经济增长过程。从高工资国家的角度来看，这也许不太奇怪，因为它们正在进行离岸外购外包和劳动节约的技术变革。但是对低收入的制造业产品的出口商来说，裁员与迅速增长的工业生产和制造品出口同时发生，这样的情景令人瞠目结舌。

20世纪90年代，对于美国和欧盟国内工作岗位的减少在何种程度上可以归因于同发展中国家进行的贸易，经济学家们进行过激烈的学术争论。有些学者，如伍德（Wood）认为，美欧大部分裁员（以及相伴随的收入分配恶化）归咎于从发展中国家的进口增长太快[1]。不同意这种贸易解释的学者认为，制造业工作机会的减少是由于劳动节约的技术变革，而不是由于劳动密集型产品进口的增加[2]。事实上，这两种观点并非互不相关，因为在某种程度上，正是进口货的竞争威胁推动了节约劳动的技术变革。

无论出于何种原因，制造业中的裁员现象都是非常显著的。表7.2显示，经济合作与发展组织（OECD）的14个大的成员国家和地区——即受到从低工资国家进口威胁的高工资国家和地区——在1995年至2002年间，正规制造业部门的就业率下降了8个百分点。更令人吃惊的是，与预计情况相反，中国的就业下降更大（降幅15%），而巴西这个发展中国家的第三大制造业国家的就业率下降了20%。印度在1996年至2002年间，制造业就业率下降近5个百分点。在

[1] Wood（1994）。后来Rowthorn and Coutts（2004）提出，从1992年到2000年，内部因素如技术进步和对制造业产品需求的收入弹性下降，导致了23个高收入国家中就业岗位三分之二的损失，而另外三分之一的损失则是由于同低收入国家的贸易造成的。

[2] Lawrence and Slaughter (1993).

表7.2　制造业正规部门的就业人数，1995～2002年

	就业人数（千人）				就业指数(1995年=100)			
	14个OECD成员国家和地区*	中国	印度	巴西	14个OECD成员国家和地区*	中国	印度	巴西
1995年	85623	98030	6500	9438	100	100	100	100
1996年	84508	97360	6800	8739	99	99	105	93
1997年	83003	96120	6900	8381	97	98	106	89
1998年	81728	83190	6800	7882	95	85	105	84
1999年	81266	81090	6700	7420	95	83	103	79
2000年	81486	80430	6600	7478	95	82	102	79
2001年	80535	80830	6400	7565	94	82	98	80
2002年	78761	83080	6500	7556	92	85	100	80

*美国、加拿大、德国、英国、日本、俄国、意大利、法国、中国台湾、韩国、西班牙、新西兰、奥地利和瑞典。

资料来源：根据卡森（Carson，2003）数据计算。

249

这17个最大的制造业国家的全景图中，整个制造业正规部门的就业人数从2亿下降到1.76亿，七年内下降了12个百分点。

由于中国经济发展取得的成功（见第一章和第六章），所以它的情况尤其令人震惊。中国的规模使得它在经济上特别重要，中国的正规部门就业的劳动力数量，比经济合作与发展组织十四个最大成员国家和地区的劳动力总和还要多。图7.4显示中国如何从20世纪70年代前半期就业人数迅速增加，转变成在20世纪90年代总体减员的过程，尤其是在国有企业和乡镇企业（TVEs）中。图7.5显示，随着中国在20世纪80年代初期加入世界经济体系，制造业裁员现象非常突出，在采矿业中都很明显。由于很多国有企业和乡镇企业的职工虽然在册，但实际上处于下岗状态，所以这些数字还是低估了中国的实际失业人数。这是因为，即使工人不再进行真正有效的工作，一些企业依然继续将他们登记在单位工资名册上（这样他们就可以得到社会保障服务的待遇）❶。

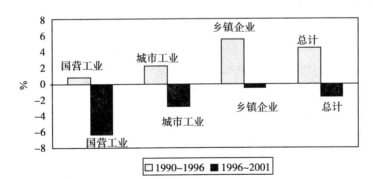

图7.4 中国1990～2001年的就业增长（年增长率）

资料来源：罗斯基（2003）。

---

❶ Gu (2003).

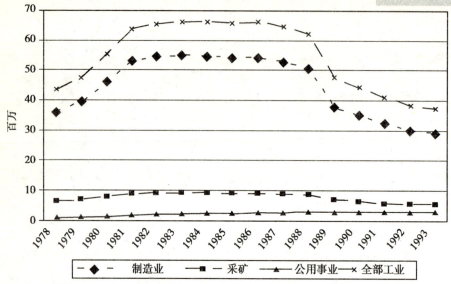

图 7.5　中国 1978～1993 年各行业就业人数的演变（单位：百万人）

资料来源：罗斯基（2003 年）。

　　然而，尽管制造业裁员已经十分普遍，但是对于大多数高收入国家来说，失业尚未成为主要问题。美国毕竟是世界头号经济强国，失业率继续保持着较低的水平，英国和（在较低程度上）欧盟也是如此。尽管大多数主要的经济合作与发展组织成员国的失业率在 21 世纪初期上升，但这仍无法与 20 世纪 30 年代经济危机时的情况相比，当时失业人口高达有劳动能力人数的 20% 以上。

　　但是，这种乐观的就业景象正在被全球经济的重要结构特征所掩饰，最大的两个经济强国（美国和英国）正在通过迅速扩大的国际贸易赤字（逆差），来推动国内和全球就业人数的增长（图 7.6）。并且，美国和英国尽管获益于服务业的出口，但是它们的国际收支表现为逆差。美国尤为明显，经常账户赤字占 GDP 的百分比由 1997 年的 2% 快速增加到 2003 年的 5% 以上；英国经常账户赤字在 1999 年至 2003 年占 GDP 的平均比例超过了 2%。这些贸易和收支逆差的扩大，

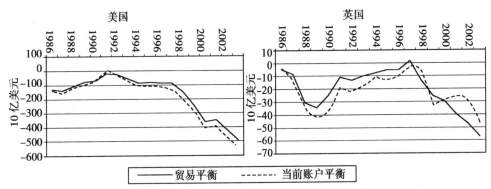

图 7.6　美国和英国的贸易逆差，1986～2003 年

资料来源：www.OECD.org。

与 20 世纪 90 年代中国制
造业出口和印度服务部
门出口（主要是软件）的
激增同步。值得注意的
是，2002 年，美国的贸易
赤字（约 4240 亿美元）和

表 7.3　2001 年至 2004 年主要国家标准失业率情况表（%）

	2001 年	2002 年	2003 年	2004 年
所有 OECD 成员国	6.5	7.0	7.1	6.9
七大 OECD 成员国	5.9	6.5	6.7	6.4
欧盟 15 国	7.4	7.7	8.1	8.1
美国	4.7	5.8	6.0	5.5
英国	5.0	5.1	5.0	不详

资料来源：http://www.oecd.org/dataoecd/41/13/18595359.pdf。

制造业出口总额（5390 亿美元）都非常大，已经远远超过了中国（2930 亿美元）、日
本（3880 亿美元）的制造业出口总额。

　　贸易赤字在支撑着英美两国的消费者大"血拼"（buying spree）。以美国为例，从 20
世纪 90 年代后期以来，居民个人消费额总和持续超出储蓄额达 5%，英国的个人净储蓄
率也下降了。消费扩张主要集中在劳动密集型的个人服务部门，这样在制造业就业率下
降的情况下，两国也能够维持国内的就业水平。这也有助于向美国和英国出口的那些国
家（特别是亚洲，尤其是中国）维持就业，有助于出口机器设备和其他产品到贸易顺差

国家去的那些国家（如欧洲大陆和东亚）维持就业。

实际上，在一个国际层面上，这里的贸易逆差与20世纪30年代大萧条时各国政府采取凯恩斯赤字财政政策刺激国内需求的方式具有同样的效果。如果中国、日本和印度这些贸易顺差国家，大量"兑现"这些贸易盈余（可能会引起美元和英镑贬值，或通过其他措施来减少需求和减少进口），则美国和英国的国内需求与就业水平就会下降。（与政府结束较长时间的赤字而设法平衡账目类似。）美国和英国的储蓄、收支逆差的持续性和规模，决定了这种情形不可持续。因此全球就业的中短期预计不容乐观。

长期预测的情景可能是更加糟糕的。图7.7显示了全球劳动力的规模，从中可以看得很明显，低收入国家的可就业人数远远超过高收入、高生产率国家。很多发展中国家的劳动力，确实如刘易斯所说，要么失业，要么劳动效率极其低下，而且通常在非正式部门工作。很多发展中国家的实际失业率非常高，在某些国家如南非超过了30%。

但是在中国，在印度（程度略轻），劳动人口的数量真是令人震惊。两国的劳动力数量分别为7.7亿和4.7亿。我们已经知道，中国的正式制造业部门的就业人数（2002年达到8300万人）超过了14个高收入国家和地区的就业人数的总和（7900万人）。这已是将近一亿个工作岗位的规模。但是，各种研究者都认为，中国目前还有1到1.5亿劳动力在生产力水平非常低的状况下工作，他们正等待着加入全球经济。如图7.7所示，仅仅这些剩余的劳动力，就超过了所有国家劳动力总和的1/4。但是，这些剩余劳动力并没有表现在中国劳动力统计数字中："中国官方发布的（正规部门）失业数字通常较低，难以反映城市实际高失业率的严重状

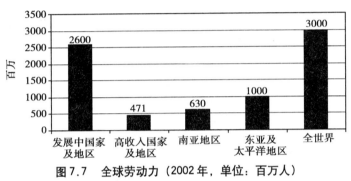

图 7.7 全球劳动力（2002 年，单位：百万人）
资料来源：世界银行（2004）。

况……这种失业在城市一般的表现不是公开失业，而是下岗。根据官方定义，下岗工人指（原文）因所在单位面临经济困难而失去工作，但名义上仍与原单位保持着就业关系的那类人"[1]。罗斯基认为，"20 世纪 90 年代正式就业的增加完全归因于农村工作机会的增加……1995 年后，大量人员被挤出正式部门，就业前景随之急剧恶化"[2]。罗斯基认为，中国开放的后果之一，就是国内对于人口流动的限制显著放宽，因此，在 20 世纪 90 年代改变居住地的人口达到了 1 个亿。

中国的劳动力市场是分割的。最近的数据（使用这些数据应很谨慎）显示，在实际工资的变化方面出现了相互矛盾的情形。一些人认为，劳动力过剩将会缓解工资压力："在日本和亚洲其他新兴的工业化国家，劳动力供给达到极限，使得工资大涨，而中国不同于这些国家，它主要的制造业地区如广东省，非熟练工人的市场工资十多年来一直停留在平均每月 100 美元（约 1000 元人民币）的最低生活线上。"[3]对此有人是持怀疑态度的。2002 年，广东省 21543 家企业的样本（其中 46.5% 为出口企业）显示，平均工资

---

[1] Gu (2003: 2).

[2] Rawski (2003: 4 ~ 5).

[3] Cheong and Xia. (1993: 129).

为138美元,出口产品企业的平均工资为145美元,其他企业的工资为120美元 **❶**。可以看出来的是,这些向高附加值产品和高技术转移的沿海地区企业,虽然工资增长远低于GDP增长的速度,但的确是提高了。除此之外,新的流动工人大量涌入沿海地区,压低了边际工资水平。同时,随着中国腹地的开放,依靠低工资成本在全球竞争的新投资项目正在进军中国内地。有一位日本驻中国分公司的经理这样说,"如果我们把这里的劳动力用完了,我们只需要往里面再走一步就行了**❷**。"劳动力市场的分割,可以解释这一事件:尽管中国某些地区的工资已经上升,美国国际贸易委员会还是相信,当主要的高收入国家取消了服装贸易保护制度时,全球服装生产很可能会全都转移到中国(见第五章)。

上述情景与刘易斯(确切地说是马克思)的模型相一致,只有剩余劳动力将被逐渐吸收的观点除外。如果我们上面提到的数字是正确的,那么这个吸收过程将需要很长很长的时间,尤其是现在技术的发展日益趋向劳动节约。第二点,刘易斯认为剩余劳动力本质上是非技术人员,正是在这一点上

❶ Rawski,私人交谈记录。

❷ Roberts and Kynge (2003).

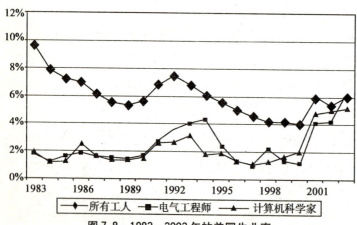

图7.8 1983~2003年的美国失业率
资料来源:海勒(Hira, 2004)。

全球就业图景正在发生结构性变化。很多发展中国家大量投资于技能开发。例如，表7.4显示了中国在人员技能开发方面的投资。几乎所有的学龄儿童都在校读书，随之接受初中和高中教育的比例也很高。接受完整教育的毕业生的总数很大，学校教育的质量（以师生比率来衡量）甚至超过一部分高收入国家。中国教育虽然可能比其他低收入国家更为先进，但是重视教育并非中国独有。印度的高等教育也有很长的历史，近年中它的信

表7.4　中国教育体系的发展（1985～2002年）

	1985	1990	1996	2000	2002
已到入学年龄接受小学教育人数的比例（%）	96.0	97.8	98.8	99.1	98.6
小学毕业后接受初中教育人数的比例（%）	68.4	74.6	92.6	94.9	97.0
初中毕业后接受高中教育人数的比例（%）	41.7	40.6	48.8	51.1	58.3
接受职业技术教育的人数	61000*	1567000	3348000	4125000	3962000
海外留学的人数	2124	2950	20905	38989	125179
大学毕业生人数			6140000		
大专毕业生人数			9620000		
中专毕业生人数			17280000		
高中毕业生人数			72600000		
初中毕业生人数			263000000		
小学毕业生人数			420000000		
专职教师人数：					
高等教育	247000	395000	403000	463000	618000
中学	3171000	3492000	4040000	4723000	5030000
小学	5499000	5582000	5736000	5860000	5779000
师生比率					
大专和大学	5.0	5.2	7.5	12	14.6
中学	17.2	14.6	16.4	18.2	18.7
小学	24.9	21.9	23.7	22.2	21
出版书籍数量	21621	80224	112813	143376	170962

* 1980年

资料来源：中国统计摘要（1997年）；《中国统计年鉴（2003年）》。

息技术出口的巨大增长,在很大程度上反映了印度的教育成果,也反映了软件业全球业务外包的规模,这与第五章中讨论的汽车、家具和服装业的情况是平行发展的。这一变化,导致了专业服务部门也开始裁员这个后果,这是美国的制造业部门曾经受过的。如图7.8所示,虽然历史上美国电子工程师和计算机科学家的失业率只有平均失业率的一半,但是到了2001年,这种局面已不复存在,上述人群的失业率已与一般失业率持平。换句话说,马克思和刘易斯所说的劳动后备军,已经不再局限于没有专业技术的工人了。

质疑资产不流动假设

在李嘉图的时代,国家之间持续进行贸易的原因,是资本的不流动性。如果资本可以流动,并且葡萄牙还有未投入使用的资源,李嘉图认为资本会流向葡萄牙,以追求更高的利润。这个结果将扩大葡萄牙的生产活动,同时使英国的产量降低。从李嘉图构建理论的思考中,我们可以抽象出一个适合当今世界实际情况的类似假设。假定有某个地区中有许多部门,生产成本较低,并且投资的资本可以流动。生产必将日益向这一地理区域集中。在今天的实际情况中,这就表现为投资资源大量流向亚洲地区,特别是中国。这个推理为第六章中的全球制造业附加值分配发生的变化提供了一定的支持。

虽然低收入国家特别是中国生产能力的增加,多数是由国内提供的资金来支持的,但还是有相当一部分资金来源于国外,一般通过两种方式实现,一种是间接投资股票市场的私人理财方式,另一种是国外资本直接向企业投资。例如,1991年至2002年,流入中国的外资占当年固定资本形成的比例超过10%❶。表7.5显示了这一时期外国直接投资的规

❶ 本节数据来自UNCTAD世界投资报告, 2003。

表7.5 1991～2002年外国直接投资的规模和地域分配情况

	1991～1996年平均数	1997	1998	1999	2000	2001	2002
世界年均流动资本金额（10亿美元）	254326	481911	686028	1079083	1392957	823825	651188
流入发展中国家占世界资本的比例（%）	36	40	28	21	18	25	25
非洲占发展中国家总流入资本的比例	5.0	5.5	4.7	5.3	3.5	9.0	6.8
拉丁美洲和加勒比海地区占发展中国家总流入资本的比例	29.6	37.9	49.2	47.2	38.8	40.0	34.5
亚洲占发展中国家总流入资本的比例	64.9	56.5	52.3	47.3	57.7	51.0	58.6
中国内地和中国香港占发展中国家总流入资本的比例	34.5	28.8	30.6	28.3	41.7	33.7	41.0
印度占发展中国家总流入资本的比例	1.2	1.9	1.4	0.9	0.9	1.6	2.1

资料来源：数据摘自联合国贸发组织材料（2003年）。

模和分配情况。1997年亚洲金融危机后，投资者的信心受到打击，外国直接投资进入发展中国家的比例下降。投资流向表现出一种很强的集中化趋势。几乎贯穿了这一时期全过程的，是投向发展中国家的全部外国直接投资的一半以上转向了亚洲，其中直接投资到中国香港和中国内地的比例上升，对这里制造业产品出口的扩张发挥了非常重要的作用。事实上，在这一时期之内，中国内地和中国香港吸收的外国直接投资估计占到了整个发展中国家所得到的外国直接投资总额的1/3至2/5。

为结构改革而转移收入

在一个发生快速专业化分工和更快的科技进步的世界里，没有哪个不具备变革能力的国家会做到保持收入持续增长。正如我们在第三章和第四章中所见，这就要求在企业层面具有特定的能力，同时还要求政府提供有利于工业结构调整的政策框架。这样的框架需要一个保持低通货膨胀率、货币稳定、有利投资的宏观经济运行环境，还需要具备应对多个部门发生市场失灵时的有效资源,例如对信息技术的培训、研发和投资等方面的支持。在有些情况下,当政府有效率时,工业的结构调整可以由特殊的产业政策来推进,对目标行业实行重点支持;在"南非汽车工业开发规划"这个实例中,汽车行业的出口增长就是由此而得到保证的(参见第五章)。

但是,支持这种结构调整促进的政策(特别是在最贫穷的国家和地区),必须有一定的资金储备,可供政府调动;这种资金不是短期性的,也不必要求达到商业回报率。发达国家政府和国际机构向贫穷国家提供的援助,正可充当这种结构调整所需要的资源。

在20世纪60年代末和70年代初,发达国家承诺过增加对发展中国家的援助,以支持长期经济增长过程。这种援助的起源,在一定程度上是二战后美国为帮助欧洲重建而制定的马歇尔援助计划(Marshall Aid Fund)。美国向欧洲输入的资源的规模,在1951~1955年间,超过了美国GDP总量的2%。到1961年,在肯尼迪总统的倡导下,联合国成员国曾一致同意发达国家的官方援助出资标准为该国GDP的0.7%。如图7.9所示,发达国家向发展中国家提供的援助资金,从1956年至20世纪80年代晚期一直在增长,但在20世纪90年代,援助的绝对量下降了。发达国家的GDP继续增长,但援助资金占GDP的比例,从1986~1992年的0.33%下降到2000~2003年的0.22%。更糟糕的是,很多这类援助的受援国,都是有重大战略利益关系的"发展中国家"。例如,美国2003年援助的对象,几乎全部是位于战略地理位置上的国家——其中有埃及、俄罗斯、以色列、巴基斯坦、塞尔维亚与黑山、哥伦比亚、乌克兰、约旦、秘鲁,还有阿富汗 ❶。

❶ http://www.oecd.org/dataoecd/42/30/1860571.gif.

258

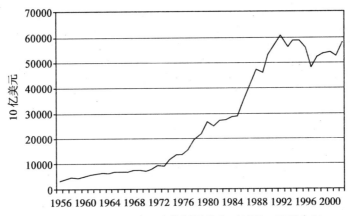

图 7.9 全球对发展中国家的援助资金 (1956～2003 年)*
* 包括债务减免
资料来源：根据 www.oecd.org 数据计算。

同样，欧盟的援助计划主要提供给欧洲的周边地区（北非、中欧和东欧），而不是那些最需要援助的国家。这些问题缠绕在一起，使发展中世界在整体上深陷债务困境（尤其是那些急需大量结构调整援助的国家），以至于大部分的新援助资金，都成了偿还旧债的新债（因为多数援助是贷款而不是赠款，必须偿还）。

那么，这种为发展中国家提供的"援助"的形式，对于分析它们的贫穷和分配状况有何意义？问题在于，发展中国家在为全球市场生产，而应该用于扩大产能的资金投入结构已经发生了严重偏斜。外国直接投资的规模之大，使得"援助"相形见绌，滚滚而来的外资涌入亚洲特别是中国，而补偿性的官方"援助"总量在收缩，尤其是其中用于生产的部分，而且主要投向与欧美有战略关系的国家。而在非洲、拉丁美洲等地的许多国家，在过去的 20 年中遭受了严重的苦难，我们在第二章中已经看到，但是最贫困穷的国家重建所需要的大量资金并没有出现。

结构性产能过剩

我们已经看到了几个同时出现的现象: 发展中国家中的投资欲望膨胀, 外国投资者寻找新的生产地点, 全球采购巨头寻找新的供货源。结果是很多行业的产能大到全面超过总体需求的地步。例如, 2003年全球汽车行业的生产能力超过世界总需求的25%以上。造成全面产能过剩的主要原因有两种。第一, 政府出于狭隘的政治目的, 总是在勉力维持利润率很低、每况愈下甚至失败的投资 ❶。富裕国家里就有多个部门存在这种情况。最显著的是农业部门, 世界三大经济实体 (美国、欧盟和日本) 为本国的农民提供的高补贴和非常有效的保护措施, 将全球农产品价格压至超低水平。制造业也有这种情景。在钢铁行业, 许多国家的政府面对裁员的威胁, 采用了各式各样的保护措施; 其中美国在没有证据 (证明销售价格低于生产成本) 的情况下就对钢铁出口国征收反倾销关税。这样, 为数很少的旨在调整供需平衡的方案, 虽然治标不治本, 还总是被起反作用的政治措施抵消了。

但是, 在更长远的历史时期中是出现过投资高涨阶段的。这种对长期投资的关注, 同约瑟夫·熊彼特 (Joseph Schumpeter) 的理论有最密切的关联。他提出了一个解释全球经济发展的长期节奏的理论模型 [通常称为康德拉季耶夫 (Kondratieff) 长周期, 这是前苏联一位农业部长的名字, 他是最先注意到经济生活中长期波动现象的人之一]。熊彼特认为, 投资和增长的长期波动与重大技术创新密不可分, 如19世纪的铁路和钢铁, 20世纪初电气与化学的发展等。但是, 稍后佩雷兹 (Perez) 提出, 投资高涨的动力, 是新技术提供

❶ Brenner (1998).

260

261

的新规范对现存全部经济活动实行更新的那种能力所赋予的（当前的信息革命更清楚地说明了这一点）❶。正是这种既深且广的变革，发起和推动了持续半个世纪之久的世界经济转型的大潮。

佩雷兹对投资和生产之间的关系也做了完整的解释。她将每一次重大技术变革引发的投资高涨区分为四个阶段。第一阶段是"凸现"，在一个已经拥有成熟技术和饱和市场的世界里，具有大规模使用和获利的潜在可能的新技术的出现，常会伴随"一声巨响"。随后是第二阶段"疯狂"，大规模的技术扩散与重大金融泡沫相伴，最终以泡沫破裂收场。第三阶段，技术的扩散延伸到越来越多的市场、部门和地区，可以称为开放的"协同－综合"。第四阶段是"成熟"，曾经的新技术所携带的潜力日益耗尽，此时新一轮浪潮已在酝酿之中。

第二阶段和第三阶段都是关于技术扩散的过程，为什么要把它们区分开呢？佩雷兹强调的是金融资本和生产资本的区别。在第一阶段，得到新技术的企业家和金融投资者之间的利益是紧密相关的。但是在第二阶段后期，它们之间的协同破裂了，金融资本陷入追逐短期收益的非理性投机的狂热之中。新的部门得到大规模的过量投资，这样我们就看见了泡沫经济——例如20世纪90年代的网络金融风暴，以及过去的经济高涨来临之前的泡沫（比如运河狂热、铁路狂热以及"美国吼声震天的20世纪20年代"）。泡沫破裂后是经济危机时期，就是"转折点"。此时为了扩大生产和市场，生产性资本需要进行长期投资，需要驯服不安分的金融部门。在第四阶段，本轮过程进入成熟期，投资机会减少，金融资本从虽然占据主导地位但是正在衰弱下去的生产资本中分离出来，寻

---

❶ Perez (2002).

求新的投资机会，此时，新一轮经济周期开始酝酿并再次"凸现"。

佩雷兹的模型研究的主要是世界经济中的主要国家在历史上曾经发生的情况。按照她的模型，2000年纳斯达克（NASDAQ）的暴跌结束了"疯狂"阶段。此后的年代为第二阶段和第三阶段之间的不稳定时期，对于这个时期的经济，应该从控制金融资本向控制生产资本过渡，也许还需要有适当的规则加以支持。

但是，如果我们尝试把佩雷兹的论证扩展到全球经济中，看到就的不是那么回事了。全球化为金融资本横扫全球提供了可能，并允许金融资本不间断地追逐短期回报，不停地制造失衡、制造投资过度的扭曲。已经被创造出来的金融工具几乎能够无限度提供投资用的资金，它支持的投资项目，有些是完全不可想象的、无法用历史回报率来对照的东西。这样一来，支撑新项目的资本源源不断，或者来自外商直接投资，或者来自上述的间接的私人证券投资，还可以在日本、韩国和中国这样的国家被创造出来，它们的金融机构会向根本没指望还款的企业发放贷款。中国缺乏有效的破产法（以助于降低过剩的产能），导致银行不愿意执行清算，因为被清算的就是它们自己的钱。中国官方公布的2002年全部银行贷款数据表明，不良贷款的比例为23%，据说实际数据接近40% ❶。

❶ *Financial Times*，2003年2月5日。

在全球范围内很多部门都存在产能过剩。但是在中国，投资疯狂持续的时间最长，产能过剩加剧正成为一个至关重要的问题。例如，2002年的前十个月，中国生产了2400万台空调，但是仅售出1400万台。与此同时，主要生产厂家——如美的公司，还在扩大生产能力：2003年生产能力从300万台增加到 600 万台。结果是产品销售价格每年下降 15%，于是美的就增加出口，从 2001 年至 2002 年出口增加了 70%（达到 3.4 亿美元），计划 2003 年实现出口 5 亿美元。微波炉行业也同样存在产能过剩，微波炉的价格从 2001 年每台 2000 元人民币（约 240 美元）下降到 2003 年每台 500 元人民币（约 60 美元）。29 英寸彩电的价格从 1997 年每台 6400 元（约 770 美元）下降到 2002 年每台 2000 元（约 240 美元），这同样是由产能过剩导致的 [1]。

现在我们可以看出产能过剩与第六章讨论的全球产品价格下降之间的关系了。大型的资本密集型企业，很容易得到很高的信贷额度，于是投资的实现规模非常大。来自政治的压力限制了产能降低的程度，结果是，很多在全球交易的产品，只能以边际成本水平定价，大量用来扩容增产的资本投入，事实上是被核销掉了。虽然没有关于全球产能扩张和设备利用率的宏观数据 [2]，但是已有的微观层面的证据向我们指出，这是一个严重的、普遍存在的问题，我们在全球贸易中提到的价格压力即来源于此，这样一来，生产厂商的利润空间一定会受到严重挤压，为提高产能服务的银行的盈利空间也一定会受到严重挤压。

以偏赅全之谬

几乎所有关于经济增长的理论关注的都是供给方面的问题：如何提高投资率以确保增加产能？如何提高资本生产力以使投资收益最大化？怎样才能提高劳动者技能？提高投资效率需要怎样的基础设施，如何扩大基础设施投资？企业家精神如何推广，创

---

[1] *Financial Times*，2003 年 2 月 5 日。

[2] 可参见 Brenner（1998），有证据表明在 20 世纪 90 年代中期在美国和其他地方确实存在产能过剩。

新应该怎样提倡？隐藏在这些问题背后的，是这样的假定：在需求方面所有的问题都已经得到解决，有意愿的消费者手中握着购买所有这些产品的**收入**。于是，经济增长过程中的需求方面不存在任何问题。这个假定与我们在7.2节中提到的萨伊定律吻合。

在前面讨论全球劳动后备军时，我们已经对全球化经济中可能的消费增长是否能为全球劳动力提供工作岗位这一点提出过疑问。但是这里还有一个从属于需求的问题，它预示在经济全球化的推进中，全球性的收入增长不会好转。这就是"以偏赅全之谬"，即一个对于单个决策者而言是合理的决定，被一个群体采用时会失去有效性●。例如某个国家实行货币贬值，该国产品在国际市场上的价格竞争力会提高。但是如果别的国家货币也贬值了（"竞争型贬值"），那么货币贬值带来竞争力提高的逻辑就不成立了。（这正是发生在20世纪30年代工业化发达国家之间的故事，并有助于解释美国在2003～2004年美元贬值中为何不能获得更多竞争性利益，因为多个像中国一样的亚洲出口国家将货币与美元挂钩，它们同时还对欧元和其他货币贬值。）

在20世纪80年代初期，克莱因（Cline）曾质疑推展东亚地区的快速发展模式会犯"以偏赅全"的错误。他提出，如果所有国家都达到"亚洲四小龙"（中国香港、韩国、新加坡和中国台湾）出口制造业产品的市场份额，结果可能是竞争者争相"溢出"外部市场。用克莱因的话来说，"电梯推销员必须在电梯中贴上警示标签，说明电梯不能超载，否则就不安全：如果要用东亚模式的倡导者开出的药方治病，也应该附上这样一条警示"●。

说起来，克莱因还是看错了他所处的那个时代中的发展

● Mayer（2002）；UNCTAD，贸易与发展报告（2002）。

● Cline (1982: 89).

问题。几乎没有任何一个发展中国家的出口能够重现"亚洲四小龙"的出色业绩，只有中国是一个例外。但我们已经看到，发展中国家制造品出口确实增长很快。在很多情况下，这种增长是通过大国收入的提高而实现的；另外一个有利的因素，是高收入国家里原来很重要的劳动力密集产业的全面衰落，如制鞋、服装业和家具产业。我们在第五章还看到，在很多地方，主要消费市场的进口渗透率已经接近100%。因此，将来低收入国家的出口厂商的业绩，再也不会伤害进口国的国内生产了，它威胁的对象，将是别的低收入国家中的同样的出口厂商的利益。这个格局，将服装和纺织品贸易壁垒撤除之后的图景涂抹得非常灰暗。现在再来看克莱因的悲观预测，他也许真的说对了。只不过，到目前为止还只有一个中国——作为经济大国正在全面进入全球化经济中的多个生产领域。

7.4　思考从乐观到悲观之间的距离

在本章的开头，我们很遗憾地看到，我们还没有足够的证据来判断，由于制造业产品价格持续下降（见第六章）而可能发生的几种结果中，哪一种具有更大的可能性。其中的原因，一是因为理论上有争议，二是因为缺少数据，三是因为我们正处在全球经济的重大结构变革当中，从今往后的走向仍不清晰。在7.2和7.3节中，我们介绍了生产和贸易在全球范围的分工可能导致的两种相反结局——"双赢"和"有输有赢"。

简单归纳一下：全球化双赢结局是以世界经济持续增长状态下生产力的发展为前提的。这就是允许或者更确切地说是要求生产商和各国实行和推进专业化生产，并跨国进行产品交换。这样做可以提高生产商的收入，消费者也可受益于优质低价的产品，而价格下降正是全球化生产体系发展的一个结果，如同我们在第六章中所论证的那样。中国制造业产品占世界市场的份额正在逐步增加,但中国同时也需要从其他国家进口一定的机器设备和食品及原材料来制造产品。这样就实现了良性循环。

与此相反的观点是相当悲观的,论证起来很复杂。我们相信手中掌握的证据能够支持这种观点。专业化分工和贸易会带来互利的期望,是建立在全球的充分就业或几近充分就业的前提之上的,只有这样才可以保证,所有的生产商和有关的国家,当从事具有比较优势的专业化生产时,都会有利可图。这个假设一旦被放弃,所有生产商在全球化生产和贸易系统中都立足的市场空间这一条就不复存在了,有一些国家就找不到出售他们产品的市场了。如果他们找到了市场,很可能是付出了大减价的代价。生产资本的灵活性,通过相对高效的生产商和经济主体(目前主要是以亚洲特别是中国为基地),强化了它在全球化的生产和贸易中的统领地位。用来"援助"的资源的数量相对减少,分配的模式愈益扭曲,不会有助于效率较差的生产商实现"追赶"。

这种形势是难以改变的,原因在于全球经济中存在结构性的产能过剩,不仅有生产能力的过剩,还有劳动力市场上的过剩。另外,技术变革日益趋向更加节约劳动(或者,从另一面来看,消费也有结构性缺陷)。即使从高收入国家向低收入国家出口的制造业产品扩大数量,也无法平衡从后者进口制造品的贸易。这是因为,从高收入国家出口制造品到低收入国家所能够创造的就业机会,少于它从低收入国家进口制造品所能够产生的就业机会。据估计,后者创造的工作机会是前者的5.7倍 **❶**。更为甚者,在一些高收入国家(英国最明显)知识密集型服务业出口上升的同时,生产率还是提高得很快。**❷**

❶ Rowthorn and Coutts (2004).

❷ Triplett and Bosworth (2003).

266

267

最糟糕的是，"以出口导向的制造业获胜"这个口号，宣扬的可能正是这种"以偏赅全之谬"。换句话说，对于某一个国家例如中国来说，扩大制造品出口也许是对的，但是如果每一个低收入国家都来走这条路，那么大家全都会失败。即使在最乐观的情况下，当全球产能过剩与结构性失业并存时，有些国家如中国还是可能会获得"出口导向型"成功；而对于效率更低的生产者——特别是非洲和拉丁美洲的绝大部分生产者来说，这个后果，意味着给它们留下的空间已经没有多少了。

假如这种更悲观的情景更接近于实际，那么辛格和普莱比希在50年前引用过的刘易斯二元经济模型，还是一个解释高收入国家和低收入国家中多重收入标准和发展趋势的有力工具❶。不同之处在于，现在这是一个全球层面上的二元模型了。刘易斯曾坚信不移，高生产率的工业部门最终会吸收低生产率部门中的剩余劳动力；可是我们今天看见的，是马克思或马尔萨斯的世界，其中的剩余劳动力，危害着整个系统的功能。

我们将在第八章中看到，全球一体化过程中确实有很多受益者，但是也有很大的"伤亡"，也正是这一点，解释了持久的贫穷和日益恶化的不平等。对全球经济的这种困扰，是第二章评述的内容。如果这个判断没有错，它对于全球化自身的可持续性意味着什么呢？对于政策又有何种含义，特别是专为全球减贫、回归公平世界而设计的政策而言？这些将是最后一章的主要内容。

---

❶ Singer 在20世纪80年代又回到了这个主题："人们看到，已有一些分析将发展中国家贸易条件恶化的问题归咎于相关国家的特点，例如：技术水平，劳动市场组织，剩余劳动是否存在等，而过去则是归咎于商品的特点。在这里出现了观念上的转变。在贸易条件的讨论中，不再拘泥于基本商品特点和制造者这个因素，而是更多地着眼于发展中国家的出口与工业化国家出口的对照（不计较是基本产品还是简单制造业产品）；开始主要考察制造企业、资本和技术密集型服务业，其中也包含技术秘密（Singer, 1987: 628）。当能够得到数据时，他率先对低收入国家制造业贸易条件的恶化进行经验研究，而对此早在1971年他就发表过文章（Singer, 1971; Sarkar and Singer, 1991）。

第八章

何以为终

　　谢普思通港是位于南非东海岸德班市西南 70 公里的一个小镇，镇上有 30000 人口。我们对于全球化与贫困和不平等之间关系的分析，可以说就是开始于这里的一个家具制造工厂。这家工厂的经理抱怨难以应付来自全球化的竞争——该公司出口的双层床，价格已经从 1996 年的 74 英镑下降到 2000 年的 48 英镑。附近的一家同样出口双层床的企业也反映了同样的问题——他们的双层床的出口价格已经从 1996 年的 69 英镑下降到 1999 年的 52 英镑。那个地区最大的木制门出口商的产品价格在 1996 年至 2000 年之间下降了 22 个百分点。

　　初看起来，似乎这只是个别企业家经营无方的表现。仔细的观察会让我们发现，这个情景涵盖的范围很大，而且后果非常严重。正如我们在前面几章中提到的那样，价格下降已经成为现代全球生产系统内的一个全面的特征。本章我们将回答"何以为终"这个问题。这就是，在价格下跌、持久的绝对贫困、愈益恶化的不平等现象背后，更加一般性的原因是什么。我们通过讨论两类影响来回应这个问题。第一类是政策方面的意义（8.2 节）。在目前的全球化进程中，不同地区和不同经济体受到的影响是不相同的。因此不可能有一个万能的适合所有"体形"的"均码"政策体系，如以"华盛顿共识"的形式,在全球经济中推行的政策体系❶。同样,当区域的"外部性"成为现代竞争力中越来越重要的组成部分时,不同地区在决定它们自己如何参与到全球化经济中去这样的大问题时,需要的是各不相同的政策。在8.3节中,我们将讨论第二类意义,关于全球化自身的可持续性问题:在何种程度上,绝对贫困这个痼疾和贫富差距的扩大,会威胁到全球经济的持续扩张?

8.1 概述

在第一章中,我们提出,始于二战之后并在20世纪80年代至90年代期间飞速发展的全球化经济,并不是独一无二的。在19世纪后半叶,全球经济也出现过类似的整合推进阶段。不过,紧随其后,从1914年至1950年是一个将近40年的内卷式发展阶段。而20世纪后期的全球化发展在以下几个方面呈现出独特的模式,主要的表现是:在世界范围内,随着贸易壁垒的持续下降,制造业的贸易量急剧增加。越来越多的贸易品是在合作式生产网络中加工的半成品。在这两个时期中,世界范围的资金流动都很重要,但是在20世纪这一次,资金流动具有高度的易变性。在人口的移动方面,上一次全球化中非熟练工人是全球性流动的主体,而这一次则是以技术工人为主。近年在世界上很多地区都是外国直接投资演重头戏,然而,在世界市场上出售的产品,很大的部分是由受益于全球金融流动的地方性公司来生产的。

本书的第二章讨论了贫困的两种表现方式,即绝对的和相对的生活标准度量,以及在过去30年中贫困现象的走势。衡量绝对贫困的一个有歧义的通用标准,是每天每人的消费

❶ Williamson (1990).

270

支出按照购买力平价计算低于一美元。有证据表明，尽管世界上绝对贫困人口的比例下降了，但是仍有12亿人口处于基本生存线以下。至于相对贫困，绝大多数的证据表明，不平等现象正在加剧，特别突出地表现为一个国家内部的、多种形式的不平等。第二章是以贫困的形态与全球化的关系收尾的。贫困果真如世界银行所言，是一种"残差现象"吗？是否所有的国家都应该尽快地加入全球化，更深入地推进全球化？也许相反，全球化与贫困是互相关联的；这两者之间的关系是一个更加棘手的问题：世界范围内大量贫困人口存在和不平等现象加剧，在很大程度上是全球化自身的结果。

第二部分（第三、四、五章）通过对全球生产网络运作过程的分析来展开上述问题，收入分配就是由那个过程决定的。第三章提出了一个分析收入和"经济租"关系的理论。"经济租"产生于稀缺性，这就是拥有别人没有的资源，能够做别人做不到的事情。要想收入高并且还可以持续，生产者需要获取的正是经济租，并且还要建造或者利用进入壁垒，在竞争中保护自己。第四章集中讨论了决定有效的创新管理的那些因素，其中包括追赶世界前沿的开拓能力、构筑进入壁垒的能力，以及利用这些壁垒对抗其他竞争者的能力。但是有效率的生产毕竟只是全球化生产网络这个故事的一个方面，另一方面是全球采购巨头扮演的角色，这一点也是作为现阶段全球化收益分配的决定因素来分析的。在第五章，我们讨论了有效的创新管理和全球采购巨头的结合，是怎样在相当大的程度上改变了低收入国家中三个重要行业的生产地理布局。这三个行业是纺织品和服装业、家具业以及汽车及零部件业。在每一个行业中，全球生产网络都在进一步利用低收入国家的生产平台，全球产品的采购日益集中化，价格压力也越来越大。

第三部分（第六、七章），我们努力地勾画一个全局图景，依据的是第一章至第五章涉及的"片面"的企业－行业的经验材料。所有的这些事件能否归拢在一起？一部分企业，某些低收入国家，在全球市场中抓到了一块份额，它的意义何在？第六章，我们通过分析全球制造业产品的贸易来回答上面的第一个问题。我们看到的是，产能的增加和全球采购的日益集中化相结合，结果是全面压低生产者的出厂价格。当近年来所有制造业产品的价格都下降的时候，在低收入国家、技术含量低的行业和中国制造商集中的行业，价格的下降更加突出。在中国，有效投资大量涌入，劳动者的技能不断提高，这是许多行业的价格下降的主要推动力，也是全球性生产能力过剩的主要原因。

关于随之而来的上面的第二个问题（"意义何在"），第七章讨论的是，全球经济是否能够对产能的巨大增长做出回应，相对于全球采购的高度集中化进行调整，对全球化进程对产品价格的挤压做出回应。我们的结论是，尽管很多用来判断的指标是不太确定的，但从均衡点上来看，非常可能的是，对世界上相当多的人来说，全球化的结果都是有害的。这就是说，在宏观视野中看到的问题加起来以后正负不能相抵。有证据表明，在一定部门中观察到的产能过剩趋势和竞争加剧的趋势，在宏观层面同样存在；这也就是说，全球有大量劳动后备军资源存在，有过量的投资资金存在，投资者具有全球流动性；这一切意味着，全球一体化将导致有输有赢的多种结局；这意味着，一些人的所得来自于另外一些人的所失；这还意味着，对于进入了全球经济中的许多人来说，贫困和不平等并不是一种"残差"，而是与全球化缠绕在一起的一个难题。

8.2 政策意义

我们的主要结论之一是，全球化对于贫困和不平等的作

273

用是不相同的。从这一点出发，可以得出：对症下药的政策也将是一个多元的体系（heterodox），世界上不存在一种万能的"均码"政策。在探讨这些各不相同的政策含义之前，对于不同类型的经济和不同类型的低收入国家是如何被裹挟而进入到目前的全球化过程中，我们需要有一个更深刻的理解。然后，我们要为多体系的政策思考勾画一个框架，其中首当其冲的问题，是怎样去推进创新和增长；第二个问题是，不同类型的国家和不同的地区同全球化相连接的时候，所采取的路径同结果之间将会产生何种关系。

全球化对不同地区和不同类型的低收入国家施加的影响

> **提要：全球化在不同区域的作用**
>
> 世界上不同的区域经历的全球化是大不相同的。从总体上看，亚洲获益，拉丁美洲、加勒比地区受损，撒哈拉以南的非洲地区和中亚损失惨重。
>
> 在东亚存在着一种生产体系的地域强制性，在那里出现了多个国家一起加入区域性价值链的现象，因而实现了补偿性和制度性的收益。
>
> 全球经济的高度异质性的事实，是对万能的"均码"式制度设计思路的质疑。

回想第二章的内容，见表 8.1，在那里对生活在绝对贫困中（以购买力平价人均日均消费不足 1 美元计算）的人口数量的变动做了一个总结，覆盖的地区是最主要的低收入地区，时间是全球化高涨的 20 世纪 90 年代。表 8.2 的内容是相应地区在同一个时期的人均收入增长速度。情况是一目了然的。东亚看起来是赢家，绝对贫困人口数字的下降和经济的增长可以支持这一判断。我们在前面已经了解到，这在很大程度上是由中国经济出口在这 10 年中的非常高的增长速度（中国 GDP 的年增长率接近 10%，出口年均

表8.1　1990年至2001年绝对贫困人口数量

（人均日均生活消费低于1美元，单位：百万人）

	1990年	2001年
东亚和太平洋地区	470	284
南亚	467	428
拉丁美洲和加勒比海地区	48	50
东欧和中亚	6	18
中东和北非	5	7
非洲撒哈拉以南地区	241	314
合计	1237	1101

数据来源：http://www.developmentgoals.org/Proverty.htm/povertylevel。

表8.2　人均收入增长，20世纪70、80、90年代和1998~2002年

（美元为1995年不变价）（%／年）

	70年代	80年代	90年代	1998~2002年
东亚和太平洋地区	4.5	5.7	6.4	5.3
南亚	0.3	3.3	3.4	3.1
拉丁美洲和加勒比海地区	3.3	−0.7	1.6	−0.7
中东和北非		−1.8	1.1	1.2
东欧和中亚			−2.6	4.0
非洲撒哈拉以南地区	0.5	−1.0	−0.5	0.6
世界	2.0	1.4	1.0	1.2

数据来源：世界银行 (World Bank 2004年)。

递增17%）造成的。南亚减少贫困的成就不如经济增长的成就（南亚经济增长的表现要强于减负）。受损严重的是拉丁美洲、中东以及北非（绝对贫困人口数量更大，增长速度更低），特别是撒哈拉以南非洲地区（从20世纪80到90年代，绝对贫困人口数量大增，人均收入下降），比那里稍好一点的情况是东欧和中亚。

　　出于两种原因，中国的增长和出口构成了东亚成功的主要部分，并惠及周围地区 ❶。首先，中国向自己的加工工业投入的，是从周边地区采购的原材料和资本品。其次，在以家用电器为主的电子行业,中国出口的最终产品从范围极宽广的区域生产网络吸收了大量半成品和元件,这是区域性价

❶ Lall and Abaladajo(2004); Shafaeddin (2002).

274

275

值链的形式。回想一下第四章讨论过的有效创新的决定性要素，将有助于理解这个区域性的出色表现。工业企业集群的近距离优势，会助长企业之间相互裨益的"溢出"，并且使企业之间的"即时性"物流方式更加有效。在当代经济活动中，这些已经变成通过竞争优势实现系统效率的首要因素。我们看到，在许多行业里，对分布在各个区域中的网络状连接的生产进行协调，是由处在核心位置的价值链治理者，例如跨国公司和它们的在三角生产体系网络中的下属机构（见第四章）推动的，而生产是由分布在区域中的生产网络中进行的。元器件在印度尼西亚、菲律宾、韩国、中国台湾等地生产，然后运到中国，进行再加工和组装，最后送往市场。

　　进口原材料、设备、中间投入品（大部分是为了出口到别的区域而进行加工）的后果是，中国同周边地区的贸易逆差从1990年的40亿美元，上升到2002年的400亿美元，中国进口商品来自周边区域的份额，在同期内从55%上升到62% ❶。按照劳尔、亚巴拉达霍和萨夫伊丁的看法，在这个区域内作为中国的对手竞争而受到损害的国家，是日本和一些生产低技术产品和劳动密集型产品（如服装和箱包）的低收入国家。不过受到损害的对手并不是受到了绝对的伤害，只是相对于韩国、中国台湾、新加坡和中国大陆所获得的突然的、巨大的好处而言，它们是相对蒙受了损失。不过这种在20世纪90年代中发展壮大起来的互补性生产关系，在上述几位研究者看来，具有一种在将来演变成竞争关系的可能。

　　对比一下没有被纳入区域性互补关系的发展中国家，反差是非常强烈的。看一下巴西的情景，这是一个具有工业生产能力、出口制造业产品的中等收入的国家，它现在已

---

❶　Lall and Abaladajo (2004).

经处在一个腹背受敌的情境中: 下面有来自低工资国家的有效竞争, 上面有来自高工资国家的有效竞争 ❶ 。这种情境对巴西的工薪劳动者的收入分配发生了重要的负面影响。比较一下 1992 年前后的状况, 这种竞争的后果一目了然 ❷ 。巴西在 1992 年实行贸易自由化, 从那一年开始, 可以说巴西实质性地加入了全球经济; 从 1992 年到 1999 年, 尽管劳动力的受教育程度在提高, 贸易部门的实际工资下降了 15.9%, 在非贸易部门下降了 8.1%。参与贸易的程度越高, 工资下降得越多。在整个 20 世纪 80 年代, 工资的价值份额在贸易物品中同非贸易物品中曾经是相同的, 而且稳定不变, 直到 1992 年还高达 74%。当巴西更深入地参与到全球经济中以后, 到 1995 年这个份额下降到 69%, 1999 年更下降到 64%。虽然在贸易部门里工资下降比例更大, 非贸易部门同样不能幸免, 这是由于受到进口直接影响的部门的工资下跌和剩余劳动力增加而导致的后果。在巴西惟一没有遭遇工资下跌的工薪收入者, 是受过大学教育的有技能的人群, 这一点也很重要。我们没有对墨西哥、印度、南非等可以对比的中等收入国家的工资变动进行过完整的研究, 否则很可能会发现同巴西一样的结果。

关于东欧和中亚的转型经济国家, 它们参与全球化的经验, 同意义深远的国内体制改革进程结合在一起。它们在把自己整合进全球经济的同时, 放松了管制, 实行了经济自由化, 并且开始重构社会服务体系。因此, 逆转的贫困状态和收入分配中发生的问题, 在多大程度上是由于加入全球化而发生的, 国内经济改革引起的问题比例有多大, 是不太清楚的。在差不多所有的情景中, 收入的分配都变得更加不公平, 生活质量都在下降。在许多地方健康水平下降, 预期寿

❶ 这些问题由具有先见之明的 Wood (1997) 提出过。

❷ Arbache, Dickerson and Green (2004)。

276

277

命也缩短了。如同巴西的情况一样，东欧和中亚的不良经济表现，必定发生在它们在历史上形成的工业能力被破坏的背景之下。然后在全球经济的竞争中，它们被卡在低收入－低成本和高收入－高技术的夹缝里，受到无情的挤压。

相比之下，在收入非常低、以农业经济为主的地方，例如撒哈拉以南的非洲以及其他相似的地区，非常糟糕的经济状态需要从另外一种不同的角度来审视。在这里，问题倒不在于生产者被挤出全球市场，或者为求生存而被压低了工资。首先，全球竞争的激烈程度根本不允许它们加入其中。除了南非以外，没有几个非洲国家能够出口服装和小商品以外的产品，尽管它们制定了明确无疑的经济政策，目标就是要出口。就是服装行业的出口也岌岌可危，我们在第五章已经谈到，由于2005年1月服装纺织品配额取消，它们以前占有过的份额大概会迅速丢掉。

到此为止，我们讨论了全球化对不同的区域在收入、贫困和分配方面所带来的非常不同的影响。哪怕设想各个区域的经济结构特征是大体相近的，我们对于全球化后果的思考也还是基本上准确的。但是，就是在一个区域之内，仍然存在非常大的差别。在撒哈拉以南的非洲，南非同毛里求斯就完全不同，它们的周边情况不同，它们在全球竞争中面临的问题也属于不同的类型。在拉丁美洲，哥斯达黎加表现出来的管理创新的能力，远远超出同属于中美洲小国的许多邻国；智利的经济表现出相当大的灵活性，而同样拥有很大资源潜力并且位于同一区域的阿根廷和巴西就做不到这一点。在东欧和前苏联地区，波兰和捷克共和国干得比它们的邻国好一些。尽管一国经济结构的性质会极大地影响到该国适应全球竞争的能力，但是在更加深入的全球化中决定经济运行绩效这一点上，区域性因素发挥的作用是更加决定性的。东亚的成功是一个明证。

全球化世界中的多元化政策

> **提要:"均码"政策与多元政策**
>
> 世界银行和国际货币基金提出的"华盛顿共识"是关于增长和减贫的"均码"政策的代表作。它们坚持的前提是,贫困和不平等是残差性质的问题,它们既不正面回答各不相同的国家和地区何以经历如此不同的全球化挑战,也没有指出全球化如何导致贫困和不平等这个问题中的决定性因素的必要性。
>
> 以全球化与贫困的因果关系为出发点,我们应该设计积极的、整合性的政策,使得各类国家都能从全球化中受益。有三类政策需要在此讨论:关系到投资和生产环境的"功能"性政策;针对跨行业的市场失灵问题的横向政策;有针对性的指向某些行业、厂商和区域的具体政策。

❶ Williamson (2003).

因为对全球化的体验差别如此之大,不同的国家和地区一定要非常慎重地针对自身条件制定全方位的政策;在决策的时候,一定要认清自己的比较优势、约束条件和历史传承,把握好机遇。但是,相当多的国家发现自己在全球化中所处的不是这样一种位置。在低收入国家中,政策形成的过程越来越受到外来影响的控制。有时候问题是国内关键人物的意识形态的原因,例如巴西在20世纪70年代军事政变以后,国内政策由一小群年轻的经济学家掌控,他们都是力主市场经济的密尔顿·弗里德曼在芝加哥大学的研究生。有些时候,有些地方政策的制定直接听命于外国金融机构,如国际货币基金组织、世界银行、世界贸易组织;而那些国际机构事实上受到出资大国例如美国的很大压力。

威廉姆森称这种制定政策的方案为"华盛顿共识"❶。这种决策方案,即使在最理想的状态下,也会削弱当地政府为

279

了推进发展而承担的资源配置责任，破坏它们实施收入分配改革的能力。即使把这类方案修改过 **❶**，决策的原则还是没有被触动，罗德里克（Rodrik）把它称为"扩大的华盛顿共识" **❷**。这种"亲"市场（包括全球市场）的思路背后，是全球贫困残差论：增长会发生，全球一体化会出现，用不着干预，所有的事情都会好起来，大家都会好起来。但是，本书的分析已经说明，如果真的按照华盛顿共识所言，让市场力量自行其是，结果将是很清楚的：全球化既不能解决绝对贫困问题，也不能达到一个更加平等的世界。相反，两方面的情况都很可能会恶化下去，贫困、不平等将和全球化缠绕在一起。有鉴于此，为了达到一种比较好的结果，积极推动和保持创新的政策是必不可少的。

这样的政策框架中应该包括什么内容呢？一种思路是推行加强创新能力的积极的整合性政策。以东亚的后发工业化国家的成功经验为基础，劳尔和图博尔（Teubal）识别出三种政策 **❸**。第一类是"功能性政策"，其目标是改善市场运行的效率。例如，当创新受到垄断压制的时候，支持竞争的政策就应该致力于设法创造一种有利于投资的环境。同样，正像宏观控制的经济政策有利于经济稳定、快速的大幅度通货膨胀不利于投资一样，一个不稳定的汇率制度会打击出口能力。在华盛顿共识里写进了许多这样的功能性政策，例如稳定宏观经济的政策就受到了推崇。但是另外的一些重要问题，例如为了阻止热钱进出而对资本流动实行控制的政策，同华盛顿共识的整个决策套路就不能相容了。

第二类政策是一组"横向政策"，所指向的问题是总体上的市场失灵，并且会涉及多个行业。例如劳动力的流动性会打击企业培训员工的意向，因为企业面临被竞争对手

---

❶ Kuczynski and Williamson (2003).

❷ Rodrik (2002).

❸ Lall and Teubal (1998).

挖走有技能的员工的危险。推进研发也会遇到类似的困境，人们早就看到，研发的成果可能是公共品，因此很难获取收益。其结果就是我们在第四章已经看到的实行知识产权法，而它会约束市场的运行，尽管它的设计初衷是为了推进发明和创新。这些跨行业的政策看起来比功能性政策更加不符合华盛顿共识的宗旨，然而却比第三类政策更少有争议；第三类政策被劳尔和图博尔称为"有针对性"的政策。这类带有妥协性质的政策的目标是重点帮助某些行业、某些企业或者特定区域。例如针对某些产品进口的行业关税保护政策，我们在第五章看到的南非汽车行业为了促进行业出口而实行的政策。在韩国和中国台湾，曾经执行过有选择的补贴融资和灵活的许可证发放制度；在20世纪80至90年代的马来西亚，以及现在的中国，政府做的事情就是扶植"国家重点"项目。正是这些有选择的政策，让华盛顿共识的拥护者们深恶痛绝。恰恰就是这些政策能够比较好地解释东亚经济的成功，而正好是东亚的经济在近期实现了从全球化中获益 ❶。

　　一个国家在何种程度上能够成功地执行保护发明的政策和工业发展政策，取决于它们的政府行政体系是否有效率。大体上可以说，国家越软弱，厂商就越得不到我们在第四章描述过的政策租。有效的政策设计和实施也是从下而上，不是从上而下的，许多与之有相关利益的非政府机构也会参与，并同决策者密切互动 ❷。这里所说的多元政策，是不同的国家在这三类政策各自的范围内和相互之间的关联中，找到适宜它们自己的不同侧重程度和侧重点。这些量身定制的政策的共同之处，是它们的整合性，是不同的政策之间的协同性，例如为了达到经济稳定而制定的宏观政策不要去打击推进某个行业的选择性政策。

❶ Amsden (1989); Wade (1990, 1996); Barnes, Kaplinsky and Morris, (2004).

❷ Morris and Robbinsons (2005); Rodrik(2004); Schmitz (2004).

280

从过去的经验中学习

> **提要：从过去的经验中学习**
>
> 　　承认了全球化与贫困和不平等的直接关联，在制定对应政策的时候，需要学习二次大战后的进口替代战略的经验和教训。进口替代战略的长处是为动态能力的成长提供了一种保护，但是它同时具有三个弱点。
>
> 　　在许多低收入国家中，受到保护的市场的规模太小，无法形成竞争，以至于难以起到增强创新的作用。在当今世界品牌制造的时代，组合经济效益的重要性超过单纯的生产，因此我们要关注的是大市场而不是大工厂。
>
> 　　从出口中可以学习很多东西。但是从低收入国家向高收入国家出口，会使生产者为了保持加工能力而牺牲它们在开发产品和在价值链中的提高地位的能力。低收入国家同其他低收入国家之间的贸易，能够提供开发全面能力的更大空间。
>
> 　　进口替代战略的主要问题，在于它容易造成不利于生产的源于政策的经济租。政策的设计必须认识到这样的危险，要确保创造一个有竞争的环境。

　　在所有的情境中，我们都毫无例外地观察到，我们太需要干预市场运行的政策。无论国内市场还是外部市场，无一例外。这不是第一次提出对这种政策的需求。此次全球化推进的第一阶段即战后的三十年，干预的政策在那时就已经实行了数十年。这个时期被称为进口替代的工业化时代，那时的政策很温和，然而毫无疑问，这个时代造就了工业大国如德国、美国、日本、韩国和中国。但是那一套政策有三大缺点，为了实现一种既有保护又卓有成效的经济增长新时代，我们就必须识别和讨论那些问题。

　　第一种情况是，在大多数国家里，经济的规模太小，无法容纳有效的竞争。在许多行业中，生产率的提高都遵守"凡尔登法"，也就是说，不论生产规模的大小，在投资中都不可避免地包含大量的固定资产。这意味着，当生产能力的利用率提高的时候，生产的边际成本和平均成本都会下降，劳动生产率则会上升。换句话说，就是规模经济是普遍存在的并且关系重大。在大规模生产的时代，当主导性生产体系缺少弹性的时候，造成规模经济的主要因素是厂房设备这种固定成本。规模经济在这种情景中是来自庞大的工厂规模。然而在灵活的世界品牌制造的时代（见第四章），规模经济更多地来自组合而不是生产本身——工厂的规模保持不变，甚至变小了。例如在现代汽车制造业里，规模经济不是来源于个别装配厂的扩大，而是来自在同一条生产线上生产多种车型的能力。在这种情况下，规模经济来自产品开发的成本。在数量很大的、生产规模大不相同的工厂中，大力推进包含在生产过程（工艺）和产品中的知识密集型投资的能力，就是新政策应该做的工作，当然，这种工作很可能会在非常分散的小规模厂商中进行 ❶。

❶ Kaplinsky (1990).

第二种需要从以往的经验中得到的教训是，将服务于外部市场当作一个学习的机会是何等重要。我们从第四章和第五章看到，低收入国家的厂商在高收入国家的市场出售产品时候，可以大大提高自己生产过程的效率。但是，与此同时，它们很难在受到约束的条件下形成自己开发产品的能力，或者改变自己在全球价值链中承担的角色。这样看来，真正的挑战是，创造一种最适合自己的、对创新能力的要求比较平滑的切入全球化的方式，这个要求也许意味着瞄准不同的市场，对于大国来说，就是要更加重视自己国内的市场。

低收入国家出口的绝大多数产品，包括制造业产品和农产品（例如热带园艺作物）都是提供给高收入消费者的。它

283

们显然比从前进口替代时期生产的东西要强得多,即使是出售给低收入者的产品也改进了很多。但是,假如把产品设计的主要目标转向低收入消费者的需要,那么这些产品在满足需求方面可以提高多少效率啊! 汽车就是一个非常明显的实例,各种各样以低收入消费者为目标的车型,通常就是把高档车型简化改装而成的,很少做专门的设计。因为在路况很差、维修条件不足、难以诊断和修理复杂的电子部件的情况下,使用高档车会增加不必要的成本。在更基本的需求品方面的实例是东非的蔬菜和水果生产:向欧洲出口即开即食的免洗生菜的生产体系很完善,而为当地的低收入居民提供蔬菜的生产系统却破败不堪,同现代生产方式和创新管理完全不沾边。

我们从这里可以看到,外向型的发展政策和区域性的市场发育政策之间存在着一个相互连接的环节。 为了实现规模经济,同时也是为了从出口中得到学习能力,大多数低收入国家,除了中国和印度这两个最大的低收入国家以外,都应该为了外部的市场而进行生产。但是,最有希望的外部市场都是大同小异的,差不多都处在以某种形式屏蔽全球市场竞争的保护之下。当然这不是第一次发现这种机遇:在20世纪80年代,拉丁美洲的一批国家尝试过结盟(安第斯条约);然而如同其他一些区域性的一体化努力一样,这个尝试也失败了。另一方面,也有很多相反的情景存在,如欧共体是成功的,前述东亚的生产体系也是成功的。

最后一点来自战后进口替代的工业化的教训,是扶植竞争,避免造成垄断经济租。日本在1960~1970年间实行技术进口的历史经验在这里十分重要。日本采用了一种政策,所有进口的技术都必须有许可证,这也是战后曾经的通例。与大多数发展中国家不同的是,日本通产省的规定是,进口的技术一定要涉及两个以上的相互竞争的企业才能获得许可证。实际上,几乎所有的其他工业政策工具都以推动激烈竞争为特点,虽然在有些情况下在竞争的同时也需要合作（例如基础研究，市场营销等）。许多发展中国家的有保护的工业化之所以失败，是因为在开拓和维护一个竞争环境这一点上失败了。这个教训对于区域一体化的含义是，政策涉及的规模要足够大，使既受到保护又足以容纳竞争的市场有可能发展成长起来。

任何一种新的政策设计方案都必须避免造成不利于生产的经济租，这一点至关重要。在许多国家里，特别在印度，在20世纪60至70年代广泛采用的许可证制度，大大刺激了"寻租行为"❶。这不仅催生腐败（买卖许可证），还误导了企业家，把他们的精力引向歧途，专门去寻找绕开或者穿越复杂得难以想象的工业政策系统的那种通道。近代工业化的一个重要的教训是，工业政策不一定带来寻租行为内化。明智的政策设计可以造就一个创新管理卓有成效的世界，这一点不仅在韩国和中国台湾得到证明，在中国大陆和南非也得到了证明❷。可是，我们这里所说的很多内容，同华盛顿共识的潮流是背道而驰的；同国际货币基金组织，同世界银行，同许多由高收入国家出资的机构在低收入国家中推行的政策，全都是背道而驰的。

走向全球经济的政策：新地缘主义？

> **提要：新地缘主义？**
>
> 无论加强创新努力的政策设计如何有效，全球经济结构中的产能过剩和激烈竞争不会改变。
>
> 其结果是，对于某些区域和很多国家来说，它们需要以一种更加有针对性的方式参与全球经济，其中应该允许有针对性的脱离。
>
> 只要美国的经济继续为全球消费加油，东亚经济就将

❶ 在20世纪70年代早期，Bhagwati and Desai (1970) 就对进口替代式的工业化提出过中肯的批判，影响深远。后来，Krueger (1974) 和 Lal (1983) 全面地批评世界银行在"东亚的奇迹"(World Bank, 1993)中所赞赏的积极的工业化政策，建构了一个进行全面批判所需的框架。

❷ 关于韩国的情况参看 Amsden (1989)，关于中国台湾可参看 Wade (1990)；关于东亚地区的各种经济以及电子工业推进，参看 Mathews and Cho (2000)；关于南亚地区的汽车工业，参看 Barnes, Kaplinsky and Morris (2004)。

284

> 继续从全球整合中受益。但是，正是东亚的成功使得拉丁美洲、非洲和中亚失去了成功的机会。
>
> 这个事实对东亚以外的低收入国家的外部政策的意义在于，为了规模经济和组合经济的发展，需要打造一个范围更宽广的市场，这要求它们有更强的区域内经济纽带。
>
> 在许多事关重大的问题上，低收入国家的经济利益是互相冲突的。东亚的经济将受益于一个"公平竞争环境"。而其他低收入国家，特别是撒哈拉以南的非洲，只有在一个"不平"的游戏场上才能繁荣起来，这个不平的平台必须向有利于它们的方向倾斜。

在第二章中，我们假定了三种全球化情境中的减贫和调节收入分配可能的途径。第一种，经济增长和全球整合将会消化掉残差性质的贫困。第二种（见于第三章至第五章），实现经济增长和消除贫困的能力取决于走向全球化所经由的途径——问题不是要不要，而是如何参与全球经济。第三种（见于第六章至第七章），由于全球经济中存在着结构性问题，因此会在全面整合全球经济时，压低大多数人的生活水平——争先恐后地往下滑落（a race to the bottom）。当我们拒绝第一种途径（全球贫困残差论）的时候，并不认为第二种或者第三种途径就必定是所有国家的必选方案。哪一种方案合适，取决于一国的经济属于何种类型；适用于某一国的方案，不一定适用于别的国家。

这种选择方案的逻辑，在非常大的程度上取决于区域性条件。在第四章中，我们描述了被经济学家称为"区位外部性"的现象——密集在某地的厂商和企业集团得益于正向的"溢出"，这是在竞争中获胜的关键因素之一。我们看到，这种企业集群从大量熟练工人的资源储备中崛起，受益于供给便利和邻近消费者的便利，可以从非正式途径获取重要的动向信息和知识，信任关系的建立极大地促进了在密切交往的社区网络中实现关系租，同时借助世界品牌制造之便，缩短了引进所需要的时间，减少了存货；这种地域上的近邻之便，带来了更大的竞争优势。在全球经济中，群集的厂商和以区域性为基础的创新和生产系统，具有决定胜负的重要意义。

让我们粗线条地看看，不同的区域经济在重建与全球经济的关系时，它们选取的路径有何种隐含的意义。对于东亚，特别是其中参与了区域性价值链的行业，加入全球经济是相对成功的。只要全球经济保持稳定，这个区域中的各个国家就不太会有必要重建外部政策。但是如果美国本土的（还有英国）外部的需求减少了（这是很可能出现的情况），那么东亚的经济就需要把自己的区域性市场作为聚焦点了。另外，在这个区域中有人口非常密集的国家，中国和印度尼西亚（再加上南亚的印度），那里的市场可为发展提供非常大的潜力。在参与全球经济中发生的不平等后果，已经导致日见高涨的政治矛盾，因此在这些大国中，更多地执行转向内部市场的举措，是于人于己都比较适当的。

在东亚也不是所有的国家都受益，或者在将来都以同一个方式、在同等程度上像中国那样从全球化中受益。有一些低收入的国家，专业化生产被固定在简单的最终产品如服装鞋类和箱包上，没有组合效益可言，也用不着结成整合性网络；其中一国在外部市场的进展，将不可避免地以牺牲他国为代价；在东亚的区域性一体化的生产和贸易良性循环之中，并不包括这些国家。对于这些东亚国家来说，为它们提出的政策方案，将是接近于拉丁美洲的中等收入国家、中亚、印度和南非的政策（如下面的讨论），那些国家中现有的生产能力还达不到在全球经济中进行有效的竞争。它们被夹在外部市场的竞争和进口的夹缝中，即使是在区域生产网络的

286

287

竞争中也不能很好地运行。

　　这个"被挤压的经济"类型很适于解释大部分拉丁美洲国家，特别是巴西和阿根廷，也适用于中亚与北非，适用于没有加入欧盟的那些东欧国家（土耳其是最突出的例证），适用于印度（除去部分服务行业）和南非。需要反复强调的是，面对着这样一种普遍的、无可逃避的挑战，所有的国家都必须通过有效的创新政策来培育自己的升级能力，以跨越生产能力的分层约束，即使这样做要求它们逆流而上，对抗"华盛顿共识"，也在所不惜。可以更明确指出的一点是，因为中国在主要市场的成功，这些国家和经济体在参与这些外部市场的竞争中，将会发生收益下降；中国有东亚的区域性生产网络提供支持，所以来自中国的压力还会上升。在执行了积极的、有选择性的创新和投资政策、努力维持了加强生产能力的措施之后，允许某种形式的、有选择的脱离，允许某些国家有选择地屏蔽进口、保护自己的经济，这是对全球经济提出的要求。还有一点，对于推进区域性市场的问题需要给予更多的关注，这是我们马上要讨论的问题。这里有几个例外，即东欧和墨西哥，它们由于靠近强大的邻国并且有久远的友邻关系（分别接壤或接近欧盟、美国和加拿大），因此不存在区域性问题。

　　最后要涉及的那一类经济体，它们的不兴旺甚至不是由于现有生产能力受到了破坏，而更多是由于面对激烈竞争根本无能为力，是加入不了全球经济的那种失败。竞争在这里不只是表现在卖不到北美与欧洲市场的最终产品上，还表现在无力吸引外国资本和外国直接投资这一点上。它们是无法进入全球化的那种失败者，倒不是它们没有尝试去加入，而是它们根本就不具备竞争的能力。就是对这一类地区，世界银行还在固守"残差贫困"理论，强令非洲撒哈拉以南的大部分地区、多数太平洋国家、大多数南亚制造业地区、拉丁美洲部分地区，甚至还有东亚地区的部分低收入国家，以更加积极的姿态进入全球化,这令人心急如焚。所有这些国家,同其他地方一样,它们对于一种旨在推进国内创新能力的政策的需要是急迫而清晰的。相比于我们在前面讨论过的中等收入国家而言,它们更加需要保护自己国内新生的生产力,它们更加需要瞄准和刺激本国、本地区的消费。

关于外部政策问题,从上述讨论可以得出两点归纳。首先,有一种退出全球经济,回到独力支撑状态的危险,对此我们已经有过经验教训,就是在发展的较早阶段有保护的和有政策支撑的创新－增长的那种情景。除了中国、印度、印度尼西亚和巴西以外,没有几个低收入国家具有足够大的国内市场,使得它们能够获得组合经济与规模经济,而这正是现代市场体系的主要特征。小规模的市场无法容纳为了达到创新所必须培养的竞争。这样,把外向型发展中包含的好处合在一起,我们看到的是,现代市场体系所要求的更大规模和地域性的外部效应对于这些经济体的含义,就是加强区域内的一体化的迫切需要。已经有迹象表明,许多国家已经开始去抓取这种区域性的"烫手山芋"。从非洲的"非洲发展新式伙伴计划" (NEPAD, New Partnership for African Development)背后,可以感觉到发展的冲动;在亚洲,东盟被赋予更大的作用(ASEAN, Association of South East Asian Nations);在拉丁美洲,对于安第斯条约和莫库苏尔(Mercosur)两者的兴趣都在复苏 (莫库苏尔是一个地区性贸易合作组织,英文字义为"南方共同市场";参与者包括巴西,阿根廷,乌拉圭,委内瑞拉,巴拉圭;成立于1991年,修订于1994年。——译者注),推动它们的是深受全球市场竞争之苦的巴西的经济发展。这不是一条好走的路,因为要取得成功,必须在经济和政治两个方面都有很大的担当。

288

289

第二点有关外部政策的归纳是，低收入国家也许在经济利益方面存在对抗性的矛盾。例如，我们在服装行业看到，当高收入国家中的服装生产下降到无足轻重的状态之后，低收入国家服装出口的收益（中国和印度是大头）会以牺牲别国的利益为代价（例如孟加拉和撒哈拉以南的非洲）。这些缺乏竞争力的低收入国家如果想从全球化中获益，只能限制比较成功的那些低收入国家。这样说会在两种意义上同全球治理机构如WTO的思路相抵触。首先，低收入国家需要的，不是一个"公平的竞争环境"，在那样一个平台上，大家会争先恐后地"掉下去"，一起掉到底；相反，它们需要的是一个有倾斜角度的平台，而且要朝着有利于它们的方向倾斜；其次，这种"倾斜"不仅针对高收入的国家，而且还会在许多决定性的情况下针对其他的低收入国家。把发展中国家想象成具有共同利益，据此进行有关发展的对话，据此使用帝国主义理论，都是非常错误的。在低收入国家之间的政策上的区别，也许同低收入－高收入国家之间的区别一样重大。

8.3　全球化何以持续

摘要：全球化可持续吗?

我们依据三个因素对全球化在当前阶段的可持续性提出质疑。在所有的情况下，这三个因素都表达了在全球化的巨大成功当中所蕴涵的冲突。

全球价值链全都是能源密集型的。为了回应全球温室效应而提高能源价格的行动将损害这些遍及全球的价值链的营利能力。

持久的贫困将导致被剥夺财富者的仇恨。在一个到处是城市贫民窟的世界里，已经出现了多种基于宗教信仰的政治运动。它们反抗全球资本主义的意识形态和文化霸权主义，可能会采取攻击的方式反对全球化经济的现状，进而伤害其中的交流渠道。

同19世纪发生过的情况相似，全球性专业分工的变化所导致的调整过于迅速，由此造成了不安的心理和对经济利益分配的重大影响。这已经造成对全球化的政治性对抗。现阶段，有能力有组织的专业人士与非技术性人口一样很容易受到影响，这一事实很容易使反对持续推进全球化的呼声更加高昂。

几十年来，全球化推进的速度和力量，使得公众意识差不多接受了它，把它作为不容置疑的和不可改变的必经之途。从那些强势的驱动者的眼光来看，将来要获得的收益是如此巨大，以至于几乎看不到更进一步推进一体化的极限何在。不断引进的新技术似乎还会进一步推高收益。在最近一个时期，这尤其鲜明地表现在降低知识和信息交换成本这一点上。但是，所有这些都是在二战后降低成本、加速商品交换的技术进步框架中的创新。同时，美国不可挑战的军事霸权地位支持着美国所有行业向全球扩张的野心，这是不容置疑的全球化进程中的一个"附带"因素。

然而，保持一种历史感是很重要的。把过去的增长经历作为审视的角度，从这里出发做一个展望，我们会看见一个充满了问题和风险的未来。玛莉·雅霍塔（Marie Jahoda）在20世纪70年代（环境灾难的多种预想被提出的时代）反对环境灾难预言时，提出的论点是，对方忽略了反馈回路：社会将改变消费习惯或者使用新技术来应对环境恶化。为了论证对方盲目推测环境灾难之荒谬，她做了这样的推算：在苏联于1957年发射第一颗人造卫星后，美国作为回应措施对科技人员的培训如果持续下去，那么到1992年，美国的每

291

一个人、每一条狗都将有两名科学家为之服务[1]！

　　换句话说，全球化在20世纪后期迅速推广这个事实，并不是全球化在21世纪会继续下去的保证。这应是不言自明的。历史的经验是支持这个论点的。正如我们在第一章中已经看到，19世纪曾是一个类似于今天的全球一体化的时期，随后进入被威廉森称为"突发的闭关锁国"时期[2]。一体化与分离之间的张力并不是只在1850~1950年这100年之间表现出来过；它在整个历史上曾经重复地出现。例如，罗马帝国统治地中海地区和西欧长达450年，紧随其后的是黑暗的年代——中世纪。越来越多的证据表明，早在1421年至1423年，中国的远洋船队已经环绕过地球，绘制过遥远的海岸线地图的细部，并与许多远方国家进行过贸易（译者注：对此有争议的说法可参考：《1421年：中国发现了世界》，作者孟齐斯，Menzies, G. (2002), 1421: The Year China Discovered the World, London: Bantam Books. 中译本于2005年由京华出版社出版）。但是随后中国退回到闭关锁国状态并持续了400年之久[3]。

　　19世纪的马克思和列宁从黑格尔的辩证思想发展出一种有关历史的理论。简要地说，他们认为历史由互相对立的两方之间持续的斗争所推动，在这个基础上，他们提出了关于历史发展的理论（"辩证唯物主义"）。对于这个历史理论的反对意见，主要还不是因为它假定了一个跨越了多个边界的"强系统"，更多的是因为这个理论认为，"历史"将自然而然地停止在共产主义阶段——当世界上只剩下一个阶级的时候。但是，他们提出了一种深刻的见解，这就是，任何一个系统都具有"内部矛盾"，而且正因为如此，"自

---

[1] 贾霍塔（Jahoda）（1973）。

[2] 威廉姆森（Williamson）（1998:61）。

[3] 孟齐斯（Menzies）（2002）。

我毁灭的种子"就埋藏在其中。他们的观点的真正含义，是说任何一个经济和政治制度，在它们扩张的同时也造就了反对它们自身的力量，这反对的力量会消减它们继续下去的合理性。这就是说，引起社会、政治、经济体制变革的根源，是内生的。

毫无疑问，我们在诉诸这个框架时必须非常谨慎。历史变革的发生各有自己的原因，经常是由于外在于经济系统的因素，如环境灾害。但是，这个历史模型具有一种洞察力，非常有助于我们解释目前全球系统的脆弱性——变革的发生在很大程度上并不是依据系统的内生因素，而常常是来源于它的成功，或者是对于驱使它向前的控制力量所做出的响应。目前，在全球化进程中出现了三种内源性的内部冲突，它们威胁到全球化是否可持续发展下去。

首先是当代全球化进展中的环境问题。看看图8.1，这是现在我们的日常消费中常见的一张"食品运输里程"示意图。全球性食品采购已经变得越来越平常，我们仅以英国的一家超市陈列的商品为例，在这里可以买到从巴西、危地马拉、以色列、肯尼亚、秘鲁、泰国、美国、赞比亚和津巴布韦空运来的水果和蔬菜。超市一年365天给我们提供的各种食品，使我们的食品消费摆脱了季节性限制，但是那些食品一般都是包装过度，色泽鲜艳却味道不佳。图8.1仅是少量水果和蔬菜的快照，仅仅是长距离运输食品这个故事的一"斑"。到底有多少包装材料、印刷工作、墨水、超市手推车的零件、运货卡车、价值链上的建筑材料等，被全球供应链消耗掉？价值链上的任何一种组成部分都必须进行长距离的运输（有时还需要重复往返运输）。新鲜水果和蔬菜只是全球供应链的一个实例，在更多的行业内这样的供应链正在愈

图8.1　从食品购物车上看运输里程

益加速发展，我们在第一章、第五章和第六章已经看到过了。

　　一切全球性采购都以环境为代价。有的是全球运输的直接后果，如20世纪90年代发生在阿拉斯加州的埃克森公司的巴尔德斯号油轮原油泄漏事件。更大的环境代价则是间接表现的，比如能源消费增加导致的全球变暖。错综复杂的全球生产体系大都依赖便宜的能源，只有这样，在各国之间把低附加值的商品和零件运来运去才有利可图。尽管有"碳氢化合物燃料游说团"（hydrocarbon lobby）的坚决反对，越来越多的证据还是能够表明，全球变暖主要是二氧化碳释放量增加的结果。人们也越来越认识到，气候变化的另一个后果,将是由穷人和低收入国家更多地承担负面影响 [1]。

如果我们要对全球变暖做出适当的反应,能源就必须以真实的环境成本定价。但这样做会怎样影响全球生产系统的收益呢?能源价格大幅提高以后,目前有钱可赚的项目中,有多少会变得无利可图了呢?现在的这种全球化模式,从环境条件可持续的要求来看,究竟处于何种地位呢?另外,把能源价格强行提高到真实环境成本的水平虽然是合乎逻辑的,但是,"碳氢化合物燃料游说团"反对提高能源价格的力量,也许会事实上阻挡这种合乎逻辑的行动,所以更加现实的情况是:提价这样的事情不太可能会真的发生。在这种情况下,能源密集型的全球价值链更可能会使全球变暖现象进一步恶化,由此也会进一步加剧贫困和不平等。我们在下面就要看到,这个结果正在威胁着全球化的可持续性。或者是提高能源价格,或者是贫困和不平等状态恶化,全球生产体系的高能耗将通过这两种途径中的任何一种,由自己来威胁自己的可持续性。

第二种内生的内部矛盾,是一个会带来很多歧义的题目,但是它对全球化的可持续发展是一种潜在的威胁。这就是贫穷和不平等,这是一种社会的危机和政治的危机。这种潜在的内部矛盾的背景来自于不断变化着的全球地理和人口分布的统计数字。近来戴维斯(Davis)的重要的分析工作有助于解释近年来多种宗教激进形式的千禧年教派兴起的原因 [2]。他估计2004年全世界超过一半的人口居住在城市,这是历史上从未发生过的事情。自从工业革命开始以来,城市发展一直与工业发展紧密相连。戴维斯认为,一直到20世纪末,政治都是以阶级划分为基础的;可是,现代城市(几

[1] Yamin (2004).
[2] Davies (2004).

294

295

乎）就是贫民窟，城里挤满了无产者和失业者。在这种环境中，政治具有了新的形式，这就是以各种新的千禧年教派来表现的宗教激进势力——在非洲、拉丁美洲和美国有圣灵降临节教会，在印度有印度教激进势力，在亚洲和北非有伊斯兰教激进势力。最近在美国的政治词汇中，这已经被称为当代政治的"宗教性"[①]。

这些与全球化的可持续性有什么关系呢？关系就在全球化的文化霸权和社会霸权同低收入国家中高涨的千禧年运动的对应之中。通过电视、电影、出版物，特别是广告形式的"文化"扩张，全球化推广的行为－价值模式违反和侮辱了世界上很多地方的文化，这已经被许多宗教激进势力用来作为呼唤和召集政治抗议运动的理由。奇怪的是，这些宗教领袖中的很多人是受益于全球化的特权者，但是他们却得到了被排除在全球化成功之外的"失败者们"的支持。他们的回应是攻击全球化的表现形式，首先是世贸中心（这个名字本身就是在张扬全球化中的霸权），然后是代表西方价值观的旅游地（巴厘岛的夜总会）。然而冤冤相报何时了，这对全球化的可持续性又有何影响？攻击基础设施又会怎样影响到全球化的可持续性呢？不幸的是，为了达到战略目标在集装箱里放置炸弹已不再是天方夜谭，我们必须正视这种现实了——美国目前确实正在采取积极的手段来防范这类可能的攻击。我们不能排除发生在枢纽机场的自杀式袭击、将游客劫持为人质或攻击外国商人这类事件发生的可能性。问题在于，这些都不是偶然事件。这些事件都是可预见的，并且应该归入"宗教性政治"的社会文化和政治文化这个题目。

对于我们的分析来说，更重要的是，这个问题的根源在于全球化所达到的两类重大的成果。首先，我们在第七章已经看到，贸易壁垒下降了，但是它带来的是劳动力失业，

[①] Hadden and Long (1983);Bromley (1991).

是城市贫民窟膨胀。第二，全球产品市场的扩展，依赖的是世界品牌的拓展。这些品牌都要靠广告支持，不光是靠日益成为城市一景的广告牌，而且还要通过不易察觉的手段来达到广告效果，例如世界主要品牌在电影中搞的"新产品亮相"。很多此类品牌都有特定文化内涵的表达，其中夹带的性内容为很多宗教团体所不齿。

可能会消除当代全球化可持续性的第三个内部矛盾，就是本书前面几章的主题，即全球化强制地改变了经济中的专业化分工。它产生的后果，是在就业格局、劳动组织和制度设计方面发生频繁的、重大的变更。更重要的一点，是它所引起的收入分配的重大变化。从这些相互关联的变化中，导出了两种重大的后果。第一个后果是很多人的生活变得没有保障，其中甚至包括了高收入国家中的有话语权的专业人士。几年前，曾任克林顿政府劳工部长的罗伯特·里奇（Robert Reich）为此写过很有见地的文章。他观察到在美国存在着一个正在扩大的"下层阶级"，在此之上的应该是那个"上层阶级"。莱克说，这没有什么新奇。新奇的是处于这两个阶级之间的那个"焦虑的阶级"[1]。在很大的程度上，这种无法抑制的焦虑和不安直接来自于全球竞争所导致的需要不停"发明再发明"的压力。杰克·韦尔奇（Jack Welch），美国通用电气公司的前任首席执行官，是公认的 20 世纪 90 年代少数真正有影响力的创新管理者之一。他的原则是所有通用电气的子公司都必须定期更新一定比例的人员，管理层必须对员工进行年度评审排序，开除排在最后的那一组雇员（"除草"），而不论他们的实际表现如何。早在 20 世纪之初，通用电气公司就推行了一套 "70：70：70 政策"——将 70% 的业务外包；70% 的外包业务面向海外（即发往国外）；70% 的

[1] Reich (1991).

296

297

海外业务发往低工资国家。这是一项表现出没有把握、缺乏信任和带有恐惧的安排。通用电气公司的做法得到了英特尔公司总裁安迪·葛罗夫(Andy Groves)的响应,他为此写了一本名为《只有偏执狂才能生存》的畅销书❶。面对任何一种问题,可以想出来的应对措施只有一个,就是"变":——"再发明","再组织","业务流程重新企划"——这些正在进行中的行动不仅见于私营部门,甚至也出现在国家掌管的官僚机构中,如英国卫生部和教育系统。这是一个不安全的世界,在这里到处都能感受到惧怕和焦虑;在这里竟然还发出了反对全球化的威胁;当高收入国家里的专业人士自己的工作岗位也受到来自印度等穷国的外包业务的威胁时,对全球化的反感情绪就更加高涨。

　　全球化带来的后果,不只是普遍的不安和焦虑(其中包括高收入国家中有话语权的、拥有专业职能的人士),还有我们在第二章讨论过的日益加剧的不平等。富人更加自信,更加自负,更随意地处置财富,这一点表现在第四章讨论过的"身份消费品"在许多产品市场的大量增加。我们从以往的政治经济历史中认识到,社会变革的原因,常常不是贫困的绝对数值,更多的是出于贫困的相对状况中发生的变化。正是这一点,可能构成对于全球化可否持续发展的最大的威胁,其意义超过了上面讨论的所有的问题。

　　参照19世纪的历史,我们可以设想一种21世纪可能的发展情景。我们在第一章中看到,在全球性整合进行了五六十年以后,世界经济自1914年开始转入内向的发展,直到1950年以后才重新获得了外向发展的动力。在这中间是一段聚焦国内市场的时期,全球经济一体化程度下降。这一次全球化进程的逆转直接发生在19世纪晚期一体化取得成功之后,对于这个历史现象,我们可以用全球化带来的收入分配中发生的四种变化来解释❷。

❶ Groves (1996).

❷ 其中的前三项在"欧洲经济政策研究中心"的研究中有过论述(CEPR,2002: 38~39)。

第一，廉价的粮食出口到欧洲大陆，农业利润下降，结果是欧洲大部分国家对农产品进口征收强制性关税。第二，从1820年至1914年，有大约6000万欧洲非熟练工人移民到美国去，很多人曾经徒步横穿整个欧洲大陆（去登船渡海——译者注）。这样一来，北美的相对工资被压低了，结果就是对移民的限制加强了。以英国为例，直到1906年制定《外侨法令》(Aliens Act) 之前，对移民一直是不加控制的。第三，欧洲制造业的竞争力威胁到美国新生的制造行业的生存。于是美国就对制造业商品加征关税。最后一点，对市场和资源无止境的需求，推动了海外殖民扩张；这种被激化的帝国主义国家之间的对抗，是第一次世界大战的导火索。在所有的情景中，这种变化（从外向发展转变为内卷式发展——译者注）的原因都植根于19世纪的全球经济运行自身，都是直接来自于经济全球化的成功。欧洲经济政策研究中心(CEPR) 做过这样的评价，"显然，第一次世界大战的发生，对于解构1914年之前的经济自由主义意义重大。不过，19世纪晚期的历史也同样清楚地表明，如果任由全球化率性而为，它会从政治上削弱自己；分配问题之所以重要，不只是由于它本身的重要性，更因为它将要激发的政治上的反对意见。❶"威廉姆森这样概括从"外"向"内"的转变，"全球化的力量显著地改变了参与国的利益分配格局：比这一点更重要的是，它表明这些分配方面的变动会导致反对全球化。❷""坚持放开的外贸政策的欧洲国家承受了最大的分配损失，而退回到关税壁垒背后的那些欧洲国家只受到了最小的分配损失。❸"

　　现在对全球化故事做一个总结。我们必须看到，虽然有很多人从全球化中受益，但是世界人口中有大约四分之一将会继续生活在绝对贫困中。与此同时，不平等现象还在继续

❶ CEPR (2002: 39).

❷ Williamson (1998:51).

❸ Williamson (1998:39).

298

加剧，无论在一国之内还是在国家之间都是如此。有一些贫困和不平等问题，的确是由于那些地方参与全球化失败而造成的，这是一种无力参与全球化的"残差"问题，这是世界银行、国际货币基金组织和当代经济学理论主流看见的那个问题，它们对此给出的最明确的答案，就是"加入全球化"。但是，我们在本书中已经阐明，绝对贫困和收入分配恶化是全球化的直接后果——它们是直接关联的。采用这种视角看到的问题是，受损害的国家在与全球经济发生关联的时候，应该做到更加有针对性、更加有选择性。

不管我们依据何种理论规范下结论，来回答"一个国家到底应该怎么做"，对于20世纪后期的全球化，我们都有很多的理由去质疑它的可持续性。同19世纪早期的国际化一样，这一次全球化受到的也是来自它内部的威胁。我们要说的是，在这个全球体系内部存在着很多销蚀着全球化在明天的可行性的成分。正在深入推进的全球化，非常可能会由于其内部的冲突而失去合理性和可操作性。对某些国家来说，这是一个倒退，因为这样会减少它们的绝对财富和相对财富的增长。对于另外的国家来说，这有可能是一种解脱，有可能是它们开发社会和经济发展新途径的一种机遇。

参考文献

Albert, M. (1993), *Capitalism against Capitalism*, London: Whurr.

Amsden A. (1989), *Asia's Next Giant: South Korea and Late Industrialization*, New York, Oxford University Press.

Altshuler, A., M. Anderson, D. T: Jones, D. Roos, J. and Womack (1984), *The Future of the Automobile*, Boston: MIT Press.

Arbache, K. S., A. Dickerson and F. Green (2004), "Trade Liberalisation and Wages in Developing Countries", *Economic Journal*, Vol. 114, No. 493, pp. 73–96.

Balassa, B. (1989), *New Directions in the World Economy*, New York: New York University Press.

Baldwin, R. E, and P. Martin (1999). Two waves of globalization: Superficial similarities, fundamental differences. *Working Paper 6904*. NBER, Massachusetts.

Barker, T. C. (1977), *The glassmakers : Pilkington, the rise of an international company*, 1826 ~ 1976. London: Weidenfeld and Nicolson.

Barnes, J., R. Kaplinsky and M. Morris (2004), "Industrial policy in developing economies: Developing dynamic comparative advantage in the South African automobile sector", *Competition and Change*, Vol. 8, No. 2, 2004, pp. 153–172.

Baulch B. (2003), "Aid for the Poorest? The distribution and maldistribution of international development assistance , *CPRC Working Paper No.* 35.

Beaudry, P., F. Collard and D.A.Green (2002), "Decomposing the Twin-Peaks in the World Distribution of Output-per-Hour", *NBER Working Paper 9240*, Cambridge, Mass: NBER.

Bell, R (2003), "Competition Issues in European Grocery Retailing", *European Retail Digest*,

Issue 39, 2003.

Bernstein, H. (Ed.) (1990), *The Food Question: Profits vs. People*, London: Earthscan.

Bessant, J. (1991), *Managing Advanced Manufacturing Technology*, London: Basil Blackwell.

Bessant, J., R. Kaplinsky and R. Lamming (2003)," Putting supply chain learning into practice", *International Journal of Production Management*, Vol. 23, No. 2, pp. 167–184.

Best, M. H. (1990), *The New Competition*, Oxford: Polity Press.

Bhagwati, J. and P. Desai (1970), *Planning for Industrialization: Indian Industrialization and Trade Policies since 1951*, Oxford; Oxford University Press.

Bhalla, S. S. (2002), *Imagine There's No Country: Poverty, Inequality, and Growth in the Era of Globalization*, Washington: Institute for International Economics.

Blaug, M. (1985), *Economic Theory in Retrospect*, (4th edition), Cambridge: Cambridge University Press.

Bordo, M. D., B. Eichengren and D. A Irwin (1999), "Is Globalization Today Really Different from Globalization a Hundred Years Ago?", National Bureau of Economic Research, *Working Paper 7195*, Cambridge, Mass: NBER. (www.nber.org/papers/w7195).

Borjas, G., R. Freeman and L. Katz (1997), "How much do immigration and trade affect labor market outcomes?", *Brookings Papers on Economic Activity*, 1, pp.1–85.

Brenner, R. (1998), "Uneven development and the long downturn: the advanced capitalist economies from boom to stagnation, 1950 ~ 1998", *New Left Review*, 229.

Bromley, D. G. (ed.) (1991), *Religion and Social Order: New Developments in Theory and Research*, Greenwich, CT: JAI Press.

Bugliarello, G. (1999), "Science and Technology Policy and Intellectual Property: Seeking New Global Linkages", in A. Akhunov, G. Bugliarello, and E. Corti, *Intellectual Property and Global Markets: An East-West Dialogue*, NATO Science Series, Series 4: Science and Technology Policy, Vol. 24. IOS Press Amsterdam.

Carroll, L. (1916), *Alice's Adventures in Wonderland and*

302

303

Through the Looking-Glass,. Chicago: Rand McNally & Company.

Carson, J. G. (2003), *US Weekly Employment Update*, N. York: Alliance Bernstein.

CEPR (2002), Making Sense of Globalization: A Guide to the Economic Issues, *CEPR Policy paper No. 8*, London: Centre for Economic Policy Research.

Chang, H-Joon (2002), *Kicking Away the Ladder: Development Strategy in Historical Perspective*, Wimbledon: Anthem Press.

China Statistical Abstract (1997), Praeger.

China Statistical Abstract (2003), Praeger.

Chiswick B. R. and T. J. Hatton T.J (2001). International Migration and the Integration of Labour Markets IZA Discussion Paper No. 559, http://papers.ssrn.com/sol3/papers.cfm?abstract_id=322541.

Cline, W. R. (1982), "Can the East Asian Model of Development be Generalized?", *World Development*, Vol. 10, No. 2, pp.81–92.

Cline, W. (1997), *Trade and Income Distribution*, Washington DC.: Institute for International Economics.

Cornia, A. C. and J. Court (2001), "Inequality, Growth and Poverty in the Era of Liberalization and Globalization", *Policy Brief No. 4*, Helsinki: Wider.

Cotterill, R (1999), Continuing Concentration in Food Industries Globally: Strategic Challenges to an Unstable Status Quo, Food Marketing Policy Centre, *Research Report no 49*, August 1999.

Crafts N., and A. J. Venables (2001), "Globalization in History: a Geographical Perspective", http://ideas.repec.org/p/cep/cepdps/0524.html.

Cusumano M. A. (1985), *The Japanese Automobile Industry: Technology and Management at Nissan and Toyota*, Cambridge, Mass.: Harvard University Press.

Davis, M. (2004), "Planet of the Slums: Urban Involution and the Informal Proletariat", *New Left Review*, 26, pp. 5–34.

Di Caprio, A. and A. Amsden (2004), "Does the new international trade regime leave room for industrialization policies in the middle income countries?", *Working Paper No. 22*, Policy Integration Department, Geneva: International Labour Organisation.

Dicken P. (2003.), *Global Shift: Reshaping the Global Economic Map in the 21st Century*, Fourth Edition, London: Sage.

Dollar, D. and A. Kraay (2001), Growth is good for the poor, *Journal of Economic Growth* 7 (3), pp.195–225.

Dunford M. (1994), "Winners and losers: the new map of economic inequality in the European Union', *European Urban and Regional Studies*, Vol. 1, No. 2, pp. 95–114.

Feenstra R. C. (1998), 'Integration of Trade and Disintegration of Production in the Global Economy', *Journal of Economic Perspectives*, Vol. 12, No. 4, pp.31–50.

Feenstra, R. C. and G. G. Hamilton,(2005), *Emergent Economies,Divergent Paths: Economic Organization and International Trade in South Korea and Taiwan*, New York: Cambridge University Press.

Fernando, L. (2003), *Kenya: Capacity Building for Garment Exporter to Meet the* 2005 *Challenges*, Geneva: International Trade Centre.

Freeman, C,(1976), *The Economics of Industrial Innovation*, London: Penguin Books.

Freeman C. and C. Perez (1988), "Structural Crises of Adjustment", in Dosi Giovanni et al (eds), *Technical Change and Economic Theory*, London, Frances Pinter.

Frobel F., J. Heinrichs J and O. Kreye (1980), *The New International Division of Labour*, Cambridge, Cambridge University Press.

Gereffi, G. (1994), "The Organization of Buyer-Driven Global Commodity Chains: How U. S. Retailers Shape Overseas Production Networks", in G. Gereffi and M. Korzeniewicz (eds.), *Commodity Chains and Global Capitalism*, London: Praeger.

Gereffi,G. (1999), "International Trade and Industrial Upgrading in the Apparel Commodity Chain", *Journal of International Economics*, Vol. 48, No. 1, pp.37–70.

Gereffi G., T. Sturgeon and J. Humphrey (2004, forthcoming), "The Governance of Global Value Chains", *Review of International Political Economy*.

304

. **305**

Gereffi G., T. Sturgeon and J. Humphrey (2004, forthcoming), 2The Governance of Global Value Chains, *Review of International Political Economy*.

Gereffi, G. and O. Memedovic (2003), *The Global Apparel Value Chain: What Prospects for Upgrading by Developing Countries*? Sectoral Studies Series, Vienna: UNIDO.

Gibbon, P. (2002), "At the Cutting Edge? Financialisation and UK Clothing Retailers' Global Sourcing Patterns and Practices", *Competition and Change*, Vol. 63, No. 3, pp.289–308.

Gibbon, P. and S. Ponte (2004), *Trading Down: Africa, Value Chains and the Global Economy*, @: Temple Smith.

Gottschalk, P., B. Gustafson, and E. Palmer (1997), *Changing patterns in the distribution of economic welfare. An international perspective*, Cambridge: Cambridge University Press.

GPN (2003), "Global Production Networks in Europe and East Asia: The Automobile Components Industries", *GPN Working Paper* 7, School of Geography, University of Manchester.

Griffith-Jones, S., R. Gottschalk, and J. Cailloux, (eds). (2003), *International Capital Flows in Calm and Turbulent Times: The Need for a New International Architecture*, Ann Arbor: The University of Michigan Press.

Groves, A.S. (1996), *Only the Paranoid Survive*, New York: Doubleday.

Gu, E. (2003), Labour Market Insecurities in China, *SES Papers* 33, Geneva: ILO.

Hadden, J. K. and T. E. Long (eds.) (1983), *Religion and Religiosity in America: Studies in Honor of Joseph. H. Fichter*, New York: Crossroads.

Hamel, G. and C. K. Pralahad (1994), *Competing for the Future*, Cambridge: Harvard Business School Press.

Hamilton, G., R. Feenstra and M. Petrovic, (2004), Demand Responsiveness and the Emergence of Capitalism in East Asia: A Reassessment of the 'Asian Miracle', www.soc.duke.edu/sloan_2004/Papers/Demand_Responsiveness.pdf.

Hartog, J. (1999), "Country Employment Policy reviews: The Netherlands", *Social Dialogue and Employment Success*, ILO Symposium 2 ~ 3rd March, Geneva: ILO.

Helleiner, G. K. (1973). "Manufactured Exports from Less-Developed Countries and Multinational

Firms", *Economic Journal*, 83, pp.21–47.

Hill, T. (1987), *Manufacturing Strategy*, London, Macmillan.

Hira, R. (2004), "Implications of Offshore Sourcing", *mimeo*, Rochester Institute of Technology.

Hoffman K. and R. Kaplinsky (1988), *Driving Force: The Global Restructuring of Technology, Labor and Investment in the Automobile and Components Industries*, Boulder, Colorado: Westview Press.

Hummels, D., D. Rapaport and Kei-Ma Yi (1998), "Vertical Specialization and the Changing Nature of World Trade", *FRBNY Economic Policy Review*, pp.79–99.

Humphrey J. (2001), "Global Value Chains and Local Development in the Automotive Industry", *Background Paper for UNIDO World Industrial Development Report*, 2002, Vienna: UNIDO.

IDS (1997), "Collective Efficiency: A Way Forward for Small Firms", *IDS Policy Brief 10*, Brighton: Institute of Development Studies.

IMF (2002), *World Economic Outlook*.

Jahoda, M. (1973), "A postscript on social change", in H. S. Cole, C. Freeman, M. Jahoda and K. Pavitt (eds.), *Thinking about the Future*, London: Chatto and Windus.

Jaikumar, R, (1986), "Post-Industrial Manufacturing," *Harvard Business Review*, November-December, pp.69–76.

Jefferson, G. H., T. G. Rawski, Li Wang, and Yuxin Zheng (2000), "Ownership, Productivity Change, and Financial Performance in Chinese Industry", *Journal of Comparative Economics* 28 (4):786–813.

Joffe A.., D. Kaplan, R. Kaplinsky and D. Lewis (1995), *Improving Manufacturing Performance: The Report of the ISP*, Cape Town: University of Cape Town Press.

Jones, C. (1997), "On the Evolution of World Income Distribution", *Journal of Economic Perspectives*, Vol. 11, No. 3, pp.3–19.

Kaplan, D. E. and R. Kaplinsky (1998), "Trade and Industrial Policy on an Uneven Playing Field: The Case of the Deciduous Fruit

307

Canning Industry in South Africa", *World Development*, Vol. 27, No.10, pp. 1787–1802.

Kaplinsky R (1982), *Computer Aided Design: Electronics, Comparative Advantage and Development*, London: Frances Pinter.

Kaplinsky R (1998), "Globalisation, Industrialisation and Sustainable Growth: The Pursuit of the Nth Rent", *Discussion Paper* 365, Brighton: Institute of Development Studies, University of Sussex.

Kaplinsky R (1990), *The Economies of Small: Appropriate Technology in a Changing World*, London: Intermediate Technology Press.

Kaplinsky R (1993), "Export Processing Zones in the Dominican Republic: Transforming Manufactures into Commodities", *World Development*, Vol. 21, No. 11, pp. 1851–1865.

Kaplinsky, R. (1994), *Easternisation: The Spread of Japanese Management Techniques to Developing Countries*, London: Frank Cass.

Kaplinsky, R. (1995), "Patients as Work in Progress: Organisational Reform in the Health Sector" in Andreasen L., B. Coriat, F. den Hertog, and R. Kaplinsky *Europe's Next Step: Organisational Innovation, Competition and Employment*, London: Frank Cass.

Kaplinsky, R. and R. Fitter (2004), "Technology and Globalisation: who gains when commodities are de-commodified?", *International Journal of Technology and Globalization*, Vol. 1, No. 1, pp. 1–28.

Kaplinsky, R., M. Morris and J. Readman (2002), "The Globalization of Product markets and Immiserizing Growth: Lessons from the South African Furniture Industry", *World Development*, Vol. 30, No. 7, pp. 1159–1178.

Kaplinsky, R. and J. Readman (2004) "Globalisation and upgrading: What can (and cannot) be learnt from international trade statistics in the wood furniture sector?", *mimeo*, Centre for Research in Innovation Management, Brighton: CENTRIM.

Kaplinsky, R., O. Memedovic, M. Morris and J. Readman (2003), The Global Wood Furniture Value Chain: What Prospects for Upgrading by Developing Countries? The Case of South Africa, Sectoral Studies Series, Vienna: UNIDO.

Kuczynski, P. and J. Williamson (eds.) (2003), *After the Washington Consensus*, Washington,

DC: Institute for International Economics.

Khan, A. R. (1999), 'Poverty in China in the Period of Globalization: New Evidence on Trend and Pattern', *Issues in Development Discussion Paper* 22, Geneva: ILO.

King, R. G. and R. Levine (1993) Finance and growth, Schumpeter might be right, *Policy, Research and External Affairs Working Paper No* 183, Washington, DC: World Bank.

Kohl, R. and K. O' Rourke (2000), "What's New About Globalisation: Implications for Income Inequality in Developing Countries", *paper presented to Poverty and Inequality in Developing Countries: A Policy Dialogue on the Effects of Globalisation*, Paris: OECD.

Krueger Anne O. (1974), "The political economy of rent seeking society", *American Economic Review*, Vol. 64: 291–303.

Lal D. (1983), *The Poverty of 'Development Economics'*, London: *Hobart Paperback 16*, Institute of Economic Affairs.

Lall, S. and M. Teubal (1998), "Market Stimulating' Technology Policies in Developing Countries: A Framework with Examples from East Asia", *World Development*, Vol. 26, No. 8, pp. 1369–1385.

Lall, S. and M. Abaladejo (2004), "China's Competitive Performance: A Threat to East Asian Manufactured Exports?", *World Development*, Vol. 32, No. 9, pp. 1441–1466.

Lawrence, R. Z. and M. J. Slaughter (1993), "International Trade and American Wages in the 1980s: Giant Sucking Sound or Small Hiccup?", in M. N. Baily and C. Winston (eds.), *Brookings Papers on Economic Activity: Microeconomics* 2.

Leonard-Barton, D. (1995), *Wellsprings of knowledge: Building and sustaining the sources of innovation*, Boston: Harvard Business School Press.

Lewis, W. A. (1954), "Economic Development with Unlimited Supplies of Labour", The Manchester School, May., reprinted in A. N. Agarwala and S. P. Singh (eds.) (1958), *The Economics of Underdevelopment*, Oxford: Oxford University Press.

Lipietz A (1987), Mirages and Miracles: *The Crises of Global Fordism*, London: Verso.

308

309

Little I. M. T. Scitovsky and M. Scott (1970), *Industry and Trade in Some Developing Countries: A Comparative Atudy*, Oxford: Oxford University Press.

Liu, Xielin (2002), "The Achievement and Challenge of Industrial Innovation in China", *Proceeedings of the 3rd International Symposium on Management of Innovation and Technology*, Hangzhou, October.

Lundvall, B. A,(1992), *National Systems of Innovation*, London: Frances Pinter.

Maizels, A. (1999), "The Manufactures Terms of Trade of Developing Countries with the United States, 1981 ~ 97", *Working Paper* 36, Oxford: Finance and Trade Policy Centre, Queen Elizabeth House.

Maizels, A., T. Palaskas and T. Crowe (1998), "The Prebisch-Singer Hypothesis Revisited", in Sapsford, D. and J. Chen (eds.) (1998), *Development Economics and Policy: The Conference Volume to Celebrate the 85th Birthday of Professor Sir Hans Singer*, Basingstoke: Macmillan.

Maizels, A. (2003), The Manufactures terms of Trade of developing and developed countries with Japan, 1981 ~ 2000, *mimeo*, Oxford: Queen Elizabeth House.

Management Review (1996), "*Polishing the Apple: has Apple completely lost its luster, or can a new CEO help bring back the shine?*", September, Vol. 85 No. 9 :43 ~ 6Martin, W. (2003), "Developing Countries' Changing Participation in World Trade", *World Bank Research Observer*, Vol. 18, No. 2, pp. 159–186.

Martin M. and V. Manole (2003), "China's Emergence as the Workshop of the World", *mimeo*, Washington DC: The World Bank.

Mathews, J. A. and Dong-Sung Cho (2000), Tiger Technology: The Creation of a Semiconductor Industry in East Asia, Cambridge: Cambridge University Press.

Mayer, J., A. (2002), "The Fallacy of Composition: A Review of the Literature", *The World Economy*, Vol. 25, No. 6, pp.875–894.

Menzies, G. (2002), 1421: *The Year China Discovered the World*, London: Bantam Books.

Milanovic, B. (2002), "The Ricardian Vice: Why Sala-i-Martin's calculations of world income inequality are wrong", www.ssrn.com.

Milanovic, B. (2003), "The Two faces of Globalization: Against Globalization as We Know It", *World Development*, Vol. 31. No. 4, pp. 667–683.

Monden Y. (1983), *Toyota Production System: Practical Approach to Production Management*, Atlanta: Industrial Engineering and Management Press.

Morris, M. and G. Robbins (2005), "The role of government in creating an enabling environment for inter-firm cluster co-operation: Policy lessons from South Africa." in B. Oyelaran-Oyeyinka and D. McCormick (eds.), *Industrial Clusters in Africa: Pattern Practice and Policies for Innovation and Upgrading*, Tokyo: UNU Press.

Nadvi, K. (1999), "Collective Efficiency and Collective Failure: The Response of the Sialkot Surgical Instrument Cluster to Global Quality Pressures", *World Development Special Issue on Industrial Clusters in Developing Countries*, Vol. 27, No. 9, pp. 1605–1626.

Nelson R. R. (1993), *National Innovation Systems: A Comparative Analysis*, New York: Oxford University Press.

Obstfeld M, and A. M. Taylor (2002). "Globalization and Capital Markets", *Working Paper* 8846, National Bureau of Economic Research, Massachusetts: NBER.

Perez, C. (2002), *Technological Revolutions and Financial Capital: The Dynamics of Bubbles and Golden Ages*, Cheltenham, Edwrad Elgar.

Pine, J. B. (1993), *Mass Customization: The New Frontier in Business Competition*, Cambridge, Mass: Harvard Business School Press.

Piore M. J. and C. Sabel (1984), *The Second Industrial Divide: Possibilities for Prosperity*, N. York: Basic Books.

Pogge, T. W. and S. G. Reddy (2002), "How not to Count the Poor", www.socialanalysis.org.

Porter, M. E. (1990), *The Competitive Advantage of Nations*, London: Macmillan.

Prebisch, R. (1950), "The Economic Development of Latin America and Its Principal Problems", *Economic Bulletin for Latin America* 7, N. York: United Nations.

Pyke, F., G. Becattini and W. Sengenberger (1990), *Industrial Districts and Inter-Firm Cooperation in Italy*, Geneva: International Institute for Labour Studies.

Ravallion, M. (2003), "The Debate on Globalization, Poverty and Inequality: Why Measurement Matters," *International Affairs*, Vol. 79(4), pp. 739–754.

Rawski, T. G. (2003), "Recent Developments in China's Labor Economy", *mimeo*, Dept. of Economics, University of Pittsburgh.

Readman, J. (2004), "The Competitive Advantage of Buying Networks in Wood Products Value Chains", *Upgrading in Small Enterprise Clusters and Global Value Chains*, Geneva, ILO.

Reich R. B. (1991), *The Work of Nations: Preparing Ourselves for 21st-Century Capitalism*, N. York: Simon and Schuster.

Ricardo, D. (1817), *The Principles of Political Economy and Taxation*, London: Dent (Reprinted 1973).

Roberts and Kynge, "How cheap labour, foreign investment and rapid industrialisation are creating a new workshop of the world", *Financial Times*, February 4, 2003.

Rodrik, D. (1999), *The New Global Economy and Developing Countries: Making Openness Work*, Washington DC: Overseas Development Council.

Rodrik, D. (2000), "Comments on Trade, growth and poverty by D. Dollar and A. Kraay", http://ksghome.harvard.edu/~.drodrik.academic.ksg/.

Rodrik, D. (2002), "After neoliberalism, what?", paper presented at *Alternatives to Neoliberalism Conference*, Coalition for New Rules for Global Finance, Washington, 22–23 May, Washington DC.

Rowthorn, R. and K. Coutts (2004), "De-Industrialization and the Balance of Payments in Advanced Economies", *Discussion Paper, No. 170*, Geneva: UNCTAD.

Runciman, W. G. (1966), *Relative Deprivation and Social Justice*, London: Routledge.

Sala-I-Martin, X. (2002), "The World Distribution of Income (estimated from individual country distributions)", *NBER Working Paper* 8933, Cambridge, Mass: NBER.

Sapsford, D. and J. Chen (eds.) (1998), *Development Economics and Policy: The Conference Volume to Celebrate the 85th Birthday of Professor Sir Hans Singer*, Basingstoke: Macmillan.

Sarkar, P. and H. W. Singer (1991), "Manufactured Exports of Developing Countries and Their Terms of Trade", *World Development*, Vol. 19, No. 4, pp.333–340.

Schmitz, H. (2004), "Globalized localities: Introduction" in H. Schmitz (ed.) (2004), *Local Enterprises in the Global Economy: Issues of Governance and Upgrading*, Cheltenham: Edward Elgar.

Schmitz, H (2000), "Global Competition and Local Cooperation: Success and Failure in the Sinos Valley, Brazil", *World Development Special Issue on Industrial Clusters in Developing Countries*, Vol. 27, No. 9, pp. 1627–1650.

Schmitz, H. and P. Knorringa (2000), "Learning from global buyers", *Journal of Development Studies*, Vol. 32 No. 7, pp.177–205

Schonberger, R J,(1986) *World Class Manufacturing: The Lessons of Simplicity Applied*, New York: The Free Press.

Schumpeter J (1961), *The Theory of Economic Development*, Oxford: Oxford University Press.

Shafaeddin, S. M. (2002), The Impact of China's Accession to WTO on the Exports of Developing Countries, *Discussion Paper No. 160*, Geneva: UNCTAD.

Singer H W (1950), "The Distribution of Gains between Investing and Borrowing Countries", *American Economic Review*, 15, pp. 473–485.

Singer, H. (1971), "The Distribution of Gains Revisited", reprinted in A. Cairncross and M. Puri (eds.) (1975), *The Strategy of International Development*, London: Macmillan.

Singer, H. W. (1987), "Terms of trade and economic development", in J. Eatwell, M. Milgate and P. Newman,(eds.), *The New Palgrave: A Dictionary of Economics*, London: Macmillan.

Singh, A. (1995), "How did East Asia grow so fast?", *UNCTAD Review*, 1995, Geneva: United Nations, pp. 91–128.

Smith, A. (1776). *An Enquiry into the Nature and Cause of The Wealth of Nations*. (4th Edition), republished in 1976 by Oxford University Press, and edited by R. H. Campbell and A. S Skinner.

Streeten, P. (1998), "Globalization: Threat or Salvation", in A.

313

S. Bhalla (ed.) (1998), *Globalization, Growth and Marginalization*, New York: Macmillan and IDRC.

Sturgeon, T. (2002), "Modular production networks: a new American model of industrial organization", *Industrial and Corporate Change* 11 (3): 451–496.

Sutcliffe, R. B. (1971), *Industry and Underdevelopment*, London: Addison-Wesley.

Teece, D., and G. Pisano (1994), "The dynamic capabilities of firms: an introduction", *Industrial and Corporate Change*, 3, pp.537–556.

Teunissen, J. Joost and M. Teunissen (eds) (2003), *Financial Stability and Growth in Emerging Economies: The Role of the Financial Sector*. The Hague: FONDAD.

Tidd, J., J. Bessant, and K. Pavitt (2001), *Managing Innovation: Integrating Technological, Market and Organizational Change*. Chichester: John Wiley & Sons.

Townsend, P. (1979), *Poverty in the United Kingdom: A survey of household resources and standards of living*, Harmondsworth: Penguin Books.

Triplett, J. E. and B. P. Bosworth (2003), "Productivity measurement issues in service industries: 'Baumol's disease has been cured'", *Federal reserve Bank of New York Economic Policy Review*, September, pp. 23–33.

Ulrich, K.T. and S.D. Eppinger (2003), *Product Design and Development*, (International Edition), Singapore: McGraw Hill.

UNCTAD (2002), *Trade and Development Report*, N York, United Nations.

UNCTAD (2003), *World Investment Report*, Geneva and New York: United Nations.

UNDP (1999), *Human Development Report*, New York: United Nations Development Programme

UNIDO (1990), *Handbook of Industrial Statistics*, 1990, Vienna, United Nations Industrial Development Organisation.

UNIDO (2002), *Industrial Development Report 2002/2003: Competing through innovation and learning*, Vienna: United Nations Industrial Development Organisation.

USDA Economic Research Service (2000), "Consolidation in Food Retailing: Prospects for Consumers & Grocery Suppliers", *Agricultural Outlook*, August, pp.18–22.

USITC (2004), *Textiles and Apparel: Assessment of the Competitiveness of Certain Foreign Suppliers to the U.S. Market*, Investigation No. 332–448, USITC Publication 3671, Washington, United States International Trade Commission.

Wade R. H. (1990), *Governing the Market: Economic Theory and the role of Government in East Asian Industrialization*, Princeton: Princeton University Press.

Wade, R. (1996), "Japan, the World Bank and the Art of Paradigm Maintenance: The East Asian Miracle in Political Perspective", *New Left Review* 211, pp. 3–36.

Wheelwright S. and K. Clark (1992), *Revolutionising Product Development*, Cambridge, Mass: Harvard Business School.

Williamson, J. (1990), "What Washington Means by Policy Reform.", in J. Williamson (ed.), *Latin American Adjustment: How Much Has Happened?*, Washington, D.C.: Institute for International Economics.

Williamson, J. G. (1998), "Globalization, Labor Markets and Policy Backlash in the Past", *Journal of Economic Perspectives*, Vol. 12, No. 4, Fall, pp.51–72.

Williamson, O. E. (1985), *The Economic Institutions of Capitalism: Firms, Markets and Relational Contracting*, New York: Praeger.

Womack, J., D. Jones and D. Roos (1990), *The Machine That Changed the World*, New York: Rawson Associates.

Womack, J. P. and D. T. Jones (1996), *Lean Thinking: Banish Waste and Create Wealth in Your Corporation*, N. York: Simon & Schuster.

Wood A. (1994), *North-South Trade, Employment and Inequality: Changing Fortunes in a Skill-Driven World*, Oxford: Clarendon Press.

Wood, A. (1997), "Openness and wage inequality in developing countries: the Latin American challenge to East Asian conventional wisdom", *World Bank Economic Review*, Vol. 11 no 1: 33–57.

Wood, A. (1998), "Globalisation and the Rise in Labour Market Inequalities", *Economic Journal*, Vol. 108, No. 450, pp. 1463–1482.

World Bank (1993), *The East Asian Economic Miracle: Economic Growth and Public Policy*, N. York: Oxford University Press.

World Bank (2002), *Globalization, Growth, and Poverty: Building an Inclusive World Economy*, Policy Research report, Washington: World Bank and Oxford: Oxford University Press.

World Bank, *World Development Indicators*, (2004).

Wrigley, N (2002), "Transforming the Corporate Landscape of US Food Retailing: Market Power, Financial Re-engineering and Regulation", *Tijdschrift voor Economische en Sociale Geografie*, Vol 93, No 1, pp. 62–82.

WTO (2004), *International Trade Statistics*, Geneva: World Trade Organisation.

Yamin, F. (ed.) (2004), *Climate Change and Development*, IDS Bulletin Vol. 35. No. 3., Brighton, Institute of Development Studies.

Yoffie, D. B. (1983), *Power and Protection: Strategies for the Newly Industrialising Countries*, N. York: Columbia University Press.

Young Rok Cheong and Geng Xiao (2003), "Global Capital Flows and the Position of China: Structural and Institutional Factors and their Implications", in Teunissen, J. J. (Ed). (2003), *China's Role in Asia and the World Economy*, The Hague: FONDAD.

Zheng Zhihai and Zhao Yumin (2002), "China's Terms of Trade in Manufactures", UNCTAD Discussion Paper No. 161, Geneva: UNCTAD.